当代中国人文大系

刘述先 著

# 现代新儒学之省察论集

中国人民大学出版社
·北京·

# 出版说明

改革开放以来，中国社会的变革波澜壮阔，学术研究的发展自成一景。对当代学术成就加以梳理，对已出版的学术著作做一番披沙拣金、择优再版的工作，出版界责无旁贷。很多著作或因出版时日已久，学界无从寻觅；或在今天看来也许在主题、范式或研究方法上略显陈旧，但在学术发展史上不可或缺；或历时既久，在学界赢得口碑，渐显经典之相。它们至今都闪烁着智慧的光芒，有再版的价值。因此，把有价值的学术著作作为一个大的学术系列集中再版，让几代学者凝聚心血的研究成果得以再现，无论对于学术、学者还是学生，都是很有意义的事。

披沙拣金，说起来容易做起来难。俗话说，"文无第一，武无第二"。人文学科的学术著作没有绝对的评价标准，我们只能根据专家推荐意见、引用率等因素综合考量。我们不敢说，入选的著作都堪称经典，未入选的著作就价值不大。因为，不仅书目的推荐者见仁见智，更主要的是，为数不少公认一流的学术著作因无法获得版权而无缘纳入本系列。

"当代中国人文大系"分文学、史学、哲学等子系列。每个系列所选著作不求数量上相等，在体例上则尽可能一致。由于所选著作都是"旧作"，为全面呈现作者的研究成果和思想变化，我们一般要求作者提供若干篇后来发表过的相关论文作为附录，或提供一篇概述学术历程的"学术自述"，以便读者比较全面地了解作者的相关研究成果。至于有的作者希望出版修订后的作品，自然为我们所期盼。

"当代中国人文大系"是一套开放性的丛书，殷切期望新出现的或可获得版权的佳作加入。弘扬学术是一项崇高而艰辛的事业。中国人民大学出版社在学术出版园地上辛勤耕耘，收获颇丰，不仅得到读者的认可和褒扬，也得到作者的肯定和信任。我们将坚守自己的文化理念和出版使命，为中国的学术进展和文明传承继续做出贡献。

中国人民大学出版社

# 目录 | contents

自　序……1

论当代新儒家的转型与展望……6
作为世界哲学的儒学：对于波士顿儒家的回应……22
异与同：由一个比较观点论世界伦理之可行性……43
"理一分殊"与道德重建……61
全球（世界）伦理、宗教对话与道德教育……76
全球伦理与台湾本土化……89
从中心到边缘：当代新儒学的历史处境与文化理想……100
现代新儒学研究之省察……123
港、台新儒家与经典诠释……138
有关宋明儒三系说问题的再反思
　　——兼论张载在北宋儒学发展过程中的意义……169
从发展观点看《周易》时间哲学与历史哲学之形成……184
方东美传……206
方东美哲学与当代新儒家思想互动可能性之探究……228
哲学分析与诠释：方法的反省……247

附录　"理一分殊"与文化重建——刘述先教授访谈录……275

# 自　序

这两三年来我继续集中心力做儒家思想意涵之现代（与后现代）阐释，不觉又积累了相当数量的文章，可以足够出一部论集了。1994年第三届当代新儒学国际学术会议，我做了一次主题演讲——《当代儒学发展的新契机》。很快五年过去，在1999年，当此世纪之交、行将进入下一个千禧的重要时刻，我又发表文章《论当代新儒家的转型与展望》，继续由方法、形上、践履等视域做出一些观察与展望，由此揭开了这部论集的序幕。这些思想继续酝酿发酵，一直延伸到国际层面。紧接着的第二篇文章正是我新近完成的《作为世界哲学的儒学：对于波士顿儒家的回应》，在这篇文章中我正是由以上三个视域提出论点，面对了南乐山（Robert Neville）充满新意抛出来的建议、诘难与挑战。这篇文章说明了我们在哪些方面必须与时推移，而在根本睿识方面却不可以自弃立场，人云亦云，而有必要立足本位，以一种开放而回环的方式做出自我的拓展与提升，而不是顺着时代的脉动随波逐流，迅速地下降与沉沦。

近年来我的一个主要关注在全球伦理的建构与推广，我主要的努力，请参见拙著《全球伦理与宗教对话》（台北，立绪文化事业有限公司，2001），但还有一些未尽的脉络与后续的考虑，需要进一步的繁衍与反思。这里收了四篇文章。最早的一篇是《异与同：由一个比较观点论世界伦理之可行性》，指出儒、耶虽是两个不同的精神传统，但却有共同的需要和向往去推动世界伦理。《"理一分殊"与道德重建》显示，儒家的资源在给予"理一分殊"创造性的阐释，把问题放在当前世界的脉络下来考虑，在变化中找到一些不变的原则，作为道德重建的张本。《全球（世界）伦理、宗教对话与道德教育》清楚地体认到，青少年的教育对于推广全球伦理与宗教对话的重要性。《全球伦理与台湾本土化》的短文则坦然面对当前"全球化"与"本土化"问题的纠结，指点了一个可能超出困境的方向。全球伦理的核心其实至简至易，就像一部交响曲的主调不断反复出现，以各种不同的变奏表达出来。我对全球伦理的性质有清楚的说明，也对反对者质疑其理论薄弱与实际无用的说法做出了必要的回应。

我的另一个主要关注是现代新儒学的研究。这一组有三篇文章，是应邀在不同的脉络下完成的。放在一起，倒像是三部曲。首先是《从中心到边缘：当代新儒学的历史处境与文化理想》。制度化的儒家在清廷覆亡时已经死亡，儒家的地位已由中心转到边缘。新儒家是针对五四的反之反所产生的新思潮，所以我要特别撰文提醒这个思潮兴起的历史处境，以及在艰困的现实之下所怀抱的文化理想。不想大陆在"文化大革命"批孔之后，对现代新儒学的研究变成了热点。内地（大陆）"现代新儒学"取一广义的理解，与港、台流行的"当代新儒家"的狭义的理解有所区隔，但两方面其实可以并行不悖，甚至可以兼容并包。我撰文《现代新儒学研究之省察》，对海峡两岸在这方面的研究做出了综合性的观察与探究，而找到了一个"三代四群"的架构。我注意到，从1920年左右开始，每20年一波，共四波（four waves）的发展，掌握了这样的线索当可以对这一思潮有一通贯全盘性的了解。而后又撰文论《港、台新儒家与经典诠释》，指出当代新儒家绝非一般人所想象，徒驰骋于哲学的玄思以论代实，其实乃建基于深厚的学力，对经典做出创造性的诠释，针对强势西风的席卷做出回应，在传统与现代之间觅取平衡，这才使它有强大的吸引力。但不可忘记的是，"精神的儒家"只是儒学复兴的一个重要的面相，另外还有"政治化的儒家"与"民间的儒家"的面相，只不过作为一名哲学家与知识分子，我把探究的重点集中放在儒家的精神传统，对儒家思想意涵做出现代阐释而已！

应该一提的是，我论现代新儒学的英文书稿已经完成，仍由普雷格（Praeger）出版。其实"三代四群"的架构是我在英文的初稿中首次提出的。英文书稿对现代新儒学有系统的探究与阐述，除了综论以外，还有论述冯友兰、熊十力、方东美、唐君毅、牟宗三，以及第三代新儒家的国际面相等的分章。近年来在西方已有较多有关新儒学的论著出版。英文《中国哲学百科全书》已经出版，儒家精神传统专卷也即将出版，这颇有助于各精神传统进一步的交流与沟通。

当代新儒家牟宗三对宋明理学的卓越贡献是大家公认的，我正是继承着这条线索做进一步的探究。但我一向对牟先生的宋明理学三系说有所质疑，拙文《有关宋明儒三系说问题的再反思——兼论张载在北宋儒学发展过程中的意义》不只对其中牵涉到的问题有进一步的分析与论说，更是对横渠思想提出再反思。我同意牟先生的看法，绝不能把横渠当作一个唯气论者或唯物论者看。但由横渠引发的"天道性命相贯通"的思想，依我的理解，是宋明理学的共识，即程朱系也不例外。这就令我的诠释与牟先生的说法略有区别，他似认为程朱横摄系统不能够讲"天道性命相贯通"，而我主张，通过曲折的阐释，程朱系仍可以肯认此一睿识。只有到清儒如陈确、颜元、戴震失落了超越层面，这才造成典范之转移。

牟先生曾经指出，儒家所持不是宇宙论中心思想，但并不持狭隘的道德主义观点，而可以有宇宙论的欣趣。横渠就有这样的欣趣，可惜到二程以后，这条线索缺乏发展。回到古典，无疑《周易》有宇宙论思想的层面。我撰文《从发展观点看〈周易〉时间哲学与历史哲学之形成》，虽然我把重点放在时间与历史方面，但凸显出中西思想走向的差异。我指出隐含在《周易》之内的是一种"没有一定计划的辩证法"，历史流衍生生不已，并不指向一最后审判日，生命之吉凶祸福、或上或下，端在乎人在具体的脉络中做出智慧的抉择。《周易》的世界观没有割裂存在与价值，乃与近代西方笛卡尔以来之理情乖离、心物二元之架局大异其趣。

到了当代，有强烈宇宙论思想欣趣的是业师方东美先生。可惜他的思想并未受到足够的注意。正好《国史拟传》需要有人写《方东美传》，我乃应邀做了这项工作。我读哲学一生，受到方东美、牟宗三两位先生的深刻影响。东美师之文化哲学的开阔架局，牟先生对中国哲学透辟而深入的理解，都已成为我自己思想不可缺少的重要成分。我在东美师百岁诞辰纪念会上发表《方东美哲学与当代新儒家思想互动可能性之探究》一文，指出了两方面在未来融和、综合的方向。

1999年我由香港中文大学荣休，回台定居，所做的第一项工作就是应邀以英文撰写融通分析哲学与中国哲学的文章。这篇文章现在已经发表，并由我自己写成中文版——《哲学分析与诠释：方法的反省》，以具体的例证说明我自己做中国哲学研究的方式，如何对传统义理做出阐释，并对儒家思想做出开拓的尝试。

论集最后收入的一篇文章是姚才刚君为我做的访谈录。姚君是武汉大学郭齐勇教授的博士研究生，论文写我的思想，已于2001年8月底以优异成绩通过论文答辩。[①] 他在2000年10月至12月来台北做短期学术研究，曾旁听我的课，并做专访。访谈录报道了一些我近时的想法，故也收入以备参考之用。总之，论集所收的文章都是我近时的作品，由一贯的思绪串联起来。是为序。

2002年12月26日于文哲所<br>2003年11月25日校改

---

[①] 此论文经修改后已收入"儒道释博士论文丛书"出版，参见姚才刚：《终极信仰与多元价值的融通——刘述先新儒学思想研究》，成都，巴蜀书社，2003。

# 论当代新儒家的转型与展望

## 一、引语

1994年底在香港中文大学举行第三届当代新儒学国际学术会议,我做了一次主题演讲:《当代儒学发展的新契机》①,由时代、方法、形上、践履四个角度来看这样的契机。现在不觉五年快要过去,已经出现了一些具体的迹象可以印证我当时的看法。当代新儒家如今正面对一个急剧而激烈的转型期,当此世纪之交、行将进入下一个千禧的重要时刻,正可以继续由方法、形上、践履等视域,做出一些观察与展望。

## 二、方法论的省察先由方法学说起

我从20世纪50年代初入行开始就了解到,现代哲学的特

---

① 此文已收入拙著《当代中国哲学论:问题篇》,251~266页,新泽西,八方文化企业公司,1996。

色在于对方法的重视，不像传统哲学那样，把目标专注于终极实在或者真理的掌握。我一向认为，任何方法都可以被吸纳进来阐明或开拓中国哲学的睿识。近年来比较引人注目的是，有学者运用新的分析哲学与解（诠）释学的技巧来处理中国哲学的题材。就前者来说，晚近独树一帜的是冯耀明君。这次开会他提交论文讲"中西哲学中的思想实验"，他在介绍了普特南（Hilary Putnam）"缸中之脑"（brain in a vat）的思想实验之后，又再一次讲他近来设计的"德古来（外星人）的新儒家世界"的故事，意图给王阳明至熊十力一系的新儒家理论一个致命的打击。我觉得这一类分析哲学家的勾画虽然可以产生像他山之石那样的效用，但也有巨大的局限性。原因在于这一类故事得用大量的比喻，如果得当，的确可以给人启发，否则就好像扎起一个稻草人做靶子，并不能发挥想象中那样大的作用。由王阳明到熊十力一系的思想讲"天地一体之仁"的境界，如果理解不当，的确可以引发像耀明所勾画的悖论，但并不必然如此。① 因此，耀明的思想实验只能打击把新儒家的说法误解为人类中心极度膨胀、带有宰制性的道德理论，而这样的理论绝非对新儒家的相应理解。耀明所不喜欢的乃是这一系思想带出来的宇宙论玄想，但忽视了很重要的一点，即其道德伦理原则其实与先秦儒家的"亲亲、仁民、爱物"思想在实质上并无差异：因仁心之无封限，扩而充之而体现天地万物一体之仁，与孟子（约前

---

① 宗教的终极关怀在"超越"层面，故"内在"层面的推论只有边缘的相干性，对超越层面的信仰，像宋明儒者对"太和"的信仰，既不能有决定性的证成，也不能有决定性的摧毁。[参见拙作《论宗教的超越与内在》，载《二十一世纪》，第50期（1998年12月）：99～109页。]

372—前289）的精神并不违背。在人的层面，儒家主王道、反霸道，在原则上不赞成宰制性的伦理，虽然到后来因受到汉以来政治化儒家的扭曲而有了某种负面的效果。儒家主张，行仁之方在于推己及人，"老吾老以及人之老，幼吾幼以及人之幼"，比之于墨家的兼爱那种过分理想主义的想法，是更平易近人的道理。就对动物的态度来说，所谓君子远庖厨，并不是伪君子的行为。人要维持生命就得汲取营养，故儒家不反对杀生，素食才是矫情，那不一样戕贼植物的生命吗！但儒家反对不必要的伤生、虐待动物，也反对无节制地放纵欲望，故以食为天理，专事口腹之欲为人欲，这到今日仍是最为合理的态度。人虽有限，但能自觉，上体天心生生之德，向往一个与现实相反之阴阳调和、生态平衡之太和境界。故在现实层面勾画出与理想对反的例证，像"德古来"一类的思想实验，并不足以向新儒家由《周易》《中庸》继承来的思想提出真正有力的挑战。况且即使在现实层面，我们也可以构想出各种不同的情况，不必落入耀明所设计的悖论。我们无须借助虚构的外星人幻想，便充分理解到，现实世界从来都是残酷的。野蛮人征服文明人的实例比比皆是，虐杀异己的实例也是司空见惯，对儒家理想有终极托付的学者又如何能无视这样的现实？在动物世界，弱肉强食乃是通则。但到人类却有了变化，野蛮人可以文明化。儒家德化的理想虽"知其不可而为之"（《论语·宪问》），充其量只能发挥有限的作用，但观 2 000 多年来的中国历史，竟然形成一个"超稳定架构"，对于未来世界地球村内大家必须和平相处的境况提供了重大启示。向往理想"仁义原则"自不必限于儒家，各不同传统都有类似的思想，正所谓"理一分殊"。

人类若要自救，免于自我毁灭，就不能不体现其"普遍"意义，结合一些现实条件，建构世界的新秩序。而且，即使顺着耀明的幻想往下溯，如"德古来"之征服地球，也可以有不同的做法：他们可以虐杀人类，把人类摧残殆尽，最后不免于自毁；他们也可以用"仁义原则"待人，达成协议，由人类输血，解救"德古来"灭族的危机，建构一新秩序。

以上我不嫌辞费，针对耀明的思想实验做出回应，可以看到，耀明不免把复杂的问题简单化了。更重要的是，他的分析实在预设了某种"先行理解"（preunderstanding），以致做出对新儒家思想不利的论断。换一个视域，就会得到十分不同的论断。儒家绝不是一种宰制性的思想，也不是阿Q式的自我安慰。自孔子（前551—前479）以来，儒家就明白高远的理想难以落实，故有"道不行"的感叹，而提倡"知命"，同时了解自己的禀赋与命限，乃不怨天、不尤人，无论现实的遭遇如何，仍然能够维持君子无入而不自得的情怀，这是难得的成就，故孟子以无恒产而有恒心唯士为能。我们不可因个别儒者的言行不符而以人废言；终极来说，此处也不可以口舌辩，盖缺少与超越的感应乃是个人自己的损失，若能将中国传统推到底，就一定要讲"默而识之"的体证。正因为对中国传统睿识的把握必须依赖高度解（诠）释学的技巧，故分析必与解释配合，才能收到更大的成效。由这个角度看，近来解（诠）释学在中国文史哲研究的领域内流行，是一个颇值得我们欢迎的现象。1999年7月3日至4日在台大举行"中国的经典诠释传统"第五次研讨会，令我感到惊奇的是，虽然并未对外宣传，但从头到尾一直有五六十位学者（包括研究生）参与，可见这是出于大家自动自发的要求，要往这个方向做进一步的探索。这与国际汉学界的动向是互相呼应的。1999年在拉特格斯（Rutgers）大学开第一次国际性的"中国的经典诠释传统"会议，已经有研究成果出来。① 那一年倡议开这一会议的涂经诒与黄俊杰两位教授这次均在座，而台湾的多次会议即是由黄教授推动的。同时第二次国际性的会议也已于1999年10月在香港城市大学召开。虽然当前大家对"解（诠）释学在中国文史哲研究方面所扮演的角色究竟如何？"并无共识，更谈不上定论，但往这个方向走却是自然之势，而解（诠）释学的应用必不止于方法论的意涵，殆可以断言。这就把我们带进另一个层面，即有关形上学方面的探索了。

## 三、形上学的省察

在近代西方，解（诠）释学有不同的分支②，其中最有影响力的有两个潮流：一是狄尔泰的进路，另一是海德格尔与伽达默尔的进路。③ 前者意在建立人文学与自然科学不同的基础方法论，后者则拟建造一"理解与解释的存有论"。前者比较适宜被称为"解释学"，其功能在于通过同情的了解把握不同时代与文化的思想和历史，上一节所提到的"经典诠释传

---

① Ching-i Tu ed., *Classics and Interpretation: The Hermeneutic Traditions in Chinese Culture* (New Brunswick: Transaction Publishers, 1999).

② Cf. Richard E. Palmer, *Hermeneutics* (Evanston: Northwestern University Press, 1969), pp. 33-45.

③ 我曾对相关问题做过简要的分析，参见拙作《解释学思潮论说》，见《中西哲学论文集》，239~248页，台北，台湾学生书局，1987。

统"正属于这一研究范围的领域。后者比较适宜被称为"诠释学",目的在于描写存有的架构,阐明人在世界中的存有的语言性。由这一观点看来,语言绝不只是一种工具而已!活的语言,人参与在其中,语言显发世界,事实上只有人才有世界,有世界即有语言,世界是众人分享的理解,理解因语言而可能。这种主客交融的存有论(ontology)对当代西方的形上学产生了巨大的影响,自然而然也对东方思想造成了冲击。

上一代的当代新儒家如唐君毅、牟宗三曾借助黑格尔与康德来阐发儒家的义理,而突出了"主体性"概念[①],这是有意义的、创造性的阐释。但在今日看来,却不免偏向一边,未能把儒家思想所蕴含的睿识全盘托出,还需要我们做更进一步的努力。海德格尔的贡献,正是校正由康德到黑格尔的过分侧重"主体性"的偏失,乃造成了当代西方哲学由认识论到存有论的转向。有趣的是,牟先生曾读海德格尔论康德之书,并不是不知道海德格尔思想的方向,也不是不欣赏海德格尔的某些睿识,而且这些还促成他写出《智的直觉与中国哲学》和《现象与物自身》的伟著。[②] 但牟先生的中心关注在于建立"超绝形上学",断定海德格尔只能成就一"内在的形上学",于是判之为始教,不只不能由康德翻上一层,接上

---

[①] "主体性"是一个复杂的概念,有关胡塞尔与海德格尔对这一问题的看法,参见汪文圣:《谈"主体的吊诡性"》,载《"国立政治大学"哲学学报》,第4期(1997年):1~18页。

[②] 参见牟宗三:《智的直觉与中国哲学》(台北,台湾商务印书馆,1997);《现象与物自身》(台北,台湾学生书局,1975)。为庆祝牟先生七十寿诞,我曾撰文《牟宗三先生论智的直觉与中国哲学》(见《牟宗三先生的哲学与著作》,725~760页,台北,台湾学生书局,1978;后收入拙著《中西哲学论文集》,41~72页),讨论二书之理论效果的部分,曾得到牟先生的首肯。

中土三教"智的直觉"的传统,反而堕了下来,在精神上未能走上一条康庄大道。我们看海德格尔在《存在与时间》之内讲"此有"之"本真"状态,仅能做现象学的描绘,不能突出自己的"终极关怀",不免有憾。① 即使晚年的海德格尔有神秘(冥契)主义的倾向,也是接近道家的玄智,并不接近儒家的境界,两方面的差异不可掩盖,无须曲为之解。而更有趣的是,海德格尔重视时间,揭示存有的"历史性"(historicity)架构,但却并不看重历史。② 他以人为"走向死亡的存有",这虽指陈了一件事实,然而其含义却是西方式一往不还的时间观念。东方哲人同样了解这一事实,但所彰显的却是"未知生,焉知死"或者"死生一如"的情调,并不必然表现存有的"焦虑"一类为存在主义者所强调的那些性相。这是犯了把专属于西方文化的因素解读为普遍性的因素之谬误。

然而,海德格尔虽缺少对于超绝形上学的追求的劲力,但其"现象存有论"(phenomenological ontology)的进路却照明了过去未被人察觉到的面相而给予了我们重大启发。"世界"既不是孑然独存的客有,也不是主观勾画的现象,而是主客交融显发出来的意义结构。我曾经用以阐发阳明所说一日之间经历羲皇、尧、舜以至人消物尽世界的微义③,如今已

---

① Martin Heidegger, *Being and Time*, translated by John Macquarie and Edward Robinson (New York and Evanston: Harper & Row, 1962).

② 这个问题由狄尔泰"人文方法学"和海德格尔"现象存有论"的徒从贝蒂(Emilio Betti)与伽达默尔之间的辩论显发出来。有关这一辩论的报道与分析,参见 Richard E. Palmer, *Hermeneutics* (Evanston: Northwestern University Press, 1969), pp. 46~65。相关问题的讨论,参见汪文圣:《创伤的记忆或遗忘——一个时间现象学的探讨》,载《国立政治大学》哲学学报,第5期(1999年):77~99页。

③ 参见拙作《王学与朱学:阳明心学之再阐释》,见《朱子哲学思想的发展与完成》,增订3版,499页,台北,台湾学生书局,1995。

成为大家所熟悉的道理。牟门后进如袁保新，在近年来也已清楚意识到光凸显出"主体性"思想的偏向①，由笛卡尔以来主客二元之分离，促成了宰制自然的倾向，坠入"存有之遗忘"之深渊，而呼吁在海德格尔与牟宗三之间觅取一种平衡。其实中国传统讲"天人合一"，天固然有超越义，但也有自然义。中国传统自来缺乏近代西方式戡天役物的思想，而一向体认到与自然和谐的重要性。西方一直要到科技泛滥产生严重破坏性效果之后，才流行"环保思想"，近年来乃猛批人类中心的宰制性思想，而这与中国传统的理念若合符节。近年来杜维明不断宣说天人融和（anthropo-cosmic）之旨，盖人本来是自然的一部分，故取之于自然，还之于自然，才能达致生态均衡之道。其指导理念恰好是"太和"。由此可见，中国哲学主客交融的中庸之道，既不摆向超自然的一边，也不流归物化的倾向。这样的睿识必不可听其坠失，而必须寻觅现代的表达，才能抗拒由科技化寡头的偏向所造成的祸害，亟盼有所对治，庶可免于地球毁灭的危险。这种人类自救之道自不限于儒家，只有不断扩大自己的眼界，与世界其他积极正面的力量结合，才能产生具体的实效。应该指出的是，中国式的境界形上学不像希腊式的实有形上学，并未因康德之批判而倒塌，反而由海德格尔现象存有论的线索得到进一步的阐发，然而两方面也有巨大的差别。海德格尔虽对现代科技商业文明有激烈的批评，但也对传统的阐释超越的意识不彰，未可许为善继。新儒家则集中阐扬传统的宗教意涵与

---

① 参见袁保新：《试论儒家心性之学的现代意涵及其与科学的关系——兼论当代儒学对西方近代科技的理解与回应》，见刘述先主编：《当代儒学论集：挑战与回应》，199~223页，台北，"中央研究院"中国文哲研究所筹备处，1995。

"内在的超越"之旨,不像海德格尔那样隐晦摇荡,由价值判断退却。启蒙理性由于受到时代视域的限制而自我反省不足,以致受到后现代的批判,这是我们完全可以理解的动向。然不可因此而因噎废食,彻底弃绝理性,坠入相对主义、非理性主义,由钟摆的一极摆向另一极同样会有严重的负面效果,此不可不察。

## 四、践履论的省察

在儒家传统,形上境界毫无疑问绝不只是理论游戏,而是有具体践履上的意涵。近年来我致力于给予"理一分殊"创造性的诠释,可以将之理解为卡西勒(Ernst Cassirer,又译卡西尔)所谓的"规约原则"(regulative principle),而有实际上的相干性。[1] 这几年间就我自己亲身参与的世界伦理与儒家传统在现代东亚的研究计划,做出一些观察。

1993 年在芝加哥举行的世界宗教会通过了由孔汉思(Hans Küng)起草的《世界伦理宣言》,这个突破引起举世的关注。[2] 1997 年联合国教科文组织(UNESCO)成立"普遍伦理计划"(Universal Ethics Project),由韩国学者金丽寿(Yersu Kim)主持。同年 3 月该计划从世界各地邀请了 12 位学者在巴黎总部开第一次会议,商讨起草《世界伦理宣言》,

---

[1] 参见拙作《"理一分殊"的现代解释》,见《理想与现实的纠结》,157～188 页,台北,台湾学生书局,1993。

[2] 参见拙作《世界伦理与文化差异》,载《哲学杂志》,第 23 期(1998 年 2 月):52～69 页。后收入拙著《全球伦理与宗教对话》,15～38 页。

我是唯一由远东地区来参加的代表。经过激烈的争辩之后，大家达成了一些低限度的共识。嗣后在 12 月初于意大利拿波里开第二次会议，参加的哲学家人数增加到 30 人左右。大家的意见分歧很大，主流意见认为无须急切从事，议决由联合国支持在世界各地举行区域性的会议，1999 年底由联合国做出总结报告，这就是我们当前的情况。①

联合国未能在《世界人权宣言》通过五十年之后，再接再厉，通过《世界伦理宣言》，从支持者的立场来说，当然不免失望。但后来我了解到，联合国是以国家为单位，不同的处境有不同的考虑，即使勉强通过一个文件，也不过是一纸具文，未必能发挥多大作用。但通过联合国的推动，世界各地区都已体认到这一问题的重要性，那么当初成立这一计划的目的便已经部分达到了。

在拿波里之后，1998 年 6 月初我到北京中国社会科学院参加由联合国支持的世界上首次区域性的有关普遍伦理的会议，金丽寿亲临指导，讨论气氛热烈而开放。同年 8 月又到波士顿参加第二十届世界哲学大会（World Congress of Philosophy）有关普遍伦理的圆桌会议。1999 年 5 月到台北参加"二十一世纪人文价值观研讨会"，提交论文《从当代新儒家观点看世界伦理》，对儒家伦理五常之旨做了现代阐释。

对于孔汉思起草《世界伦理宣言》的倡议，我一贯给予大力支持。这不是因为天主教与儒家思想的主导原则可以被整合到彻底消除彼此间的歧见，而是因为大家可以同心协力

---

① 参见拙作《起草〈世界伦理宣言〉的波折》，载《九十年代》，总第 337 期（1998 年 2 月）：98～100 页；总第 338 期（1998 年 3 月）：95～97 页。后收入拙著《全球伦理与宗教对话》，39～53 页。

做出存异求同的努力：在策略上呼吁每个传统先做出深切的自我反省与批评，找寻"金规"（golden rule）一类的指导原则，最后体现到 humanum（人、人道、仁）乃是贯串世界宗教的共同理想。大家都明白，任何宣言的签署都只能达致某种低限度（minimum）的共识。而我认为儒家可以做出积极贡献之处在于这种共识的建立不能采取"取同略异"的"归纳"方式，而必须采取"理一分殊"容许现实层面的差别而向往超越层面的会通方式。很明显的是，在后现代主义流行的今日，已不可能有单一的义理统治全球思想。然各不同传统在日益狭小的地球村内要和平相处，就不只必须建立某种程序性的共识，还必须建立某种实质性的共识。就这一点来说，我认为今日宗教界的思想领袖要比哲学家更能感受到时代的脉搏，不像英、美有些人死抱着一些自由主义的教条，抗拒对新的时势做出措施以应变。我认为孔汉思的呼吁，必须要在专注外在的《世界人权宣言》之外，另外签署一个《世界伦理宣言》，以促进内在态度的改变，是很有见地的。他指出，要是各宗教之间不能达致和平，那么奢谈世界和平是没有多大意义的；而人在"权利意识"之外必须兼重"责任意识"，这也是必要的。我们绝不能盲目附和一些自由主义的说法，好像一提到责任概念，就已经侵害到人权，这种虚假的二元对立是站不住脚的，譬如美国舆论如今渐渐倾向于枪械的管制就是一个重要的转向。而儒家向来重视修心（身），秉持致悠久和平之道，在今日可以做出一定的贡献，乃是不言而喻之事。

由个人再移往文化的领域，近年来也可以看到一些有重要性的变化现象。一种趋势是结合经验研究与理论分析，这自迥异于纯哲学性的考察。杜维明近年来一直关注儒家传统与现代东亚发展的相干性。1996年由他主编的研究日本与"亚洲四小龙"的专家学者的研究成果论文集出来,重点放在道德伦理教育与经济文化之上。① 在"中央研究院"文哲所,由我和李明辉共同主持的"当代儒学主题研究计划"也刚完成了"儒家思想在现代东亚"的三年计划,并已出版《儒家思想在现代东亚:总论篇》。② 建立在这些研究成果之上,我最近刚写成一篇论文《儒学的理想与实际——近时东亚发展之成就与限制之反省》③,在文章中我仍一贯采用"精神的儒家""政治化的儒家""民间的儒家"的三分法,在概念上做分疏,并由三者的互动做出一些观察。

20世纪70年代以来,现代东亚的日本、"亚洲四小龙"创造了经济奇迹,儒家传统很自然地被当作一项有高度相干性的因素看待。凡受儒家影响的文化的确显示了一些共性,如重视家庭、有强烈的社会关怀、缺乏美国式的个人主义、勤劳节俭、储蓄率高、重视教育的价值等等。但对日本、韩国、中国台湾、中国香港、新加坡做了比较深入的研究以后,就会充分认识到,儒家传统在各地扮演了十分不同的角色,难以一概而论。举例说,沟口雄三指出,日本之现代化之所以迅速,超过中国,实有其文化因素。日本实行长子继

---

① Tu Wei-ming ed., *Confucian Traditions in East Asian Modernity: Moral Education and Economic Culture in Japan and the Four Mini-Dragons* (Cambridge, Mass. Harvard University Press, 1996).
② 参见李明辉主编:《儒家思想在现代东亚:总论篇》,台北,"中央研究院"中国文哲研究所筹备处,1998。
③ 此文宣读于1999年7月6日—8日文哲所主办之"儒家思想在现代东亚"国际研讨会。后收入拙著《儒家思想意涵之现代阐释论集》,121~150页,台北,"中央研究院"中国文哲研究所筹备处,2000。

承，财产集中，而家族的继承唯才，强调的是忠，不是孝。同时日本缺乏中国"天下为公"的观念，最高的公止于天皇，故利于资本主义乃至军国主义的成长，而中国的调和共存思想可能更适合于未来的世界。又如韩国的经济，集中在六大公司之手，发展了汽车工业，不让日本独占市场，然社会上贫富悬殊，抗议示威活动不断。中国台湾则发展中小型企业，由政府主导有限度的自由经济，取缓进策略，有民主社会主义的倾向。再如新加坡，主政者采取柔性的威权主义，儒、法并用，社会秩序良好，居者有其屋，自成一个形态，被视为亚洲价值落实的典型。中国香港一直到1997年才回归祖国，居民一向漠视政治，集中心力做生意，成为一个现代化的金融城市。在每一案例之中，我们都可以看到有某种传统因素在发生作用，但具体的情况则各个地区的差异甚大，难以一概而论。笼统地讲儒家价值并没有多大意义，而在今日东亚，要重新为儒家传统找一个中心，也是徒劳之事。

## 五、结语

总结来说，这几年来，当代新儒家思想在牟先生于1995年逝世之后，正在经历某种变形，如今有了更明显的现象。"文化大革命"以后，大陆有了巨大的变化，杜维明和我倡议新儒家、马列与西方（自由主义）思想三方面之健康互动，近年来又受到后现代主义的冲击，有必要做出相应的变化。仁心与生生的体证固然历万古而常新，但其具体表现却不能不受时代环境的限制而有所变化。在世界伦理的建构过程中，儒家可以通过"理一分殊"的方式积极地参与，但只是众多精神传统之多元中的一元，有一种非正统化的倾向。在学统的开展中，则有由尊德性到道问学的倾向。① 即使在牟门之内，《鹅湖》诸君也出现了分化，像在这次会议之中，林安梧君提出"后新儒家哲学之拟构"，就是一个明显的例子。

其实，精神的儒家在某一义下是最具有普遍性的，故新加坡在20世纪80年代推广儒家伦理时曾去海外寻求学者的帮助，而韩国则送学者到中国台湾留学。然而，儒学进入学问的领域，乃不免要面对众多分歧的意见，进一步落实进入文化领域就要面对更复杂的问题更是理所当然之事。自清朝覆亡以后，儒家思想不再是任何现实政权之下的主导义理，这使得当代新儒家在某种意义下成为余英时所谓的"游魂"。② 然而，脱离了与现实政权的关联，当代新儒家就可以发扬过去所未充分发展出来的批判精神，也未始没有好处。

明显，精神的儒家对于"亚洲四小龙"在经济上的成就并没有做出多少贡献，相反，当代新儒家对于一切向钱看的社会风气持严厉批判的态度。但政治化的儒家之现代化却产生了不同的效应。像新加坡所实行的柔性威权主义与民间的小传统结合，树立了一种新的典型，成为宣扬亚洲价值论者所依赖的支柱。儒家文化圈的突出表现，与拉丁美洲、非洲

---

① 参见拙作《对于当代新儒家的超越内省》，见《当代中国哲学论：问题篇》，1～79页。
② 参见余英时：《现代儒学的困境》，见杜维明主编：《儒学发展的宏观透视》，28～34页，台北，正中书局，1997。

乃至东南亚的情况相比，的确显示了一定的优势。但被过分宣扬的现代东亚"经济奇迹"，到20世纪90年代中叶由股市危机所暴露出来的问题，不免使其失去光彩，并给予所谓的亚洲价值论沉重的打击。然复苏的过程虽缓慢而痛苦，但新加坡、中国台湾、中国香港的表现还是远胜过东南亚，这表示我们不能把所有负面的因素都归于儒家传统。古语有所谓"不虞之誉"，有"求全之毁"，是也。日本工商业有雄厚的实力，股票飙升的泡沫经济崩溃，经过调整后，外资又回到股票市场。虽然往日的风光不再，亚洲在北美、欧洲之外形成第三个经济圈的趋势仍然是未来的前景，而儒家传统的资源与负担也可以得到比较符合实际的评估。

总之，到了现在，人们渐渐明白，现代化的科技、商业架构有一定的规律，不是我们主观的意志或愿望可以左右的。现代化无疑以西方为主导，但现代化的方式则可以受到文化因素的制约而表现参差，不可能也没有必要走一样的道路。由现代到后现代，西方知识分子本身已经做出深切的反省，科技商业文明，再加上普遍的电脑化，带来的并不是一个人性天国，而是一种宰制性的消费享乐文明。如果我们再不珍惜自然资源，再不学习自制，地球村的毁灭便指日可待，并无须等到很远的未来。此所以历史学家如沟口雄三认为，一味强调竞争的资本主义方式已经走到穷途末路，中国传统的"调和共存"将是带领人类走出当前困境的希望之所系。[1]

无论吾人能否接受沟口雄三这样的论断，儒家思想传统在人类进入下一个千禧之际，将成为一个重要的参考系都是

---

[1] 参见李长莉：《中国的"调和共存"原理将带领廿一世纪——沟口雄三教授访谈录》，载《明报月刊》，总第379期（1997年7月）：34～42页。

不可否认的，而儒家传统为了适应新的时势，也有了非正统、非中心化的转型。在儒家内部，精神的儒家与政治化的儒家、民间的儒家既有着千丝万缕的关系，也有着紧张摩擦的状态。精英必不可帮闲、媚俗，才可以发挥多元中之一元的作用。而儒家传统在世界，突出仁心之觉润、生生而和谐的精神与终极关怀，虽不再像过去那样属于一元领导的地位而独领风骚，但却可以在众多精神传统之内占一席之地。众多精神传统互相批判、互相学习、共存共荣，这便是我们对于未来的向往。

宣读于1999年7月25日—29日在台北举行的第十一届国际中国哲学会会议，原刊于《哲学杂志》，第31期（2000年1月）。

## 作为世界哲学的儒学：对于波士顿儒家的回应

2000年南乐山出版《波士顿儒家》(Boston Confucianism)一书①，第一章是"波士顿儒家的短暂而快乐的生命"("The Short Life of Boston Confucianism")。它是根据作者在1994年为《代达罗斯》(Daedalus)季刊主办的"变迁中的中国"(China in Transformation)会议提供的一篇论文改写而成的。不想波士顿儒家的生命并不那么短暂，几年之间雪球越滚越大，竟然表达为一整本书。这样就不能只以一时的幽默视之，需要严肃地加以对待，本文拟由当代新儒家的观点对之做出回应。

南乐山是波士顿大学刚卸任的神学院院长，乃是一位基督教的新教徒，却又自称波士顿儒家，这预设了"多重宗教认同"(multiple religious identity)的观念，而这一观念是由另一位波士顿儒家白诗朗(John Berthrong)——南乐山的同事兼好友——提出来的。② 白诗朗提出这样有突破性的观念，又是由积极参与自1988年以来一连串的儒耶对话的国际会议

---

① Robert Cummings Neville, *Boston Confucianism: Portable Tradition in the Late-Modern World* (Albany: State University of New York Press, 2000).

② John H. Berthrong, *All under Heaven: Transforming Paradigms in Confucian-Christian Dialogue* (Albany: State University of New York Press, 1994), ch. 6.

所引发出来的。① 我也曾多次与会，大家协力做新观念与新领域的探索，并切望这样的对话能够持续下去。大家的观念与感受有同有异，本文将由方法论、形上学、践履论等领域做进一步的探讨。

## 一、方法论的反省

从 1991 年参加了在伯克利举行的第二届儒耶对话的国际会议之后，我就认为"宗教内的"（intra-religious）对话比"宗教间的"（inter-religious）对话更有成效。后者经常在不同的传统之间做出对比，前者则每每以自己的传统为起点，从其他传统汲取睿识或智慧。盖宗教间的对话往往把传统当作固定的东西，有本身的特色，历久不变。如有不合之处，就说这是例外，或者，掺杂了其他传统的成分而变得不纯。即使把这样的观察限于一个时代也会造成问题。譬如像安乐哲（Roger L. Ames）与郝大维（David T. Hall）以儒家传统由孔子到汉代均缺乏"超越"（transcendence）层面就犯了这个毛病。② 这样的看法

---

① 1988 年在香港中文大学召开了第一届儒耶对话的国际会议，规模盛大，由于海峡两岸都有宗教人士参加，一时成为传媒关注的焦点。第二届于 1991 年在加州伯克利举行，第三届于 1994 年在波士顿大学举行。第四届于 1998 年又回到香港中文大学举行，虽然盛况难再，但却可以说已完成其阶段性的历史任务。历届会议论文多结集，分别以英、中文出版。

② Roger T. Ames and David L. Hall, *Thinking through Confucius* (Albany: State University of New York Press, 1987); *Thinking through the Han: Self, Truth, and Transcendence in Chinese and Western Culture* (Albany: State University of New York Press, 1998). 虽然多数现代新儒家均以儒家传统为"内在超越"（immanent transcendence）形态，有别于基督教传统之"外在超越"形态，但是安乐哲与郝大维却坚持"超越"一词的严格意义，不承认儒家传统由孔子到汉代有超越的层面。

为南乐山与白诗朗所驳斥。[1] 其实，安乐哲与郝大维的动机不坏，他们拒绝把西方观念强加在中国传统之上，但仍不免因噎废食，恰好掉进了中西隔绝的陷阱里。他们力主中西思想二元，这种思路恰好是传统中国思想陌生的东西。其实他们也承认宋明理学有超越层面，只不过他们坚持这是外来的东西。但现代新儒家从不认为传统是一成不变的。孔子就说："温故而知新，可以为师矣。"(《论语·为政》) 吾人必须在新旧之间取得平衡。宋儒正是在这方面师法孔子。朱子在与象山兄弟有关太极的论辩中就明白表示，并不在乎有些概念、名言来自不同传统，只要精神在先圣后圣完全一致就好。[2] 像《周易》的发展就经历三圣、伏羲画卦、文王重卦、孔子赞《易》、周濂溪讲"无极而太极"，观念不断创新，"夫先圣后圣岂不同条而共贯哉"。朱子建立系统，贵在传心。他进一步发扬了伊川的"理一而分殊"。这在当代，通过创造的阐释，还是一个重要的规约原则。[3] 现代新儒家与波士顿儒家合辙之处在于，二者都把传统当作动态开放的历程。在发展的过程中都呈现了一些"主题"(motif)，由主题分析做比较研究。[4]

---

[1] Robert Cummings Neville, *Boston Confucianism: Portable Tradition in the Late-Modern World* (Albany: State University of New York Press, 2000); John H. Berthrong, *All under Heaven: Transforming Paradigms in Confucian-Christian Dialogue* (Albany: State University of New York Press, 1994), pp. 83–85, 138. 他们认为儒家是一个活的传统，今日对话伙伴既是现代新儒家，自应以他们的意见为准，没有理由跟着外人说儒家传统缺少超越的层面，因为新儒家才是这一传统的承载者。

[2] 有关这场辩论，参见拙著《朱子哲学思想的发展与完成》，增订3版，451~458页。

[3] 参见拙作《"理一分殊"的现代解释》，见《理想与现实的纠结》，157~158页。

[4] Robert Cummings Neville, *Boston Confucianism: Portable Tradition in the Late-Modern World* (Albany: State University of New York Press, 2000), ch. 6 "Motif Analysis East and West".

这是当代新儒家如杜维明和我都可以同意的进路。①

对方法论做进一步的探索，凑巧南乐山与我都曾接受邀请撰写了两篇文章，在这方面做出评论与反省。"现存哲学家图书馆"（Library of Living Philosophers）在 2001 年出了纳速尔（Seyyed Hossein Nasr）专集，南乐山和我都有文章对纳速尔有所回应与批判。② 然后又有方法论专集出版，企图会通中国哲学传统与分析哲学传统，我们也都有文章提出自己的见解与建议。③ 看了他的两篇文章，我想我对他的方法论进路多少有了相当的了解。虽然我对他的神学并没有深入的研究，但已有相当资格可以对他做出回应。很明显，这是共同尊崇儒家理想的友朋之间的君子之争，不会剑拔弩张。但彼此之间还是有相当歧异，不容轻忽过去，必须提到台面上来，坦诚地交换意见。我们可以先从纳速尔的回应与批评说起。纳速尔是当代杰出的伊斯兰哲学家。"现存哲学家图书馆"由 1939 年的杜威专辑开始，非西方人只有 1952 年的拉达克里希南（Sarvepalli Radhakrishnan）专辑，纳速尔是第二位，可见

---

① 南乐山在他的书序中说，波士顿儒家有两个支脉：查理士河以北，以哈佛大学的杜维明为代表，重点在仁与孟子；查理士河以南，以波士顿大学的南乐山与白诗朗为代表，重点在礼与孔子。他把偶尔来波士顿做学术交流的学者也包括在内。我可以算是哈佛一脉的相关学者。

② Lewis E. Hahn, Randall E. Auxier, and Lucian W. Stone eds., *The Philosophy of Seyyed Hossein Nasr* (Chicago and La Salle, Illinois: Open Court, 2001): Robert Cummings Neville, "Perennial Philosophy in a Public Context," pp. 169-189; Shu-hsien Liu, "Reflections on Tradition and Modernity: A Response to Seyyed Hossein Nasr from a Neo-Confucian Perspective," pp. 253-269.

③ Robert Cummings Neville, "Methodology, Practices, and Discipline in Chinese and Western Philosophy," in Bo Mou ed., *Two Roads to Wisdom? —Chinese and Analytic Philosophical Traditions* (Chicago and La Salle, Illinois: Open Court, 2001), pp. 27-44; Shu-hsien Liu, "Philosophical Analysis and Hermeneutics: Reflections on Methodology via an Examination of the Evolution of My Understanding of Chinese Philosophy," in op. cit., pp. 131-152.

多么难能可贵。纳速尔继承的是苏菲教派（Sufism）神秘主义（或冥契主义）的传统。① 我们都尊敬他的成就。很特别的是，他起初念理论物理，后来转攻伊斯兰科学史，最后才发展他的系统哲学。他强烈谴责现代文明，有许多看法是我不同意的。由南乐山和我对他提出的质疑与批评，可以看到南乐山和我的契合处，但也有重大的分歧，不容忽视。

南乐山对纳速尔之"万古常新的哲学"（perennial philosophy）的哲学理想是赞同的。但他觉得纳速尔的策略错了，以致为当前西方主流哲学所漠视乃至轻视，这是十分可憾的。南乐山认为，常新哲学其实可以有两条不同的进路。纳速尔取传统的方式，先层层超升到超越存有之境，然后才下降，把智慧传布给信众。这种方式与当前西方思想格格不入，难怪缺乏正面的回应。南乐山建议，常新哲学其实可以有另一进路，不妨将传统的方法颠倒过来，由下而上，就可收到完全不同的效果。他提议先由皮尔斯（C. S. Peirce，又译普尔斯）的"符号学"（semiotics）入手。② 然后建构宇宙论，最后发展一套神学，强调"无中生有"（ex nihilo），取非决定主义（indeterminism）的观点，而把重点放在"创造性"（creativity）上。纳速尔在回应之中根本拒绝南乐山的提议，他认为完全没有必要随波逐流，并提醒大家，今日在西方已有相

---

① 对思想的介绍与批评，参见拙作《新儒家与新回教》，见《当代中国哲学论：问题篇》，113～137页。此文即根据英文稿改写而来。

② 参见朱建民：《普尔斯》，第4章，台北，东大图书公司，1999。南乐山取皮尔斯的符号学，而不取欧洲流行的索绪尔（Fredinand de Saussure）的符号学，不只因为前者的范围广阔，而且因为它也不像后者那样容易鄙弃实在论的进路。南乐山继承美国实用主义的传统，皮尔斯是创始者，詹姆斯（William James）使之风行一时，杜威将之发扬光大。对这个传统的进一步了解，参见艾慕士（S. Morris Eames）：《实用自然主义导论》，朱建民译，台北，时英出版社，2000。南乐山认为杜威继承了皮尔斯的传统的线索，詹姆斯是谈信仰，有主观主义的倾向，故不取他的说法。

当数量的人采取他所谓的传统主义（traditionalist）的观点，故自己的处境并不那么孤立，而有不断增长的趋势。

我对纳速尔则有一种两极化的反应，我对他的哲学所知甚少，只能对他的吉福特演讲《知识与神圣》（Knowledge and the Sacred，1981）做出回应。一方面我很佩服他对"圣知"（sacred knowledge）的阐释。近代西方对"知识"的了解日趋狭化与浅薄化，不再了解知识的神圣的根源，故他呼吁我们要回归传统，恢复柏拉图、奥古斯丁、普罗提诺（Plotinus）以至阿维森纳（Avicenna，或 Ibn Sina）的睿智。这个传统肯定"智的直觉"（intellectual intuition）。这才使我们警觉到，当代新儒家牟宗三先生肯定智的直觉，与目前还活着的苏菲传统有若合符节之处。依纳速尔之见，西方圣托马斯·阿奎那却继承了阿威罗伊（Averroes，或 Ibn Rushd）的线索，有经验实在论的倾向，从此误入歧途。到文艺复兴以后乃每况愈下，日益异化，故加以猛烈抨击。这和我们一般对文艺复兴、近代西方的理解大相径庭，委实难以消受。我们一贯颂扬近代西方民主、科学的成就，纳速尔却慨叹神圣性之失坠，这就与新儒家思想的走向南辕北辙。新儒家虽呼吁我们要维护传统的睿识，不容许"道统"失坠，但也要求改造传统，以曲通的方式开拓"政统"与"学统"，以吸纳近代西方的民主与科学，这就与纳速尔之呼吁要恢复中世纪时"神权政治"（theonomy）才能安立人生的意义与价值的说法彻底矛盾。新儒家对民主、科学并不抱幻想，故猛批科学主义（scientism），也不以民主为万灵药，希望在传统与现代之间觅取一种平衡。故新儒家虽被贴上保守主义（conservatism）的标签，其实力图与时推移，与纳速尔倡导的传统主义大异其趣。南乐山批评纳速尔未能面对所谓"怀疑的诠释学"（hermeneutics of suspicion）的挑战①，新儒家并不回避这样的质疑，但他们走的方向却和南乐山所提议的很不一样。

从方法论的角度看，为了方便，我们或者可以说唐君毅、牟宗三取理想主义的进路，而南乐山取自然主义的进路。波士顿儒家如南乐山、白诗朗都深受怀特海以及哈茨霍恩（Charles Hartshorne）"过程神学"（process theology）的影响。② 有趣的是，唐、牟年轻时都曾受到怀特海的吸引，但在思想成熟时却不成为一个因素。这绝不是偶然的结果，乃是经过深思以后选择了一条不同的道路。唐、牟都深受乃师熊十力的影响。熊先生在他所谓"性智"与"量智"之间做了截然的分别：只由性智的体证才能建立形上学，量智则可以用来做科学的探究。③ 量智该现量（感觉与知觉）与比量（推论）。依熊先生之见，理、智（量智）的勾画绝不能把握本体，只有通过人人由上天禀赋而来的"本心"的体证才能把握形而上的真实，透彻了悟"体用不二"。这是由孟子到阳明的传统。唐、牟秉承了这样的睿识，但学问的铺排则通过西学，不再追随熊先生的路数。牟先生由现代的罗素、维特根斯坦回溯到康德，然后再翻出来才得以建立"知性主体"。他在《认识心之批判》的序言中说：

> 人之心思发展，了解过程，常是易于向"所"，而难

---

① 20世纪的诠释学受到尼采、弗洛伊德、马克思的冲击，对人类文化的发展提出了许多尖锐的、透彻的质疑与批评，不容许我们空谈理想，不面对根深于生命中阴暗面的挑战。

② 对怀特海与哈茨霍恩之思想的简单介绍，参见拙作《有美国特色的当代美国宗教哲学》，见《理想与现实的纠结》，289～331页。

③ 参见熊十力：《新唯识论》，1～3页，台北，广文书局，1970。

于归"能"。向所,则从客体方面说;归能,则从主体方面说。向所则顺,归能则逆。古贤有云:顺之则生天生地,逆之则成圣成贤。吾可借此顺逆两向以明科学与哲学之不同。向所而趋,是谓顺。"顺之"之积极成果唯有科学。若哲学而再顺,则必锦上添花,徒为废辞。故哲学必逆。由"逆之"之方向以确定其方法与领域;其方法必皆为反显法与先验法,其领域必为先验原则、原理或实体之领域,而非事实之世界或命题之世界。①

他又明白地说:

> 吾初极喜怀悌特海。彼由现代物理数学逻辑之发展,上承柏拉图之精神,建立其宇宙论之伟构。此确为当代英美哲人中之不可多得者。然自吾逻辑书(《逻辑典范》)写成后,吾即觉其不行。盖彼亦正是由所而逆也,而其所使用之方法又为描述法。此虽丰富可观,实非入道之门。盖其"平面"的泛客观主义之宇宙论实未达"立体"之境,故未能尽"逆之以显先验原则"之奥蕴也。彼于此平面的泛客观主义之宇宙论上渲染一层价值观念之颜色,而不知价值何所出……价值之源在主体。如不能逆而反之,则只是价值之放射,而不知其源头之何所在。此则"超越的分解"缺如故也。②

照牟先生的说法,主体有二:一曰知性主体,一曰道德主体。他阐明了知性主体,唐君毅先生则阐明了道德主体。③

---
① 牟宗三:《认识心之批判》(上),2页,香港,友联出版社,1956。
② 同上书,4页。
③ 参见唐君毅:《道德自我之建立》,香港,人生出版社,1963。

二人在精神上都受到熊先生的启发。有一点需要说明的是，牟先生讲宋明理学，常常贬抑程朱的横摄系统，以理为只存在而不活动，而称许周、张、明道与陆、王以及五峰、蕺山的纵贯系统，以理为即存有即活动。① 这是通过另一视域的说法，与此处所说并无差别，因他明言，横摄系统为顺取之路，纵贯系统为逆觉之路，此其大较也。借用熊先生的术语，必须要把"习心"扭转，"本心"才得呈露。因此，如果以自然生命来说，新儒家绝不取顺流而趋的态度。孟子虽以恻隐之心之直接呈形为喻，但他既分别大体、小体，不赞成"物交物则引"，或后世所谓的"顺躯壳起念"，走的明显是逆觉的道路。这样就不能把孟子的思想与英国经验主义混为一谈：像夏夫兹伯里（A. A. C. Shaftbury）、哈奇生（Francis Hutcheson）、休谟（David Hume）与亚当·斯密（Adam Smith）之论"道德感"（moral sense），其实是不同层次的东西。② 但儒家之不取自然主义的进路，并不使之走上超自然主义的进路。由本心、本性的呈露不断加以扩充，乃可以到达孟子所谓"上下与天地同流"的境界。儒家思想是彻底现世性格的，故无须逃世。"超越"体现在"内在"之中，由己及他，由孟子到阳明都讲万物一体的境界。

由此可见，新儒家走的是一回环的道路。意识不断超升，而后推己及人，向往至善的境界。小宇宙与大宇宙之间取得和谐，所谓天人合一，故儒家所追求的是一种宽广的上通于天、扎根于地、恪守中庸之道的人文主义，与萨特的寡头人

---

① 参见牟宗三：《心体与性体》，第1卷，58页，台北，正中书局，1968。
② 参见李明辉：《儒家与康德》，11～45页，台北，联经出版事业有限公司，1990。

文主义可谓大异其趣。① 本体既立，由心性而通于宇宙，则自然主义的向往也可以为理想主义所消融，但在程序上不可以颠倒过来。第二代新儒家也许过分突出主体性而多少有了偏向，但脉络改变之后，有些是可以调整的面向，下文还会有进一步的讨论。

## 二、形上学的反省

由上面的探究，就知道方法论与形上学问题有着千丝万缕的关联。牟宗三受到康德的影响，拒斥希腊的实体形上学。如果我们以感觉基料为起点，通过逻辑推论或经验归纳去建构玄想式的形上学，那么他就会同意熊先生的说法，这样的勾画不能"见体"。绝不能把形而上的真实当作客观的对象来理解，那是一条死路。留在现象的层次上，只能建立科学知识，有较高或较低的或然性。宇宙论也属于这一层次，但还达不到科学的精确性。形上学并不增加吾人的经验知识，只能通过体认把握，故它不在理智、知识的层次上，而是睿识或智慧。当然它绝非反智，故我曾借用蒂利希（Paul Tillich）的"理性之深层"（depth of reason）来阐释新儒家的思想。②

在一个阶段，牟先生曾对比"实有形态"之本体论与

---

① 参见牟宗三：《论无人性与人无定义》，见《道德的理想主义》，修订5版，115~134页，台北，台湾学生书局，1982。
② 其详情参见我在1966年在南伊大完成的博士论文：Shu-hsien Liu, "A Critical Study of Paul Tillich's Methodological Presuppositions"；中文版参见拙著《当代新儒家思想批评的回顾与检讨》，见《大陆与海外——传统的反省与转化》，237~257页，台北，允晨文化实业股份有限公司，1989。

"境界形态"之本体论。前者重客观实有,由分解去把握外延道理;后者重主观证会,由神会去做成内容真理,为"主观性之花烂映发"。① 牟先生晚年较少谈"境界形态"之本体论,可能要避免学者不当的主观性的联想,但他的思绪始终是一贯的。在《现象与物自身》一书中,他分别开所谓"执的存有论"与"无执的存有论"。② 由"识心之执"只能做出"现象界的存有论",海德格尔顺着康德的探索,留在"执的存有论"层面,只能做出"内在的形上学",不能做出"超绝的形上学";只有肯定"智的直觉",人虽有限而可通于无限,中土儒、释、道三教始能证成"本体论的存有论"。牟先生曾借天台宗"诡谲的圆教"以"生死即涅槃、烦恼即菩提"来说明圆教思想的规模,而后延伸到道家与儒家的无执的存有论。③ 这正是牟先生一贯的思路。他曾指出:

> 故不但汉儒之"气化实有之宇宙论"须提升或扭转,而予以消化之,即西方传统中"实有形态"之本体论或形上学,亦须提升或扭转而予以消化之。提升是经气化或万有层提至最高之道德宗教之"理"一层。扭转是从客观之实有,气的或理的,转至主观之虚灵。消化是统客观性于主观性而至真实的主客观之统一。经过提升、扭转与消化,中国之玄理哲学亦可因而得其进一步之充实。然而千圣同证之"境界形态"下之主客观之统一,恐是不移之内容真理也。④

---

① 参见牟宗三:《才性与玄理》,237~265 页,香港,人生出版社,1963。
② 参见牟宗三:《现象与物自身》,37~40 页。
③ 同上书,408~447 页。
④ 牟宗三:《才性与玄理》,265 页。

由这里可以看到新儒家所继承与改造传统的中心关注在什么地方。但南乐山的主题分析中却少了这样的分疏，以致差之毫厘，谬以千里。他说：

> 这里要提出来的东亚主题是，阴阳宇宙论与人文之化成自然（human completion of nature）。阴阳宇宙论是一条线索，在中华文明内比任何古典的主题表达更为古老。而它普泛地表达在战国时期所有先秦的哲学流派（儒、道、墨、法、名家）之中，自然主义各派，特别在《易经》之中。与邹衍（约前305—前240）相关联的阴阳家绝非这一主题的最早的表达。阳是活动、伸展，阴是放松、回归，这些特质在许多现象中找到类比。在这一主题中需要强调的一点是，阴阳是有问题的和谐的平衡因素。①

他又说：

> 在东亚，阴阳与人文化成自然的主题结合，使得人的情状必须与道协调，既符合而又实现道的要求，有了文明上的重要性。东亚文明缺少西方与南亚对于创世的强调。它分享的是，命的规范主题的众多表达，既相关于天命，也相关于帝王仪规的指令。但与西方不同的是，命的规范绝非外于人内在的本性与倾向；正好相反，要和人内在的道一致才能达到。东亚文明与南亚所分享的主题是，自然由交织在一起的过程所组成，不讲整全的物或实体；但东亚主题绝少把自然的历程当作幻化，或

---

① Robert Cummings Neville, *Boston Confucianism: Portable Tradition in the Late-Modern World* (Albany: State University of New York Press, 2000), p.117. 我的译文。南乐山有可能是在不经意中受到了安乐哲与郝大维的影响，虽然他不接受二人认为古代中国思想中缺少超越层面的说法。

外于真我者,相反,乃以之为自我最中心的成分。所谓"主题"意即一古老的观念、实施或事件,而有古典文字清楚表达者。主题即有清楚表达之观念。①

宽泛地说,南乐山的观察并不差,只不过他对阴阳宇宙论的强调是错误的。阴阳虽可溯源到上古,但它们要迟到战国时期才演变成宇宙间的基本力量。一直要到邹衍,才把阴阳与五行结合而发展出一整套哲学。用在历史与政治上,对秦、汉以后的思想有深远的影响。安乐哲与郝大维认为由邹衍到董仲舒的阴阳宇宙论缺少超越层面是不错的,但说孔、孟、《易经》缺少这一层面却是不对的。表面上看,《易传》中的阴阳宇宙论和阴阳家的说法差不多,但其实背后的精神完全不同。所谓"形而上者谓之道,形而下者谓之器"(《系辞上》),道、器虽相即,但毕竟形上、形下有别,不可混同。形上是超越层面,形下是内在层面。《易传》发展的是一套生生不已的哲学②,与邹衍的决定论思想可谓大异其趣。宋儒自周敦颐以降,到朱子、阳明都只酌取汉儒的宇宙论,而从不以之为重点,朱子建构道统,摒弃汉儒,即为明证。③ 在这一传统中,形上学无疑较宇宙论占优位。故我提议,或者可以"天人合一"代替"阴阳感应"为主题。此词虽后起,思绪却贯串儒、道、墨、名、阴阳诸家,只有法家被排除在外。但汉代以降,阳儒阴法,阴阳家则与道家合流,与儒家互补,

---

① Robert Cummings Neville, *Boston Confucianism: Portable Tradition in the Late-Modern World* (Albany: State University of New York Press, 2000), p. 118. 我的译文。

② 参见方东美:《中国哲学之精神及其发展》(上),孙智燊译,145~156页,台北,成均出版社,1984。

③ 参见拙著《朱子哲学思想的发展与完成》,增订3版,413~427页。

正如南乐山所说，儒、道分别代表了中华文明的阴、阳二个面向，可谓知言。

至于人文化成自然，这的确是中国文化的主流思想。宋明儒学发展"心性之学"，当代新儒家乃明白宣称："此心性之学，乃中国文化之精髓所在。"① 过时的宇宙观可以解构，生生与仁的睿识经过创造性的阐释却可以万古常新，有现代意义。宋明儒有各种不同的异说，但也有共识，即张载开出的所谓"天道性命相贯通"的思路，超越与内在相通。② 这不是通过经验归纳可以建立的命题，故不属于科学的领域，非理智或理性所行境。但绝不可以之为非理性，因其植根于理性之深层，可以为超理性。这里的确涉及信仰的成分，但又不可以之为"唯信仰主义"（fideism），将之当作仅仅是主观的信念看待，因历代圣贤都有同样的体证，正如象山所言东西海圣人出，心同理同是也。在原则上人人可以有相同的体证，虽在事实上圣贤仍是难得的成就。但无论如何，人人都可以学习、向往圣贤之道，而超越为内在提供了方向的指引。

## 三、践履论的反省

由以上的讨论又可以看到，对新儒家而言，形而上的体

---

① 参见著名的《中国文化与世界宣言》，此宣言由唐君毅起草，由张君劢、唐君毅、牟宗三、徐复观四位学者签署，于1958年元旦同时发表于《民主评论》与《再生》杂志。后收入唐君毅：《中华人文与当今世界》（下），865~929页，台北，台湾学生书局，1975。

② 张载《诚明篇》曰："天所性者通极于道，气之昏明不足以蔽之。天所命者通极于性，遇之吉凶不足以戕之。"天道性命通而为一。但对"天道性命相贯通"的解释，则各家不同，并未归一。牟先生认为只程朱一家不能书此义，其实程朱一家通过一曲折的方式仍可以言此义，只是朱子以理为只存有不活动而已！

证绝不能脱离修养的践履。此所以第二代新儒家特别彰显主体性的概念与入路。但儒家的理想终不能分割内外，历代儒者均莫不对"内圣外王"有殷切的期盼与向往。同时在这一传统中，知行也不容乖离，故阳明盛张知行合一之旨。宋明儒坚信，个体仁的实践与天地之生生融和无间。这是很深的睿识，不可被斥为拟人论的投射。一方面，人禽有别，自觉的道德心只在人才呈现出来，到圣贤才有充分的体认与实践。另一方面，也只有人才能有天地万物一体的证会，在意识上可以清楚地体认到，天地的生生就在我的生命中发生作用，刹那刹那，永不停息，即使死后也不会终止。这正是张载《西铭》一文传达给我们的微义。由此可见，牟先生所谓"道德的形上学"（moral metaphysic）讲的不是狭义的、专属于人的狭义的"道德"，康德"道德底形上学"（metaphysics of morals）才是面对这个层次的问题，探索自律道德的先验原则。中国哲学是以道德生命的健动为起点去上体天心，体认弥漫于整个宇宙间的生生之德（广义的"道德"），则人的生命虽有限但却通于无限。生生的脉动实凌越生死，宇宙的生命在个体的生命之内得到共振。而吊诡的是，人必须克服私欲才能开放给一个更丰富、饱满、包含无限创造性的生命。此即所谓："存天理、灭人欲"。当然不是要人苦行，而是要人不要顺躯壳起念，走逆觉体证的路数，与生命内在的一个更深刻的泉源互相呼应，自然而然得到精神的解脱，所谓"存吾顺事，殁吾宁也。"这是通过人把握的宇宙情怀（anthropocosmic vision）。有这样情怀的人仍是有限的存在，不会全知、全能，世间的事还是要奋勉以求，天命依然不可测。但把天所命于我的核心部分（孟子所谓"大体"）充分发扬出来，无论寿夭、贫富、祸福，就终生无憾了。由内在仁的体认，乃要求外在礼的实施。《大学》所谓修、齐、治、平，体现的是由个体而社会再到天下大同的理想；"理一分殊"，和而不同，在一元与多元、绝对与相对之间，寻觅《中庸》的理想。

由这条线索探索下去，又可以看到新儒家与波士顿儒家的一个重要分别。南乐山把重点放在礼上，杜维明所继承新儒家的传统则把重点放在仁上。从新儒家的观点看，就践履而言，仁比礼更基本的位置是不容颠倒过来的。这由《论语》中略做征引便可明白就里。

> 子夏问曰："巧笑倩兮，美目盼兮，素以为绚兮。何谓也？"子曰："绘事后素。"曰："礼后乎？"子曰："起予者商也！始可与言《诗》已矣。"（《八佾》）

对孔子来说，礼在后面，在什么之后呢？这里并未明言，需由《论语》再征引：

> 林放问礼之本。子曰："大哉问！礼，与其奢也，宁俭；丧，与其易也，宁戚。"（《八佾》）

礼既另有本，当然本身不可能是本。由语脉上看，丧礼之本是在戚之仁心。孟子由此讲恻隐之心，所谓心有戚戚焉，可谓善继。或谓仁、礼可以互本，这种说法是不可以成立的。由教育程序看，学礼在时间上可以在先，但何以要遵循这样的礼呢？则不能不把礼仪当作仁心的表现看待。芬格莱特（Herbert Fingarette）讲礼的魔术效应[1]，岂不正是因为儒家的礼仪是人心自然地流露所致？

---

[1] Herbert Fingarette, *Confucius: The Secular as Sacred* (New York: Harper & Row, 1972).

在这里，新儒家的思想与实用主义的思想取径不同。杜威由常规（routines）建立的习惯（habit）开始，到时出了问题，乃有冲动（impulse）尝试新的方法，而理智（intelligence）找到解决问题的途径，乃在习惯与冲动之间取得了平衡。① 这是牟先生所谓顺的路数。新儒家也由礼开始，但不满其流于形式，故必逆反至礼之本，找到了仁心，由逆觉的反省而上升到另一层次。

但本心、本性既立，则南乐山的考虑都是很有道理的，他认为德性一定要通过礼仪造成习惯才会有效，新儒家翻上一层，但未走出世的道路。儒者通过一个回环，还是要在世间弘道。熊十力所谓体用不二，孟子的仁义必须要辅以荀子的礼智才能具体落实。由近而远，儒家的思想富有包容性，像当代新儒家，由道统的坚持，扩大到学统、政统的开拓，乃可以吸纳西方的科学与民主，即所谓理一而分殊。在当前的脉络下，当然更可以吸纳波士顿儒家宇宙论的玄想与礼仪的推广。

其实在践履层面，查理士河的两岸有颇多彼此契合之处。南乐山特别激赏杜维明"信托社会"（fiduciary community）的构想。当前自由主义思想已受到严重的质疑。但社群主义（communitarianism）对自由主义的挑战是不够的。杜维明对《中庸》的研究乃提出了另外的可能性。他说：

> 信托社会，作为儒家宗教性的确定表征而言，并不只是由缺乏超越层面的社会伦理所支配的。相反，社会建立在信托上，而不只是个契约，这是对天命之谓性的

---

① John Dewey, *Human Nature and Conduct* (New York: Modern Library, 1930).

神圣的肯认。如果说,儒家与天的"盟约"(covenant)即充分尽性以完成天的化育,或者不那么离谱!①

通过这样的线索去吸纳南乐山对礼和荀子的富有新意的阐释,的确可以为儒家传统增添一些重要的面向。

## 四、结语

从表面上看,我好像用一种过分简单的理想主义/自然主义、形上学/宇宙论、仁/礼的二分架构来对比港、台新儒家与波士顿儒家。但这是全然的误解,它们仍只是一些用来帮助说明各自不同重点所在的设施(heuristic devices)而已!半个世纪以前还在大学念书时,方东美师就警告我们不能用一些西方流行的术语来范围中国思想,而指出我们的思想传统是理性的(rational)而非理性主义的(rationalistic)、自然(natural)而非自然主义的(naturalistic)、实用(practical)而非实用主义的(pragmatic)。旨哉斯言!但中西传统分别发展了很长的时间,彼此呈现了一些差异的性相与主题是完全可以理解的。此所以我同意取南乐山主题分析的进路,不过在实际上做分析时必须小心谨慎从事而已,以免读错主题造成差谬。同时我们也要像东美师所提示的,不能只满足于"形态学的"(morphological)研究,还要做"生态学的"(ecological)探索。在发展的过程中,两个不同的传统可以在自

---

① Tu Wei-ming, *Centrality and Commonality: An Essay on Confucian Religiousness* (Albany: State University of New York Press, 1989), pp. 97-98.

己的基础上吸纳对方的长处，而造成互相磨合的效果。把南乐山的阴阳感应换成天人合一，他分别西方与东亚不同主题的特色，的确展现了非常敏锐的观察力与判断力。

由上所言，新儒家与伊斯兰教不同，是可以面对当代诠释学的质疑的，也可以回应实用主义的挑战。实用主义排拒先验主义是要避免独断的态度，可以不断修正自己的意见。但如前所述，新儒家把握本心、本性的先验性格并不是其始点，而是在阅历万般之后回心向往的"终极托付"（ultimate commitment）。试想如果最后只是尼采的权力意志、弗洛伊德的本我（id），那么我们的希望在哪里呢？而儒家的性善论并不排斥实用主义的向善论。恰好是因为我们对天命的善性的终极托付，才能使我们一心向善，锲而不舍，乃至鞠躬尽瘁，死而后已！众所周知，儒家伦理是一种境遇伦理（situational ethics），而每一个个案都需要智慧去判断，战战兢兢，如临深渊，如履薄冰，并没有保证永远在正确的一方，故儒家由孔子以来即强调"观过，斯知仁矣"（《论语·里仁》）、过则勿惮改（《论语·学而》），这正是独断主义"意、必、固、我"（《论语·子罕》）的反面。而正因为世间圣贤的稀有，才更反显出圣贤之道的可贵。仁与生生的终极关怀并不会使我们美化丑陋的现实，而"知其不可而为之"也不会让我们陷于悲观绝望中。

由此我们可以看到，当代新儒家坚持理想主义的进路是有他们的理由的。但终极的圆教的体认使他们也像尼采一样，永远持肯定的态度，即烦恼即菩提，但不取尼采的偏颇的反基督态度。除了坚持仁与生生之外，儒家思想可以与时推移，取开放的态度，由自我、社会、世界到宇宙不断做同心圆的扩大，尽可以与当代环保、女性主义对话，更何况是同路人的波士顿儒家。

南乐山继承的是一个年轻的实用主义传统。他由自然主义出发，但拒绝化约主义的进路。由皮尔斯的符号学、怀特海的宇宙论，他发展了自己的神学，把重点放在创造性与非决定论之上。他取这样的进路，就他所必须面对的当前美国的脉络来看，是完全可以理解的。在讨论中国哲学方法论时，他说：

> 如果不做成假说，试图证实的话，哲学就没有声称把握到真理，而加以卫护，但中西哲学均不只是历史写作或者审美批评，总想落实对所讨论的问题的真理的声言。把哲学的声言（claims）叫作"假设"（hypotheses），当然是反映了实用主义传统的修辞。大多数哲学家从来不把声言当作假设，一直到19、20世纪实用主义与过程哲学才明白地这样说；而且就算他们知道这样的想法，他们也或者不会用这种方式来看自己的观点。然而，回过头来看，我们是可以把哲学的声言当作假设的。譬如说，上面讨论的方法学说就可以做出达致正确结论的假设，而可针对其论说加以评估。柏拉图很清楚地把他的辩证法当作假设的阶梯。亚里士多德则把辩证法当作坏的逻辑看待。但这就可以当作关于逻辑的假设看待，而加以评估。同样，孔子对仁与礼的看法也可以被看作改善人生亟须推动怎样的理想与行动的假设。荀子对性与天的看法也可以被看作了解人的走向与努力的自然脉络的假设。诸如此类，不一而足。①

---

① Robert Cummings Neville, *Boston Confucianism: Portable Tradition in the Late-Modern World* (Albany: State University of New York Press, 2000), pp. 40–41. 我的译文。

把哲学观点叫作"假设"的主要意义就是，要指明这些观点都是可以改正的。

南乐山正是采用了这样的策略而让他的神学在美国学界受到尊重，不像纳速尔之被摒斥于主流之外。但在实用主义传统发展的过程中，我们完全可以了解何以南乐山会被儒家传统所吸引。两个传统都相信知行合一，都强调教育的重要性。而美国文明发展到今日，正是到了一个需要追求"富而好礼"（《论语·学而》）的阶段。难怪由芬格莱特到南乐山会做出努力，把孔子与荀子的睿识吸纳入他们的传统之内。是否有成效，自不是我们可以置喙的了。

儒家传统发展到今日，也不再像第二代新儒家面对存亡继倾之际那样，需要突出儒家的主体与正统意义。第三代新儒家有更宽广的国际视野，他们只要言之成理，让儒家在国际上成为一个受到尊敬的精神传统，就已经很足够了。他们也接受西方式的多元主义的架构，不再需要强调儒家的正统在中国。他们可以承认在不同的脉络中发展出不同的儒家，诸如日本儒学、韩国儒学、新加坡儒学，乃至越南儒学，如今又增添了波士顿儒学，在未来有更广阔的天地可以开拓。我盼望由这篇文章，可以引发更多的对话与讨论。

*宣读于 2002 年 12 月 28 日在台北市由"中国哲学会"主办之"中国哲学与全球化"学术研讨会，原刊于《哲学与文化》，第 348 期（2003 年 5 月）。*

# 异与同：由一个比较观点论世界伦理之可行性

世界发展到今天已成为一个地球村。在过去，不同地区发展着不同的传统，如基督教之席卷西欧、儒家之笼罩东亚。时至今日，各宗教之间交流频密。尤其在现代西方式的国家之中，无疑的是，肯定宗教自由以及宽容之旨，已预设一多元架构，晚近更流行"多文化主义"（multi-culturalism），不再有"定于一"的问题。而有趣的是，20世纪初有强烈反宗教的潮流，但到了20世纪末，"精神性"（spirituality）反而成为时尚，不同的传统互相争奇斗艳。儒耶之间的对话也似乎进入一个新阶段，这正是本文所要探索的一个中心论旨。

从一方面看，儒耶之间的一些基本差别是不可能也不必要消解的。有关"神"、"世界"与"人"，两个传统均有不同的理解，此处无须再赘。但在现代化的过程中，彼此的发展也有许多互相契合之处，我也曾做过一番探测。① 但我自己也完全意料不到的是，在当前推动"世界伦理"的运动中，我

---

① 参见拙作《由当代西方宗教思想如何面对现代化的角度论儒家传统的宗教意涵》，见《当代中国哲学论：问题篇》，81～112页。此文以《现代化与儒家传统的宗教意涵》为题，被收入刘小枫主编：《基督教文化评论》，第7辑，102～123页，贵阳，贵州人民出版社，1998。

和领导这一潮流的天主教神学家孔汉思变成了并肩作战的盟友，对抗那些把道德伦理的实质内容排除在外而只由程序来考虑问题的哲学家。① 由此可见，不同精神传统有相通之处，其关怀与进路互相呼应，颇不同于把精神性的内容归于另一领域的专业哲学家。从这个视域来看，则儒、耶之同其来有自，"理一而分殊"，洵非虚语。我们就由这条线索来继续我们的探索，但在再出发之前，或者略说这一公案的背景因由，是有必要的！

最初触发孔汉思追求世界伦理的，是他的忧虑：没有宗教之间的和平，就没有世界的和平。1989年2月联合国教科文组织在巴黎召开"世界宗教与人权"会议，由孔汉思发表主题演讲，并邀请犹太教、基督教、伊斯兰教、印度教、佛教与儒家的代表做出回应，我应邀参加了这一会议。令我感到诧异的是，他不仅对基督教做出痛切的自我批评，不把信神当作世界宗教的通性，而且标举出 humanum（人性、人道）为各大精神传统共同的关怀。我即为文积极支持这一论点，因为由儒家的观点看，humanum（拉丁文）、humanity（英文）与"仁"（中文），指向同一德性。从此，我们之间建立了一种精神上的感通。1993年，由孔汉思起草的《世界伦理宣言》竟然在芝加哥举办的世界宗教会上得到大多数与会的团体和个人签署，堪称异数。② 这个会议因儒家不是一个组

---

① 有关孔汉思的努力，参见孔汉思：《世界伦理构想》，周艺译，香港，三联书店，1996。我的参与由联合国教科文组织支持的"普遍伦理计划"，参见拙作《世界伦理与文化差异》，载《哲学杂志》，第23期（1998年2月）：52～69页。《起草〈世界伦理宣言〉的波折》，载《九十年代》，总第337期（1998年2月）：98～100页；总第338期（1998年3月），95～97页。

② Hans Küng and Karl-Josef Kuschcl eds., *A Global Ethic: The Declaration of the Parliament of the World's Religions* (London: SCM Press, 1993).

织宗教，没有代表参加；但孔子"己所不欲，勿施于人"的"金规"一再被引用为《宣言》最重要的基石之一。《宣言》出版后，孔汉思即寄了一本给我，邀请我由儒家的观点做出回应，连同其他有代表性的人物撰文，结集于 1995 年出版，庆祝联合国成立五十周年纪念。① 联合国教科文组织后来成立"普遍伦理计划"，由韩国金丽寿教授主持，于 1997 年 3 月尾在巴黎开的一次会议，有 12 位分别来自世界各个不同地区、不同传统的哲学家参加，商讨起草《世界伦理宣言》事宜，大家在原则上同意往这个方向进行。1997 年 12 月初在拿波里开第二次会议，有 30 位左右的哲学家参加，《世界伦理宣言》起草之议受到挫折。金丽寿说明暂缓起草宣言，今后联合国将在世界各地支持地区性的会议，广泛推动有关普遍伦理之反省与拓展，最后在 1999 年提交一份综合性的报告。全世界第一个地区性的会议于 1998 年 6 月初在北京中国社会科学院召开。我三次会议均有参与。1998 年 8 月在波士顿举行第二十届世界哲学大会，我又参与了由费城天普大学（Temple University）的"全球对话研究所"（Global Dialogue Institute）主任斯威德勒（Leonard Swidler，又译斯维德勒）教授主持的，以"世界伦理（global ethic）是否有可能？"为主题的圆桌会议。返港以后，不觉一个学期过去，心思沉潜下来，反省与此相关的种种问题，现由儒、耶交流的角度做出进一步的探索与反思。

---

① 我只有一个德文本，文章也就被译为德文发表，参见 Shu-hsien Liu, "Weltethos-Eine Konfuzianianische Antwort," in Hans Küng ed., *Ja zum Weltethos: Perspectiven für die Suche nach Orientierung* (München: R. Piper Gmblt & Co., 1995), pp. 285-292。

孔汉思被金丽寿誉为"全球伦理之父"，显然是承认他起草《世界伦理宣言》，并得到世界宗教会大多数与会团体和代表人物签署的功绩。现在让我们看一看这份《宣言》的内容，它指出，在世界各宗教传统中可以找到同一个原理的不同表达。

> 经历数千年，在人类许多宗教与伦理传统中都可以找到下列原理，并不断维持下去，即"己所不欲，勿施于人"。或者用积极方式来表达："己之所欲，施之于人"。这应该是通于生活的所有领域——家庭与社区、种族、国家与宗教的不可取消的、无条件的规范。①

这个原理又可以引申出支配我们行为的具体标准，通贯古今中外，我们可以找到四个宽松的指令：

（1）对于非暴力的文化与尊敬生命的承诺（commitment to a culture of non-violence and respect for life）；

（2）对于团结的文化与公正经济秩序的承诺（commitment to a culture of solidarity and a just economic order）；

（3）对于宽容的文化与真实的生活的承诺（commitment to a culture of tolerance and a life of truthfulness）；

（4）对于平等权利文化与男女之间的伙伴关系的承诺（commitment to a culture of equal rights and partnership between men and women）。②

---

① 我的译文。参见拙作《世界伦理与文化差异》，载《哲学杂志》，第 23 期（1998 年 2 月）：58～59 页。

② 同上书，59 页。

这便是《宣言》的要旨。明眼人看得出来，这四条指令其实是十诫中有关伦理的四诫——不杀、不盗、不妄、不淫——的现代表达。开会时便已有人批评《宣言》的概念与表达方式都是西方式的。孔汉思也坦承这是无可奈何的事实。但为何大家还是签署了这一《宣言》？那是因为它所传达的信息并不局限于基督教传统，佛教的五戒（杀、盗、淫、妄、酒）与儒家的五常（仁、义、礼、智、信）莫不与之若合符节。其实休斯顿·史密士（Huston Smith）在他的名著《人的宗教》中早就点明了其中的关键之所在：

> 十诫所指示的，乃是使得具体生活成为可能的最低标准。……对于暴力，他们事实上说：你可以争吵打斗，但是不可以在同一族群之内杀人，因为它所引起的族群仇恨会粉碎社会。因此"你不可杀人"。对性也是同样的。你可以是个累犯，到处拈花惹草，甚至于乱交，虽然我们并不推许这样的行为，也不以法律来追究你。但是到了一个地步就得划上一条界线：结了婚的人，在婚姻盟约之外从事性上的放纵行为是不许可的，因为它所挑起的激情是不见容于社会的。因此"你不可通奸"。至于说财富，你可以随你高兴累积很多的财富而且精于此道。不过，有一件事你不可以做，就是把别人的直接夺为己有，因为这违反了公平竞争的意义，所造成的敌视将变成不可控制。因此"你不可盗窃"。最后，关于语言，你可以掩饰以及含糊，但是在某种时刻，我们要求你讲真话，全部真话，只可以是真话，不可以讲任何别的。如果纷争到了一个地步要到法庭上来裁决的时间，这时法官必（须）知道真相。如果你那时发了誓要讲真

话却说了谎,惩罚将是严厉的。因此"你不可作伪证"。①而后他抽引结论说:

> 十诫在其伦理层面的重要性,不在于其特殊性而在于其普遍性,不在于其终极性而在于其基础上的代表性。它们在所接触的题目上之发言并非是最后的;它们所说的话是必须要说的,其他的话才会随之而来。这就是何以自西奈山之后3 000多年,它们仍然是"道德的世界语"(esperanto)。②

而这些一般性的指令绝不是没有意义的,他的看法是:

> 在伦理学的领域里,十诫所说的几乎是跨文化的。我们应该防止凶杀、盗窃、说谎和通奸。这些乃是低限度的指导方针……却并非是无足轻重的,因为我们明白如果它们受到普遍的尊崇,世界将会好得多了。③

史密斯从来不认为世界宗教可以归一,即使新教内部的那些宗派也不能归一④,孔汉思的想法也是一样。但这不妨碍大家可以凝聚一些共识。50年前联合国通过《世界人权宣言》,产生了巨大的影响。但光凭这一文献显然不足,因为它只提供外在的约束,孔汉思乃要求更进一层,改变吾人内在的态度,才能促进世界的和平。此所以他热切希望,联合国能再通过一个《世界伦理宣言》来面对当前的摩擦冲突,避免演变成热战的危险。

---

① 休斯顿·史密士:《人的宗教:人类伟大的智慧传统》,刘安云译,393~394页,台北,立绪文化事业有限公司,1998。
② 同上书,394页。
③ 同上书,527页。
④ 同上书,525~526页。

1993年的《世界伦理宣言》出版之后，最流行的批评是，这一文献还是不经意地流露出一种传道式的热情与讲道式的修辞。孔汉思乃又致力起草一份《人的责任之世界宣言》("Universal Declaration of Human Responsibilities")，希望没有宗教背景的无神论者也愿意签署这份文件。在起草的过程中，他曾诚征我们大家的意见。我觉得语调太理想主义了一点，曾提议略做修改，使其更踏实一点。文件做出来之后，提交由约30位以前的国家元首或领袖组成的国际行动理事会(Interaction Council)，在1998年4月下旬于维也纳召开的第十五届全体会议加以采纳。成员包括联邦德国前总理施密特、美国前总统卡特、日本前首相宫泽喜一、澳大利亚前总理弗莱泽、哥斯达黎加前总统阿尔瓦雷斯与赞比亚前总统卡翁达等。与会的专家学者由孔汉思领衔，还有华裔学者秦家懿(Julia Ching)，最令我惊奇的是居然还有思想接近相对主义的实用主义者罗蒂（Richard Rorty）。文件已经该会首脑签署，于9月1日提交联合国，希望大会能够通过决议，采纳这份文件所提出的理念。《人的责任之世界宣言》共分六大条目（包括十九条款），如下：

(1) 人性的基本原理；
(2) 非暴力与尊重；
(3) 公正与团结；
(4) 真实与宽容；
(5) 互相尊敬与伙伴关系；
(6) 结论。

很明显，这份《人的责任之世界宣言》是由《世界伦理宣言》转化过来的一份文件。孔汉思的如意算盘是，12月拿波里的会议能采用《人的责任之世界宣言》为底本，加以讨论修改，提交联合国通过，成为《世界人权宣言》之后的另一个重要宣言。不想开会时气氛与巴黎有了极大的改变。多数人虽然还是相信世界伦理有可能性，但都认为必须谨慎行事，无意仓促上马，采取孔汉思的文件为底本。甚至还有人认为无须亟亟，不妨等到500年以后再说。孔汉思认为这样的发言完全违反巴黎决议的宗旨，乃提出程序问题，要求主事者解释。金丽寿坦承这次会议并不以起草宣言底本为急务，一切需要从长计议，而联合国以后将支持地区性的会议，到1999年提交一份综合性的报告作为初步的成果。如此则宣言的起草与签署将遥遥无期，孔汉思几乎愤而退席，因为他有更重要的事要做，可没有闲情逸致来参加另一可有可无、不关痛痒的学术会议。自此联合国"普遍伦理计划"的努力乃化整为零，先鼓励各地区草根层面自发性的世界伦理运动，再把资讯汇聚起来，然后加以评估，看看未来要怎样发展下去。当然，由一个比较客观的视域来看，这样的运动要真有活力的话，也不必事事仰仗联合国，它的支持本来就是后起的，充其量只是一个助缘，其终结也不意味着运动的终结。但就我自己的参与来说，却刚好到了一个阶段，可以对迄今为止的发展做出反省与评估。

为什么孔汉思在芝加哥与维也纳能够取得成果，而在拿波里却铩羽而归呢？这里面也有一定的因由，并不是完全偶然的结果。我和斯威德勒在巴黎一开始就支持孔汉思推动起草《世界伦理宣言》的努力，并不是因为我们完全同意他的想法，而是因为我们相信，世界发展到今天，亟须在《世界人权宣言》之外建立一个新的象征，扭转当前日趋分崩离析的风气。就我个人来说，长期以来，至少在理念层面，我一直向往找到一个超越矛盾冲突的规约原则，这与孔汉思的努力方向可谓不谋而合。孔汉思的助教曾对我说，他十分珍惜我的支持；我想可能正是因为我们来自完全不同的背景，却有如斯契合，不能不说特别有缘！作为一个专业哲学家，又来自儒家背景，我没有可能完全同意他的表达。在原则上，也没有理由不能给予五常以现代阐释而发展出一套世界伦理。但在事实上我既没有这样做，那就不妨先签署孔汉思做出的文件，因为它的指向并不限于基督教传统，借着它的冲力，可以把这一运动往前带动，跨上一大步。这完全不违背我重新加以阐释的"理一分殊"之宗旨。①

在巴黎开会时，大家都同意，要建构一套世界伦理，必须采取一"极小式的"（minimalist）进路，也即华尔泽（Michael Walzer）所谓"薄的"（thin）伦理，西西拉·波克（Sissela Bok）曾以归纳的方式指陈一些"共同价值"（common values），德国哲学家阿佩尔（Karl Otto Apel）则采取"先验的"（transcendental）进路，这已属异数，但他还是着眼于"程序性"（procedural）的共识，另有孔汉思的《世界伦理宣言》来自精神传统的背景，得到斯威德勒、我和印度代表加伦·辛格（Karan Singh）的支持，却不正确地被金丽寿误解为一"极大式的"（maximalist）伦理。但参加拿波里会议的哲学家有更歧异的背景，浸淫英美主流分析哲学者多倾向于寻求程序性的共识，注目社会科学的经验研究者则倾

---

① 参见拙作《"理一分殊"的现代解释》，见《理想与现实的纠结》，157～188页。

向于寻求一些共同价值，多数人对孔汉思的提议存疑，有的甚至对于其基督教的基调表示了强烈的反感。我们显然低估了主张"政教分离"者对于推进任何精神价值的疑虑，故此，结果表面上看来似乎出人意表，其实会议一开始，由韩普夏（Stuart Hampshire）的发言揭开序幕，起草宣言之议便已胎死腹中，一点也不意外。后来的发展只是一步一步证实了主观愿望的破灭，最后为棺材板钉上钉子罢了！孔汉思似乎不能接受这样的事实而义愤填膺。我先感到错愕，继之以惋惜，到了解客观形势之后，便应之以平常心。会议开到我们这一组——原巴黎与会者——发言时，已接近尾声。我的论文指出，所谓极小式的进路，绝非应用取同略异的归纳法，那样得到的结果是"外延"（extension）大而"内涵"（intension）小的一些命题，驯至没有意义的地步。故我提议代之以"理一分殊"的进路，从各不同传统的草根层面出发，诸如十诫（耶）、五戒（佛）、五常（儒）之类，无须放弃彼此间的差别而寻求大家在精神上的契合。而所建立的绝不止于程序性的共识，也有内容上的共识。为我做传译的年轻人并不熟悉中国传统，看了我的稿子感觉到巨大的吸引（fascinating）。这更使我在内心中深深感觉到，对外的影响力要靠机遇，到时机成熟时自然水到渠成，勉强不来。而最重要的是必须把自己的一套做出来，届时不怕缺少知音，最怕自己根本拿不出东西，有了机缘也不能有所贡献，这才是最悲哀的事情。

迄今为止，"理一分殊"之旨尚未大明于世，但我已经应邀为1995年出版的《剑桥哲学辞典》撰写了这一条目[1]，并

---

[1] "Li-i-fen-shu," in *The Cambridge Dictionary of Philosophy*, edited by Robert Audi (Cambridge, UK: Cambridge University Press, 1995), p. 436.

以 2 000 字的篇幅为《中国哲学百科全书》撰稿,说明这一名句的背景渊源与现代意义。① 由这一观点去看问题,则大家从各个不同的传统背景去建构世界伦理,正是对于"理一分殊"的进一步印证。顺着这条线索做进一步的探索,我们不只要努力建构世界伦理,而且要追问能够建构世界伦理的根源,那就不能不接触到宗教与形上学的根本问题。

对有宗教信仰的人而言,终极来说,价值必来自一超越的泉源,无论是基督教的上帝还是儒家的天道。但在这里,好像我们只能看到各个不同精神传统的"分殊",怎样能够把握"理一"呢?在宋代,朱子受教于延平,当时的气候是,"理不患其不一,所难者分殊耳"。② 今天的问题恰好倒转过来,乃可以说,分不患其不殊,所难者理一耳。然而,通过比较宗教的视域,我们却可以找到一些端倪,可以突破这一难局。从表面上看,佛教所谓的"涅槃"与基督教的"神"之间的"分殊"是难以消解的,据休斯顿·史密士的观察:

> 神的一个意思是,一个人格性的存在,用有意的设计来创造宇宙。在这个意思的界定之下,涅槃就不是神。佛陀不把它当作是人格性的,因为人格需要定义,而涅槃是不能定义的。虽然它并没有明白表示要否定创造的意思,它却清楚地表明涅槃并没有担负创造宇宙的责任。如果没有一个人格性的创造神,就是无神论的话,佛教

---

① "Liyi fenshu (Li-i-fen-shu): Principle and Manifestions," in *Encyclopedia of Chinese Philosophy*, edited by Antonio S. Cua (New York and London: Routledge, 2003), pp. 409–410.

② 参见拙著《朱子哲学思想的发展与完成》,增订3版,第2章"朱子从学延平的经过"。

就是无神论的。①

由这条线索推下去，连佛教是不是宗教都会发生问题。可是史密士接着说：

> 不过，还有神的第二种意思，我称之为（与第一种区分开来）神性（Godhead）。人格的观念不是这个概念的一部分，它出现在全世界的神秘传统中。当佛陀宣称："啊！诸位和尚，有一个未出世的（unborn），既不变化，也不被创造，也不被生成，如果没有它，就不会从生成的、被创造的、被合成的情况中解脱出来。"他似乎是在这种传统下说话。爱德华·康兹（Edward Conze）看到在涅槃与神性之间的相似性……

> 我们可以和康兹一起下结论说，涅槃不是定义为人格性的创造神，但是它却十分接近神作为神性的概念，而有理由确认这个名称有那一方面的意思。②

如果佛教的涅槃可以与神性相通，那么为何儒家的天道不能？众所周知，易有三义：变易、不易、周易。所谓易道周普，涵盖生灭、不生灭两面。自其异者视之，固然肝胆楚越，不能归一；自其同者视之，则耶、佛、儒均有契合之处，一样不可轻易加以忽视。由这条线索探索下去，就会明白，在超越名相的层次才可以言"理一"，而这是老子"道可道，非常道"或蒂利希"超越上帝的上帝"（God above

---

① 休斯顿·史密士：《人的宗教：人类伟大的智慧传统》，刘安云译，152页。
② 同上书，152~153页。

God）的境界。① 由此可见，有开放胸襟而肯定自己的精神传统背景的学者之所以热衷建构世界伦理，不只认定有这样的可能性，借此可以面对生活在日益缩小的地球村以内大家必须和平相处的处境，而且帮助各个传统不再株守在往昔的藩篱之内，分别以适合自己的方式找到自我超越的途径，和而不同，以扭转当前过分倾向于相对主义、分崩离析的风气，吁盼在世纪之交，世界能够克服自我毁灭的趋势，而走进一个新的阶段。

当然在重新向往"理一"的境界的当儿，并不是要我们贬低"分殊"的重要性。拿波里的会议对起草宣言的目的来说是令人失望的，但也让我们学到一些重要的教训。要知道大多数与会的学者不是不支持世界伦理的理念，只不过他们有另外的顾虑，拒绝仓促行事，以至留下后患，也不满意孔汉思的进路以及过分强势推销他那一套东西的方式。譬如说，曾经到维也纳做观察员的《华盛顿邮报》的资深记者 F. 刘易斯（F. Lewis），也到拿波里来做观察员，她就对《人的责任之世界宣言》表示不满之意：她觉得过分强调新闻界自律的责任，会对新闻自由产生负面影响。这或者是过虑，但英美自由主义的传统一向更强调权的卫护，而不像德国传统那样强调责任的意识。杜维明在拿波里告诉我说，国际行动理事会在维也纳采纳《人的责任之世界宣言》的声势，恰好可能引致到拿波里开会的哲学家的疑虑，他们根本就不信任政客的意图，也不赞许他们处事的方式。事后反省，孔汉思或者

---

① Cf. Paul Tillich, *The Courage To Be* (New Haven: Yale University Press, 1952), pp. 182–187.

的确操之过急，他一心一意想在联合国五十周年纪念时，在《世界人权宣言》之外通过一份《世界伦理宣言》，不免变成了一个"偏执"（obsession），以致受到挫折之后才会流露出那么强烈的反感。回顾历史，《世界人权宣言》的签署是各种机缘凑巧、十分幸运得到的结果。这样的情况是难以复制的。其实今日的联合国是否为签署这样的宣言的最佳机构，根本是颇可以怀疑的一件事。要知道联合国是以国家为单位，如今有那么多会员，各自有提出异议与否决的权利，大家考虑的角度不同，极难通过一个世界伦理的文件，而且即使文件经过大幅修改，获得签署，内容也可能"薄"到只剩下一纸具文，只不过是在联合国已经过多的文件之外再增加一张废纸罢了，完全不能达到孔汉思向往的那样的"象征"的重大作用。而拿波里起草宣言之议之所以胎死腹中，有谓金丽寿是因上级的授意才改弦易辙，并不是他个人的私意。更何况以拿波里当时的气氛而言，也绝不利于宣言起草的积极进行。为今之计，我们只有接受在短期内联合国不会有《世界伦理宣言》的事实。但这并不是世界伦理运动的末日，我们要重新出发，做出前瞻性的考虑。

1998年6月在北京开会，我就有一个感想：联合国化整为零之决定，未必是一件坏事。如今的气氛既不利于签署宣言，不如各地区努力做出自己推动世界伦理的计划，不必过分早熟地去梦想一个得不到的结果。等到将来时机成熟，汇集各地自发做出的成果，徐图后计，那时如果能凝聚某种共识，再上一层楼，或者是比较实际的做法！

我们既然知道联合国并非推动世界伦理的唯一或最佳管道，就应另谋出路。事实上如今并不缺乏这样的努力。譬如

1998年8月在波士顿举行的世界哲学大会，就有关于世界伦理的圆桌会议讨论。主席斯威德勒是世界上在孔汉思之外推动世界伦理最力，且也有天主教背景的一位宗教哲学家。他也参加了巴黎和拿波里的会议。除了一路支持孔汉思的努力之外，他也起草了自己的文件。他的预设（presuppositions）是：人有尊严、有良心、有理性，乃是自然的一部分，而取"天人合一"（cosmic-anthropo-centric）的视域，通过对话的方式建构世界伦理，他的贡献在于把世界伦理分成三个层次：首先是"根本规律"（fundamental rule），此即所谓"金规"，推己及人，以至于天地万物一体之仁。其次是"基础原理"（basic principles），包括以下八项：自由、平等、生存、博爱、包容、互助、宗教信仰、对话等权利与责任。最后是"中程原理"（middle principles），这包括大多数人权宣言所列举的条款，共有十项：廉洁公正、良心、言论、参政、两性关系、财产、工作和闲暇、儿童和教育、和平、环保等权利与责任。

读者欲知其详，可以留意斯威德勒新编有关世界伦理一书，已于近期出版。[①] 书中包括他本人起草的宣言、孔汉思起草的两个宣言等文献，以及不同精神传统的回应，我在拿波里发表的文章也被收入这个集子。

总之，推动世界伦理的努力在联合国以外会不断持续下去。其实我们不应该把眼光只放在宣言的起草上。我特别欣赏孔汉思之处在于，他虽热衷于共同宣言的签署，却从没要

---

[①] Leonard Swidler ed., *For All Life: Toward a Universal Declaration of a Global Ethic: An Interreligious Dialogue* (Ashland, Oregon: White Cloud Press, 1999).

人放弃对真理的执着（commitment to truth）。然而，为了策略性的考虑，他仍把一些容易引起争议性的论题如堕胎、安乐死之类，不写进宣言。但这绝不是说，这些论题不重要，只不过我们可以预料，大家不可能在这些方面达成共识，就不得不暂时将之撇开在外了。

由此可见，起草宣言的功能是有局限性的，我们必须在同时发展新的商业伦理、资讯伦理、医药伦理、环保伦理，才能面对世纪之交新的处境，不能因其易于惹起争议就留下一片空白，不加理睬。事实上，世界伦理的具体内容不断在增删的过程之中。现在未成为共识的，将来未必一定没有可能；而现在成为共识的，将来也可能要加以修改，乃至删除。我们有必要不断开辟新的疆域，以因应人的知识、技术爆炸的新处境。

这里自没有可能处理这些复杂的新问题，这些问题也不是一个人处理得了的，我只是要提醒乃至呼吁，要密切注视并尽心尽力去面对这样的新处境。在这里，我只需举一个与儒耶对话相关的论题来说明这层意思。新亚书院院长梁秉中医生新近出版《医德漫谈》一书，可以说是由香港学者执笔，有关医学伦理通识的一部极有创见的作品。我为之写书评，有关堕胎、安乐死一类富于争议性的论题，我在书评中做出了以下的议论：

> 堕胎在西方始终是一个极具争议性的题目，辩论的激烈，往往超过医学的范围，牵涉到宗教信仰与文化传统的问题。有人甚至发冷枪打死做堕胎的医生。梁秉中基本上采取一种实用的态度，认为医学知识的发展，终不为传统信仰所限制，并庆幸这一类的争议还未蔓延到

香港来。

我完全支持他这样的观点，还要进一步指出，有许多人是借上帝之名，去维护一些僵固的习惯。事实上，宗教的信息，有一些是永恒、历万古而常新的，有一些却是必须与时推移的。古代哪里有降低婴儿死亡率、延长生命的医技，如今有了，为什么不能让一些生而不能养的生命不必开始这一痛苦的历程，也让患绝症的人尊严地死去，不必对家人形成难以承受的负担！一个仁慈的上帝为什么一定会支持一些僵固、麻木不仁的习惯呢？我们需要的是，制定出完善的法例，不容许堕胎、安乐死的误用，而不是去阻碍人类文化的演化。王船山所谓"无立理以限事"，是也。①

梁医生曾以温婉的笔调暗示，有些天主教人士的保守态度对新医技的发展造成了障碍，他也几次三番引用《孝经》所谓"身体发肤，受之父母，不可毁伤"，在香港造成了对器官移植的障碍。由此可见，这里所牵涉的不是儒、耶的对立，而是每一个传统之内开放态度与保守态度的对立。每一个传统都必须不断自我批评以冲破旧有的藩篱，这也正是孔汉思一贯努力的方向。②

但我们批评传统，并不是要弃绝传统。梁医生的书开宗明义便说，没有新的医技知识，不可能发展新的医护伦理，但只有新知识，也不可能发展新的医护伦理，因为"实然"（is）与"应然"（ought）之间始终存在着一道无法跨越的鸿

---

① 拙作《医学课堂上没教的必学规条——梁秉中的〈医德漫谈〉》，载《明报月刊》，总第 96 期（1998 年 12 月）：103 页。
② 参见孔汉思：《世界伦理构想》，周艺译，97～104 页。

沟，故他在全书结尾的最后一句话是："说到底，医者的伦理取向，必须以他与生俱来的良知去决定。"① 这就回到了中国由孟子到王阳明的传统。我所做出的观察是：

> 人有与生俱来的良知良能，这是我们道德行为的出发点，而不是经验归纳的结果。但今日我们更明白，良知虽有先验普遍性，然而表现良知的方式却不断变化，必须与时推移。
>
> 这正是宋明理学所谓"理一分殊"的精义，也就是说，仁爱的道理虽只有一个，但其表现却千变万化。随着具体的时空而转变，拒绝用新的科技去救人便是麻木不仁，此所以我们要发扬传统的仁爱精神，而不是去重复传统积淀的僵固的习惯。②

这些话虽孕育自儒家的背景，却也冲破了旧传统的藩篱。有开放胸襟的儒、耶信徒在此可以找到会通，或者不是绝对不可想象的事！

> 宣读于1998年12月21日—23日在香港举行由香港中文大学主办之第四届儒耶对话国际会议，并被收入赖品超、李景雄编：《儒耶对话新里程》（香港，香港中文大学崇基学院宗教与中国社会研究中心，2001）。

---

① 梁秉中：《医德漫谈》，新泽西，八方文化企业公司，1998。
② 拙作《医学课堂上没教的必学规条——梁秉中的〈医德漫谈〉》，载《明报月刊》，总第96期（1998年12月）：103页。

# "理一分殊"与道德重建

众所周知,"理一分殊"是程颐答杨时对张载《西铭》的质疑所提出的片语。他说:

> 《西铭》之为书,推理以存义,扩前圣所未发,与孟子性善、养气之论同功。(原注:二者亦前圣所未发。)岂墨氏之比哉!《西铭》明理一而分殊,墨氏则二本而无分。(原注:老幼及人,理一也;爱无差等,本二也。)分殊之蔽私胜而失仁,无分之罪兼爱而无义。分立而推理一以止私胜之利,仁之方也;无别而迷兼爱至于无父之极,义之贼也。子比而同之,过矣。且谓言体而不及用,彼欲使之推而行之,本为用也,反谓不及,不亦异乎![1]

龟山因横渠讲民胞物与,误以之为墨氏兼爱之旨,又评《西铭》为言体而不及用,伊川乃复书加以弹正。他回返《孟子》原典《滕文公章句上》墨者夷子与孟子之间的讨论。夷

---

[1] 程颐:《伊川文集》第五,见《二程全书》,第2册,12页,台北,台湾中华书局,1976。相关讨论参见拙作《"理一分殊"的现代解释》,见《理想与现实的纠结》,157~188页。

子主张:"爱无差等,施由亲始",这样就把理论和实践打成两橛。施由亲始的做法根据绝不由兼爱而来,故为二本,而在理论上拒绝在途人与父母之间做出分别,乃为无分。横渠所发挥的恰是由孟子以来的儒家义理,推己及人,"老吾老以及人之老,幼吾幼以及人之幼",所根据的理是同一的,但因分位不同,责任也不同,自然体用兼顾。亲亲、仁民、爱物,以至天地万物一体,这是儒家一贯之道。伊川义理精熟,明白《西铭》所说乃纯然儒者之言,故大力推崇,以之为《孟子》以来难得一见的大手笔。而"理一分殊"自此成为程门世代相传的口诀。到南宋,朱子受学于李延平,就受到这方面的深刻影响。他作《延平行状》,还谨记师训:"若概以理一而不审乎其分之殊,此学者所以流于疑似乱真之说而不自知也。"① 所谓"理不患其不一,所难者分殊耳",延平是以分殊的着重来划分儒、释的疆界。朱子也正是因为受到这样的教诲始脱离了少年时笼统的思想而归向圣学的道路。

"理一分殊"到了朱子的手里发展出了以往所没有的丰富含义,不只在道德伦理方面,还有形上学、宇宙论的含义。依照朱子的说法,通天下只是一理,化生而为万殊。就分殊来说,也可说一物有一物之理,所谓人人一太极,物物一太极,表现虽千变万化,终极说来,仍然是同一理的表现。朱子也并非不知道所谓"实然"与"应然"的分别,他曾区分"所以然之理"与"所当然之则"。但他仍认为两方面是贯通的,无须加以割裂。道德伦理绝不像逻辑实证论者所说的,只是主观情绪的反应。对朱子来说,情理交融,一样有客观

---

① 《朱子文集》卷97。相关讨论,参见拙著《朱子哲学思想的发展与完成》,增订3版,33、51~52页。

的依据，而来源在同一超越的、生生不已的天道。朱子相信只要不断格物穷理，终必能够彻法源底，到达豁然贯通的境界。由今日的观点来看，他这样的思路未能充分正视"见闻之知"与"德性之知"的分别而有巨大的限制。但他的系统笼罩之广，涵盖了当时的知识成就，乃至断定"枯槁有理"，所做出的综合在当时的确无有其匹，足可以比美近代以前亚里士多德在西方享有宰制性的地位。而朱子还更进一步做出了"月印万川"的比喻来阐明"理一分殊"的效果。①

当然朱子的理学不是没有问题，他主张理气二元不离不杂，受到牟宗三先生严厉的批评，以他的理只存有而不活动，脱离了儒家思想的本统，而判之为"别子为宗"②；但他倡导的"理一分殊"，却成为宋明儒学的共法，理学、心学皆然。我曾以黄宗羲为这一统绪的殿军。③ 他倡导"一本万殊"，内容自与朱子很不一样，但仍是同一思想的变形④，其影响力之深远可以想见。

朱子对"理一分殊"做出创造性的阐释，不只可以判分儒、释，还可以贯通古今，这由他与陆象山兄弟有关《太极图说》的辩论可以看得出来。象山认为"无极"一词出自老氏，不是儒家义理，故《太极图说》所谓"无极而太极"不可能是周濂溪的作品，再不然便是他不成熟的少作，不可取

---

① 朱子的形上学与宇宙论，参见拙著《朱子哲学思想的发展与完成》，增订3版，269～354页。
② 参见牟宗三：《心体与性体》，第1卷，42～60页。
③ 参见拙著《黄宗羲心学的定位》，159～199页，台北，允晨文化实业股份有限公司，1986。
④ 其实"一本万殊"也是朱子的用语，黄宗羲给予新的阐释而有了新的内容。（参见李明友：《一本万殊：黄宗羲的哲学与哲学史观》，6～11页，北京，人民出版社，1994。）

信。朱子加以回应,其言曰:"伏羲作《易》自一画以下,文王演《易》自乾元以下,皆未尝言太极也,而孔子言之。孔之赞《易》自太极以下,未尝言无极也,而周子言之。夫先圣后圣岂不同条而共贯哉。若于此有以灼然实见太极之真体,则知不言者不为少,而言之者不多矣,何至若此之纷纷哉。"(《朱子文集》卷三十六《答陆子静六书之第五书》)正因为理一可以通贯古今,可以有不同的表述,我们才可以了解孔子乃至文王、伏羲的思想,而不为时间的间隔所隔绝。象山一向主张六经注我,此处反而显得拘执。至于朱子所说是否合乎历史事实,那是另一回事。因为道统的建构本是哲学的事,不是考据可以决定的。正好像对基督的信仰不是由耶稣的考据决定的,道理是一样的。①

同时朱子所教绝不只是一套抽象的义理,还是可以实践在人伦日用中的规范。朱子做同安县令,就立即申严婚礼,把儒家伦理带到边陲地区。1988年底我和内人做厦门、闽北的丰盛之旅。② 那时福建还没有一个朱子的纪念馆。但在邵武参观民俗馆,有蜡像重构清代的传统生活方式,中间有由朱子书法拓本重制的二联:"存忠孝心,行仁义事",到处可以看到朱子留下的影响。台湾除"原住民"外,大多是闽南的移民,朱子的流风一样是台湾传统生活的重要组成部分。民间的礼仪、世代传留下来的价值,如勤俭持家、重视教育,泽及后世,岂云小补?在福建,经过了"文化大革命"那样

---

① 蒂利希对于两个层次的区别给予了我们重大的启发,相关讨论参见拙著《朱子哲学思想的发展与完成》,增订3版,426~427页。
② 参见拙作《厦门闽北的丰盛之旅》,见《中国当代新闻文学选》,第2集,307~321页,香港,新亚洲出版社,1989。

的破坏，也斩不断根。十多年前，在闽北出力最多，筹设武夷山研究中心、朱熹纪念馆的，正是朱子、杨时等的后人，以实际行动来为他们的祖先平反。最有趣的是，厦门大学福建朱子学专家高令印教授之所以选择了这一门行业，正是因为在"文化大革命"时他被下放到朱熹的故里去搜集这一"反动"学术权威的资料，而掌握了一些弥足珍贵的资源。不想"文化大革命"过后，朱子学又成为显学，而派上了用场。

然而朱子的系统，作为整体而言，无论理论与实践，都已经过时了。[①] 朱子的思想在当时最富创造性，做出了前所未有的综合，又自元代1313年开始到清末1905年为止，他的《四书集注》成为科举考试的基础，那种宰制性的影响力是不可低估的。事实上对于朱子学的反弹由明代即开始。但王阳明仍肯定朱子对于圣学的贡献，才有编纂《朱子晚年定论》那种意存调停的不成功的尝试。[②] 到了清代，由于朝廷提倡程朱，乾嘉学者于是有了学问搞考据、行为宗程朱的二元倾向。最后礼教的实施变得越来越僵固。这时遭遇到强势西风的席卷，终于造成前所未有的土崩瓦解的结果。五四时代打倒孔家店，一切坏事都归之于儒家传统。旧道德伦理彻底崩溃。儒家被逐出中心，越来越边缘化，所谓儒门淡薄，收拾不住。然而就是在这样的处境下，当代新儒家崛起，用黑格尔的术语可说是"反之反"的表现。然而一直到今日为止，无论在大陆还是在台湾，儒学都仅占一边缘地位，这是当前我们必

---

① 我曾申论朱子思想中可以继承与必须扬弃的部分，参见拙著《朱子哲学思想的发展与完成》，增订3版，521~552页。

② 关于阳明学与朱子学的关系，参见拙作《论阳明哲学的朱子思想渊源》，见《朱子哲学思想的发展与完成》，增订3版，566~598页。

须面对的实际情况。① 被尊为第一代新儒家的梁漱溟首先对西化派做出回应，而后熊十力开创了他的精神世界，成为狭义新儒家的开山祖师。但要到1949年，所谓第二代的新儒家唐君毅、牟宗三、徐复观迁移港、台，适逢朝鲜战争爆发，两岸成为长期对峙局面，这才转归学术道路，埋首著述，为往圣继绝学，开创了港、台地区和海外新儒学的道路。1958年元旦由他们三位与旅美的张君劢共同签署《中国文化与世界宣言》，同时在《民主评论》与《再生》发表，成为当代新儒家的标志。牟宗三后来发展了"三统"之说，一方面要继承"道统"，另一方面则要以曲通的方式，发展"学统"与"政统"，以消融科学与民主。② 同时他又有先秦、宋明、当代三期儒学的说法。而他的这些主张，均为以第三代新儒家自任的杜维明吸收后广布于天下。但所谓第三代新儒家，处境又与第二代完全不同。他们大多留学海外，从事学术事业，上不在天，下不在田，保持一边缘人的地位，深切了解当代新儒家成为"游魂"的困境。③ 新儒家崇高的理想要如何落实，乃成为当前秉持儒家理念的人必须面对的大问题。

这场挑战极为严峻而又充满了契机，但我认为只有放在全球的视域下才能得其紧要。由中国文化的视域来看，自汉以来建立的所谓超稳定结构延续了2 000年，即使受过佛教的挑战，也没有动摇其根本。出家的解脱道固然高妙，入世则

---

① 参见1996年我在东海大学所做的讲录：《新儒学的开展》，台中，东海大学通识教育中心，1997。
② 参见牟宗三：《道德的理想主义》，修订5版，260~262页。
③ 参见余英时：《现代儒学的困境》，见杜维明主编：《儒学发展的宏观透视》，28~34页。

仍然要靠儒家伦理，纲常始终被视为天经地义，并未被损及分毫。但西风的疾卷，却不是张之洞式的"中学为体，西学为用"可以抵御的。帝国主义入侵导致亡国灭种的危险，而传统秩序的整个崩溃造成了张灏所谓精神意义的危机。① 知识分子倾向全盘西化，终于走上了激进主义的道路。② 但中国大陆出现"文化大革命"；反过来，同有儒家背景的日本与"亚洲四小龙"却在 20 世纪 70 年代创造了经济奇迹，不免迫使人对儒家做出重新考虑。③ 乃至现代新儒学到 20 世纪 80 年代中叶在大陆也成了显学。④ 基于实际需要，儒家伦理又得到重新加以审视以及反思的机会。

由全球的视域来看，中国的危机固然是由于帝国主义的入侵，帝国主义本身是果而非因，但现代危机还有更深刻的根源。西方文明经历科技工商革命，为前所未有之变局，与传统的断裂所造成的心灵的震荡并不下于现代中国人所经历的震撼，只不过我们是由外因引起了中外与古今的双重震撼罢了！现代西方的危机固然是一个十分复杂的问题，其最简单也最戏剧化的表述，却可以用萨特"上帝死亡，人无本性"的说法来展示在我们面前。⑤ 他指出过去在中世纪，人一生下来一切都有了一定的安排，在上帝的旨意下行事，这一秩序

---

① Hao Chang, *Chinese Intellectuals in Crisis: Search for Order and Meaning, 1890-1987* (Berkeley: University of California Press, 1987).
② 参见李泽厚：《启蒙与救亡的双重变奏》，见《中国现代思想史论》，7~49页，北京，东方出版社，1987。
③ Cf. Tu Wei-ming ed., *Confucian Traditions in East Asian Modernity: Moral Education and Economic Culture in Japan and the Four Mini-Dragons* (Cambridge, Mass.: Harvard University Press, 1996).
④ 参见方克立：《现代新儒学与中国现代化》，天津，天津人民出版社，1997。
⑤ Jean-Paul Sartre, *Existentialism*, translated by Bernhard Frechtman (New York: The Philosophical Library, 1947).

的超稳定性格与中国传统无殊。但到 19 世纪末，尼采却做出上帝死亡的宣告，从此一切无定准，都要人自己当家做主，乃免不了存在的焦虑与担负。萨特是无神论者，但存在主义思想却对当代神学产生了巨大的冲击，一度甚至流行所谓"上帝死亡神学"的潮流。在纳粹时代自投罗网系狱至死的朋霍费尔（Dietrich Bonhoeffer）乃谓，是上帝的意旨要已经成长的人不要再依赖上帝而要自己做出抉择。① 一直到晚近我还读到犹太教的学者柯更（Michael S. Kogan）的文章，指出人是照着上帝的形象被创造的，但上帝的形象根本就看不到，故人与其他动物不同，没有固定的本性。② 换句话说，人的特色是不断地创新。如此，有神论者与无神论者所面对的处境无异，不再有固定的成规可以遵循，未来的前途也得不到保证而不可知。由现代到后现代，启蒙理性的霸权被批，西方的"理性"不再被视为普遍的标准，绝对主义（absolutism）的真理观彻底倒塌，却又有陷入相对主义（relativism）的泥淖的危险③，这正是我们当前所面临的困境的症结之所在。

在这一意义下，儒家所要面对的处境与基督教并无差异，既有危机，也有契机。④ 正如斯威德勒所指出的，我们这个时代，像孔汉思所理解的是一个"典范转移"（paradigm shift）

---

① Dietrich Bonhoeffer, *Prisoner for God* (New York: Macmillan, 1959).

② Michael S. Kogan, "The Universal Declaration of a Global Ethic: A Jewish Response," in Leonard Swidler ed., *For All Life: Toward a Universal Declaration of a Global Ethic: An Interreligious Dialogue* (Ashland, Oregon: White Cloud Press, 1999), pp. 105-118.

③ Cf. Kenneth Baynes, James Bohman, and Thomas McCarthy eds., *After Philosophy: End or Transformation* (Cambridge, Mass.: The MIT Press, 1987).

④ 参见拙著《由当代西方宗教思想如何面对现代化问题的角度论儒家传统的宗教意涵》，见《当代中国哲学论：问题篇》，81～112 页。

的时代，也如柯慎士（Ewert Cousins）所倡议的，进入了"第二枢轴时代"（the second axial period），或者像他本人所提示的，自启蒙以来，各种思潮均指向"独白时代"（age of monologue）的终结，而进入一个新的"对话时代"（age of dialogue）。① 真理如今被非绝对化（deabsolutized）；觉醒的是全球意识（global consciousness）；却又不会坠入相对主义，而注重"相关性"（relationality）的概念，无须抹杀差异，通过对话沟通，而收到交流互济的效果。吊诡的是，启蒙的直线进化观倒塌，把眼界放宽，不再把眼光局限在西方现代，退后一步才会出现更新的视野。纵向来说，前瞻与后顾发生视域的融合；横向来说，多文化主义流行，众端参观，凝聚共识。道德的重建要依靠对不同传统的阐释与再阐释，与现代乃至后现代结合，才能开拓出未来可行的道路。

正是在这样的情形下，斯威德勒与孔汉思分别起草了他们的《世界伦理宣言》，在当前引起了热烈的回响。② 孔汉思的推动尤其厥功至伟。1989年2月，在巴黎召开"世界宗教与人权"的研讨会。由孔汉思先做主题演讲《没有宗教之间的和平，就没有世界的和平》，然后由六大精神传统——犹太教、基督教、伊斯兰教、印度教、佛教、儒家的观点做出回应。孔汉思先确定了策略的方向，他认为坚守壁垒、随波逐流，乃至包容纡尊是不会奏效的策略，他提议每个传统先做

---

① Leonard Swidler ed., *For All Life：Toward a Universal Declaration of a Global Ethic：An Interreligious Dialogue* （Ashland，Oregon：White Cloud Press，1999），pp.1-28.

② 斯威德勒与孔汉思分别起草了《世界伦理宣言》，孔汉思又起草了一份《人的责任之世界宣言》，三个文本均见 Leonard Swidler ed., *For All Life：Toward a Universal Declaration of a Global Ethic：An Interreligious Dialogue* （Ashland，Oregon：White Cloud Press，1999），pp.29-66。

深切的自我批评,而后采取开放的态度,寻求交流互济,凝聚共识。令我诧异的是,他认为贯通各精神传统的甚至不是"上帝"的概念,因为佛教是一无神的宗教。但没有一个宗教传统在实践上不强调 humanum(拉丁语,意思是人道、人性)。站在儒家立场,我毫无困难地做了积极的回应,因为"仁"字的英译 humanity 与拉丁语 humanum 的意涵无异。① 就是在这个会议讨论的基础上,孔汉思起草了《世界伦理宣言》,奇迹似的于 1993 年在芝加哥举行的世界宗教会得到大多数与会的宗教领袖和团体的支持与签署。②《宣言》有一个基本要求,即人必须以人道对人,同时指出,贯串各精神传统,有同一基本原理,即所谓"金规",其否定式的表达为"己所不欲,勿施于人",积极正面的表达则为"己之所欲,施之于人"③,同时又做出了四条宽广的指令:

（1）对于非暴力的文化与尊敬生命的承诺;

（2）对于团结的文化与公正经济秩序的承诺;

（3）对于宽容的文化与真实的生活的承诺;

（4）对于平等权利文化与男女之间的伙伴关系的承诺。④

明眼人一眼便可看出,这是《旧约》中由摩西传留下来的十诫中的伦理四诫——不杀、不盗、不妄、不淫的现代表

---

① 参见拙作《宗教信仰与世界和平》,见《理想与现实的纠结》,57~66 页。

② Hans Küng and Karl-Josef Kuschel eds., *A Global Ethic: The Declaration of the Parliament of the World's Religions* (London: SCM Press, 1993).

③ Hans Küng and Karl-Josef Kuschel eds., *A Global Ethic: The Declaration of the Parliament of the World's Religions* (London: SCM Press), pp. 21-24.

④ 我的译文。参见拙作《世界伦理与文化差异》,见《儒家思想意涵之现代阐释论集》,200 页。

述。但其精神却超越了时空文化的限制，因为佛教的五戒——杀、盗、淫、妄、酒与儒家的五常——仁、义、礼、智、信，毫无疑问地与之若合符节。① 这也解释了何以那么多不同的精神传统的代表会支持、签署这份文件。

就在这样趋势的推动下，联合国于 1997 年成立"普遍伦理计划"，为 3 年。我也曾与孔汉思、斯威德勒等人积极参与。很可惜的是，联合国终未能在 1948 年的《世界人权宣言》通过之后的第 50 年，再接再厉通过《世界伦理宣言》，不免令支持这一计划的人感到遗憾，但对这一问题的关注则与日俱增，有方兴未艾之势。② 在参与讨论的过程中，我就深切地感觉到，如能给予"理一分殊"以新的阐释，的确可以对当前道德伦理的重建，做出重大的贡献。

先由方法论来说，有学者认为通过归纳（induction），即可以发现，世界许多不同的文化都有类似"金规"那样的原则，近乎十诫中的伦理四诫的禁令，以及通用的程序规则，故"共同价值"的确可以找到相当坚实的经验的基础。③ 但这样用"归纳"一词显然不合一般经验科学所了解的含义：通过经验推概所建立的通则只要找到一个反例就可加以证伪。然而在世界伦理的领域中，古今中外异俗，彼此之间不只有差异，甚至有矛盾，并不是"取同略异"的归纳方法可以适

---

① 参见拙作《从当代新儒家观点看世界伦理》，见《全球伦理与宗教对话》，55～86，233～246 页。
② 联合国自 1998 年开始，支持世界各地开区域性的会议。1998 年 6 月在北京中国社会科学院哲学研究所开了第一个区域性的会议，我曾亲身参与。台湾对这个题目也有慢热之势。2000 年 5 月 20 日至 21 日，在东吴大学开"中国哲学与全球伦理"学术研讨会，我曾做了一场主题演讲。6 月 29 日至 7 月 1 日在"中央研究院"举行第三届国际汉学会议，也有专门讨论世界伦理的议程，由我担任主持。
③ Cf. Sissela Bok, *Common Values* (Columbia: University of Missouri Press, 1995).

用的范围。但"理一分殊"却可以容许表现层面的差异与矛盾，而不会妨碍到精神层面的契合与感通。此所以六大精神传统尽管有不同的教义，不可勉强归一，仍可以在对话、沟通中收到交流互济之效。

就内容方面看，就以仁爱人道的原则为例，所同只能限于其作为规约原则的含义，而不能下贯到具体细节的内容。举例说明，尽管"我们必须吃健康食品"的规约原则是正确的，但究竟什么是健康食品，却因我们的知识与视域的差别而异，此所以我们由糙米吃到白米，又由白米吃回糙米。表现层面的变易无常必须与时推移，但并不能否定规约原则的正确性有万古常新的含义。我们对于仁爱、人道，也可以作如是观。就分殊层面来说，古今中外异俗，父子、夫妇之爱内容上绝不可能完全一致，但这些表现指向超越的"爱之理"——这即是朱子对"仁"的定义的一部分，精神上的感通绝不是时空文化的差异所可以隔绝的。我们在当前，既要随着时空文化的变化而与时推移，又要在同时体证"理一"，让它作为规约原则，在我们的生命里发挥作用，"两行"兼顾，这才可能帮助我们克服当前的困难①，也就是我们重建道德伦理必须走上的方向。

由传统到现代，变化最大的是家庭结构。这对中国自汉以来就建立的家国天下的系统造成了重大的冲击。向来被视为天经地义的三纲——君臣、父子、夫妇整个地垮了下来。民国创建，取消了君臣一纲，而大家庭的瓦解令父子、夫妇间的关系出现了以往无法想象的变局。在今日君权、父权、

---

① 参见拙作《"两行之理"与安身立命》，见《理想与现实的纠结》，189~239页。

夫权陨落,新的道德伦理与传统确有矛盾、冲突,有很多甚至是通过艰苦奋斗争取来的结果。此所以我在年轻时爱看巴金的《家》,这部小说正是传达了这方面的信息。现代的小家庭多采取核心家庭的形式,唯西方马首是瞻,而西方对性观念的改变又造成了新的变局,亟须做出新的反思与回应。正巧《国家论坛》(National Forum)2000 年夏季号有《婚姻与家庭》专辑,讨论了相关的问题,可以用来引发我们的思路。

库茨(S. Coontz)撰文论婚姻之今昔。[1] 她指出核心家庭男主外、女主内的范式,其实是近代西方文明的产物。在古代的家庭,虽然男性因孔武有力而为一家之主,但女性也参加生产,帮忙经营家庭事业。到了现在,女权高涨,女性也一样受高等教育、就业,不必一定靠男人过活,于是对家庭制度造成了巨大的威胁。但照目前的趋势来看,婚姻家庭制度并不会消失,虽然离婚不能避免,事实上,这几年来离婚率反而有降低的倾向。然而不可否认的是,范式家庭已非唯一选择,单亲家庭的数量增加,也有其他不同的选择,譬如宁愿同居,男女分担家务而不结婚,同性也可组织家庭,等等,造成了容纳多元的趋势。狄莫(D. H. Demo)则撰文论儿童对家庭歧异的经验。[2] 他指出虽然传统相信双亲家庭对子女最好,离婚给儿童造成巨大的创伤,但具体调查的结果并不一定支持这样的假定。勉强维持下去的婚姻对孩子未必有利。离婚后的第一年的确是最难适应的时刻,但只要环境

---

[1] Stephanie Coontz, "Marriage: Then and Now," *National Forum: The Phi Kappa Phi Journal*, vol. 80, no. 3 (Summer, 2000), pp. 10-15.

[2] David H. Demo, "Children's Experience of Family Diversity," ibid., pp. 16-20.

稳定，有单亲与继父母的爱、亲戚朋友的照顾，孩子们往往能克服难关，维持身心健康，并不逊于范式家庭的子女。由以上这些研究可以看到，传统在不断变化中，不可能阻挡新的变化的发生。但万变不离其宗，人仍然需要亲情的滋润、亲戚朋友的爱顾，进而推展到环境的保护，万物一体的襟怀。则儒家传统所谓"亲亲、仁民、爱物、万物一体的襟怀"这样的理念与规约原则，即使在科技商业文明最先进的美国，又何尝被否定？背后的道理依然是贯通的，只不过亲情的表露要采取与传统完全不同的方式罢了。

当然道德伦理的重建并不限于对世界伦理的建构，起草宣言为了争取更多人的支持、签署，故意避开了一些有争议性的题目，如堕胎、安乐死、克隆人、基因图谱一类的题目，但要重建儒家伦理，就不能避开对这些问题的讨论。在原则上，我个人主张采取合情合理、维护传统、尊重生命的态度，而这有别于基本教义派拒绝变化、抱残守缺的态度。就堕胎问题而言，我支持"赞选"（pro-choice），而反对"赞生"（pro-life）的态度。基本教义派坚持受精卵已经是生命，根据上帝的旨意反对加以杀害，他们不明白，生而不养乃是更大的罪恶，不免造成更悲惨的后果，难道这也是既仁慈又智慧的上帝的旨意？同样，他们反对安乐死，以及以任何不自然的方式结束生命的做法。他们不明白，古代存活率低，故一切委之于命，现代却有进步的医疗技术与新药，重要的不是苟活，而是有尊严地活下去。如果病入膏肓或成为植物人，为什么还要浪费宝贵的资源勉强让他们存活下去，而罔顾家属的负担与痛苦呢？其实这只不过是人为的偏执而已！上帝既容许人合理地延长生命，也会容许人合理地缩短生命。当然这些当前的问题还有待更进一步的探索,以凝聚新的共识,超克现阶段流行的成见与偏见。

由以上的讨论,可见"理一分殊"实指向一超越古今中外的"常道",不能为任何传统所独占,包括儒家传统在内。它的表现必须与时推移,与具体在地的情况结合,才能融入实际生活。台湾的年轻人生活已经相当西化,但还是不免受到传统文化因素的制约,必须提升到意识层面上来加以省察。这就是我们对于发展新的生活儒学的构想,也是我们在未来不断努力的方向。

> 宣读于 2000 年 11 月 9 日—10 日在台北举行、由淡江大学中文系主办的"台湾儒学与现代生活"国际学术研讨会,原刊于《台湾儒学与现代生活国际学术研讨会论文集》(台北,台湾学生书局,2000)。

# 全球（世界）伦理、宗教对话与道德教育

众所周知，1993 年在芝加哥举行的世界宗教会通过了由孔汉思起草的《世界伦理宣言》[①]，此后对这个问题的关注与讨论正方兴未艾。[②]

孔汉思又起草了《人的责任之世界宣言》，由国际行动理事会于 1997 年 9 月 1 日提交联合国。[③] 国际行动理事会由世界一些退职的政要组成，其中推动最力的一个人就是联邦德国前总理施密特。他在 1999 年 5 月发表了一篇演讲《亚伯拉罕诸信仰与宗教宽容》[④]，语重心长地说明了他努力推动世界伦理的理由，很值得为我们介绍。他是在"犹太教、基督宗教、伊斯兰教：政治世界中的神性"的会议中发言的。开宗

---

[①] Hans Küng and Karl-Josef Kuschel eds., *A Global Ethic: The Declaration of the Parliament of the World's Religions* (London: SCM Press, 1993); 孔汉思：《世界伦理构想》，周艺译。

[②] 参见拙著《全球伦理与宗教对话》，里面包括了一些重要文本的翻译与介绍，这两年国际上对这个论题的最新资讯与相关讨论，以及作者由当代新儒家的观点做出的回应。

[③] "Universal Declaration of Human Responsibilities"，该文本已收入 Leonard Swidler ed., *For All Life: Toward a Universal Declaration of a Global Ethic: An Interreligious Dialogue* (Ashland, Oregon: White Cloud Press, 1999), pp. 52–66。

[④] Helmut Schmidt, "The Abrahamic Faiths and Religious Tolerance," *Global Dialogue*, vol. 2, no. 1 (Winter, 2000), pp. 21–24.

明义他就指出，三教的圣经都呼吁和平。《旧约·诗篇34》说："避恶，行善，追求和平，努力不懈。"《新约·登山宝训》则说："缔造和平的人有福了，他们将被称为上帝的儿女。"而《古兰经》中说："如果人家并不骚扰你，和你战斗，如果他们倡议求和，那么上帝也不会容许你和他们战斗。"三教的先知、传统留下的教诲若合符节，也有共同的根源，都可以追溯回亚伯拉罕：唯一的真神的第一位真正的信奉者。而《古兰经》引述《新约》，《新约》引述《旧约》，这些都是不可否认的事实。然而舒密特自承，他从来没有在学校或教会中了解到这样的事实，也相信绝大多数的基督教徒、犹太教徒与伊斯兰教徒一样不了解三教同源、教理互通的事实。教士所传布的是彼此间的不了解与相互间的仇恨。这说明了我们对青少年的教育有了严重的问题。尤其到了今天，世界人口爆炸，空间萎缩，宗教激进主义与恐怖主义流行，其害不可胜数。更可怕的是，传媒一味渲染偏见和暴力。如果不加抑制，那么亨廷顿（Samuel Hungtington）所谓文明的冲突就会不可避免，宗教间的冲突就会酿成悲剧。此不只三教间为然，印度教与佛教也是一样。但这不必然如此，不只历史上明王如腓特烈二世（Friedrich Ⅱ）颁布宽容令，欧盟如今结束战争的敌对状况。今日我们面对的严重问题有二：如何保住宗教与文化的认同？如何尊重其他人的文化、宗教认同，大家和睦相处？因此，至今日，我们必须教导"宽容"，《人的责任之世界宣言》第十五条谓：

> 宗教自由必须得到保障。但宗教代言人特别有责任，避免对不同的信仰做出有偏见的说话与带歧视的行为。他们不该鼓励仇恨、狂热与宗教战争，以之为正当，而

应该保任宽容与对全人互相尊敬。①

在这方面,知识分子和传教士的责任尤其重大,每个人必须由自己的传统通出去,对其他宗教有低限度的了解,找到一些大家可以分享的普遍伦理原则,好像"己所不欲,勿施于人",人人都可以照自己的方式来体现"金规",互尊互济,和平共处。最后终于可以落实到草根层面,以超克当前的困境。

舒密特的发言可以说是一个最好的引子,把世界伦理、宗教对话与道德教育关联在一起。舒密特当然并不是一位学者,他可以说是一位有敏锐的触觉、良知的关怀与实际的行动的政治人物。他不免有许多潜在的预设与跳跃的推理,而未能建构一套成型的伦理。很显然,这是我们学者的责任,把一些理路铺陈出来,找到世界伦理的适当定位,才能收到与在其他领域从事实际行动的朋友交流互济的效果。

从哲学的观点看,斯威德勒指出,自启蒙以来,不同的哲学潮流如历史主义、现象学、知识社会学、语言哲学、诠释学、沟通伦理等,都为我们带来了非绝对化的信息②,而断言"独白时代"逐渐终结,"对话时代"正在来临。③ 而孔汉思则认定,由现代到后现代,又到了关键性的"典范转移"的时刻,以及极力鼓吹全球意识的觉醒。④ 所谓后现代,言人人殊,并没有一致的了解。孔汉思的解读明显地与时流有异。

---

① 我的译文。参见拙著《全球伦理与宗教对话》,32 页。
② Leonard Swidler ed., *For All Life: Toward a Universal Declaration of a Global Ethic: An Interreligious Dialogue* (Ashland, Oregon: White Cloud Press, 1999), p. 6.
③ Ibid., pp. 15-16.
④ Ibid., pp. 4-11.

启蒙"理性"(reason)曾经被尊奉为普适的理想与价值的规范,不知不觉中形成了一种"霸权"(hegemony),故时流加以强烈的批判与抨击,是有相当理由的。但中心瓦解不免造成分崩离析之势,价值相对主义流行,乃至造成"哲学死亡"的趋势。① 孔汉思与其盟友却由"危机"中看出"契机",乃力倡意识上的根本改变,而指出1948年的《世界人权宣言》那样的法律文件之不足,必须另外签署世界伦理或责任宣言,在态度上也做出根本的改变,明白"没有宗教之间的和平,就没有世界的和平",乃与舒密特一班政要以至广大民间对于和平与公正的诉求一拍即合,极力推动宣言的起草与签署,虽然仍不免受到挫折②,但至少引起了世界各地的关注,激起一些回响。我在这里正打算对问题做出进一步的后续的反思与讨论。

孔汉思所提供的线索似乎展示了一个十分奇诡的现象。在"金规"的基础原理之外,他提出了四条宽广的指令:

(1) 对于非暴力的文化与尊敬生命的承诺;

(2) 对于团结的文化与公正经济秩序的承诺;

(3) 对于宽容的文化与真实的生活的承诺;

(4) 对于平等权利文化与男女之间的伙伴关系的承诺。③

---

① Cf. Kenneth Baynes, James Bohman, and Thomas McCarthy eds., *After Philosophy: End or Transformation* (Cambridge, Mass.: The MIT Press, 1987). 归入"哲学死亡"阵营的有福柯(Foucault)、德里达(Derrida)、罗蒂等,而倡议"哲学转化"的则有普特南、哈贝马斯(Habermas)、阿佩尔等。阿佩尔并应邀参加了1997年联合国教科文组织成立的"普遍伦理计划",为期3年。
② 参见拙著《全球伦理与宗教对话》,40~53页。
③ 参见上书,24页。

很明显，这是十诫中的伦理四诫不杀、不盗、不妄、不淫的现代版本。在内容方面诚然有了新的表达，但在精神上却与古代相通。也就是说，照孔汉思的解读，奇诡的是，"后现代"有进于"现代"之处，正在于它与"前现代"（pre-modern）相通。而全球伦理的特质也表达在它的贯通东西，并不像一般解读的后现代变得分崩离析，倾向于价值的相对主义，反而在传布一种新的普适价值的福音。也就是说，孔汉思和他的盟友要在传统的绝对主义与当前流行的相对主义之外，另觅第三条路，在尊重文化差异的前提下，追求会通，找到多元互济的可能性，以打破当前的困境。

论者很容易会提出质疑：由这种陈腐老掉牙、内容宽泛而缺乏具体指引的指令，能够解决现代人的问题吗？在理论上，没有坚实的基础就没有足够的信服力，在实际上，数千年来，这些指令既未能防止人类杀、盗、妄、淫的愚蠢行为，在今日又能期盼它们有什么作用呢？对于这些质疑若不能做出有效的回应，那么全球伦理的推动就不免缺乏吸引力，会受到不断的讥嘲或者坠入被人漠视的命运。

先由理论上的反思说起。我原先对世界伦理的性质不甚了了，也曾经提出理论基础不足一类的质疑。这几年有了较深的参与之后，才有了不同的理解。孔汉思曾经一而再，再而三地声明，世界伦理只是一种态度，不是一种伦理学说（ethics），所以根本就没有建构坚实的伦理基础的问题。正因为这是一全球的思考方向，所以一时还没有得到广泛的了解。1993 年由孔汉思起草的《世界伦理宣言》得到世界宗教会的有关组织以及有代表性的人物的签署，完全不是因为大家的想法建立在同样的伦理基础之上。恰好相反，当时最大的质疑是《宣言》用西方语文以及基督宗教传统观念写成，不能得到来自其他精神传统、运用不同语文的人的衷心赞许与满意。但为什么大家在略加修订之后，仍然签署了这份文件？其关键在于，这是一份极小式的伦理文献，它只指点了一个一般的方向，并不是不可改易的定本。其作用在大声疾呼促成全球意识的觉醒，在态度上做出根本的改变。人人可以在自己深厚的传统的基础上做出崭新的阐释与创造，另写宣言，却在精神上互相呼应，而收到交流互济的效果。这样的做法虽然并不切断乃至积极肯定与自己传统的关联，但却做出了全新的呼唤，与传统习惯性的旧做法并不一样。这才需要我们重新思索，给予它一个新的定位，免得与其他不同类的工作，像建构一个新的伦理学系统之类，混为一谈。推动世界伦理，这一步工作当下就要做，不能等到学问成熟了以后才做，虽然参与世界伦理推动，并不妨碍自己建构一个伦理学说的努力。它们本来就是属于两个不同层次范围的工作，彼此之间没有互相矛盾冲突的问题。

这种新的趋势的呼唤，乃是整个时代的呼唤，绝不只是孔汉思个人的呼唤。举一个例子就可以明白，譬如希克（John Hick）也在同时提出了他的三分架构：

（1）排他主义（exclusivism）；

（2）包容主义（inclusivism）；

（3）多元主义（pluralism）。①

旧时亚伯拉罕传统大多倾向于排他主义，此不合于时流，

---

① John Hick, "Religion, Violence, and Global Conflict: A Christian Proposal," *Global Dialogue*, vol. 2, no. 1 (Winter, 2000), pp. 1-10.

需要做出调整。东方精神传统则多取包容主义，似乎好得多，但对其他传统仍取纡尊态度，还是不足够。事实上各精神传统均独立发展而成，希克乃主张，理应采取多元主义的态度。但世界如今逐渐成为地球村，各传统绝非互不相关的多元，而必须互相尊重、互相学习，以收到多元互济的效果。希克对于世界伦理宣言的起草采取一种支持的态度，并盼其他传统也起草自己的文本。犹太教的柯恩-薛波（Dan Cohn-Sherbok）乃无保留地采纳了希克的多元主义观点，甚至以之为一场信仰宇宙中的新"哥白尼式的革命"。[1] 依他之见，对于唯一真神的信仰如果真正有普适意义的话，那就必须断定，在所有宗教表达的后面是唯一终极的真实，不能为一个特殊的宗派所独占，而必须接受"宗教的歧异性"（religious diversity）的事实。希克本人乃至做出论辩，以"耶稣为神子"的信仰实源出对《约翰福音》的误读。无疑，这些来自各个不同传统的、思想自由化的神学家的努力是非常有价值、有创意的学术上的新试探。但一则这些说法在学术上的争议还十分巨大，一时乃至永久都难成定论；二则也与一般民众的信仰还有辽阔的距离，必须放在另一个层次来考虑。在世界伦理的推动上，知识分子的意识虽已预设了典范的转移，在普及化的过程中，却无须一开始就过分惊世骇俗，而只需顺着大众的信仰略加点拨，就可以引导纳入正道，形成一股制衡宣扬暴力的、不宽容的宗教狂热分子的力量。

这样我们不妨由现存的各大传统出发，像西西拉·波克即著书论"共同价值"，指出世界各大传统，都有"金规"一

---

[1] Dan Cohn-Sherbok, "Judaism and the Copernican Shift in the Universe of Faiths," *Global Dialogue*, vol. 2, no. 1 (Winter, 2000), pp. 25-36.

类的基础原理，伦理四诫一类的禁令，以及一些有普遍性的程序规律。[1] 她声称用归纳的方法进行研究，实际的分析也颇入情入理。唯一的问题是，一般所谓归纳的方法是"取同略异"，而在世界伦理的领域内，却是不抹杀差异，去寻求共同一致的方向。故我提交联合国的论文即提议给予宋明理学所谓"理一分殊"新释，才能较妥善地解决建构世界伦理方法论的问题。我在同时也主张赋予中国传统五常（仁、义、礼、智、信）新的内容，而由新儒家的立场，对于世界伦理的推动做出了积极的回应。[2] 回顾传统绝不是要抱残守缺，而是要锐意革新，把"理一"推到传统未曾意识到的新高点。所谓"天下有道，必归于儒"不可以被解释为只有儒家独占了天下的道理。事实上孔汉思找到 humanum（humanity）为各大精神传统的共识，所遵循的并不是传统儒家的线索，但却指向儒家所向往的"仁"（人性、人道），彼此若合符节。而今日的重点更转往"分殊"，如此孔孟、程朱、陆王都是分殊，各有其脉络的适切性与限制性。这样每一个传统都表现了歧异性，但在精神上却有感通，最后指向超越名相的终极真实，始可以产生多元互济的效果。由这样的线索探索下去，每一个传统都可以找到自己不可弃的根源，却又有一条不断超越自己传统故域的线索。我们今天所要强调的，不再是狭隘的排他仇恨情绪，而是要立足本土，放眼世界，"见贤思齐"，

---

[1] Sissela Bok, *Common Values* (Columbia: University of Missouri Press, 1995).

[2] Shu-hsien Liu, "Reflections on Approaches to Universal Ethics from a Contemporary Neo-Confucian Perspective," in Leonard Swidler ed., *For All Life: Toward a Universal Declaration of a Global Ethic: An Interreligious Dialogue* (Ashland, Oregon: White Cloud Press, 1999), pp. 154–171.

"己立立人","己达达人",培养一种开放的胸襟,使"普及"和"深入"两个方向都可以有充量发展的可能性。高深理论的探索与建构是一个层次,日用常行中全球意识的觉醒又是另一个层次,两方面的发展并不矛盾,而是相得益彰。最重要的是,我们必须把传统的心习扭转过来,才可以与新的时代精神互相呼应,打开一个新的境界以面向未来。

通过以上的讨论,理论的荆棘既已扫除,我们也就可以对实用的问题做出回应。如果说,只要提出几个全球伦理的口号,世界问题就解决了,那当然是完全不切实际的幻想,离真实的情况未免太远了。不可否认,倡议世界伦理的都是一些不折不扣的理想主义者。但他们绝不是不了解现实的悲惨情况。恰恰相反,他们就是因为太了解情况,才会充满了深切的忧患意识。如果我们什么也不做,听任自然的水土流失,让财雄势大的跨国公司剥削民众,国家种族间的纷争不断,两性间的斗争越演越烈,传媒海淫海盗,顺着这样的趋势一路滚下去,究竟要伊于胡底呢?难道世界毁灭乃是不可避免的命运吗?由一个切片来看,没有人能够提供解决问题的具体方案。但是我要反问一句,柏林墙是如何倒塌的?在它没有倒之前,没有人看得出它怎么会倒。但它说倒就倒了。回过头去看,有各种各样的力量汇合在一起,造成了这一事象的发生。里面的一个重要因素乃是思想、观念、意识发生的力量。当然我绝不主张思想决定论。但我的确认为思想、观念、意识的改变是一个相干的因素。它与其他因素配合,就会造成惊天动地的变化,不是任何人可以在事先预见得到的。同样的事屡见不鲜,试问德法的世仇是怎样解开的?欧盟又是如何建立的?此所以知识分子永远不会放弃希望,"知其不可而为之"！人虽然非理性，但到底还没有到要自我毁灭的程度。原子弹已经发明了超过半个世纪，地球还没有毁灭，就是一个明证。所以，斯威德勒才要大声疾呼："不对话，即死亡！"（dialogue or death!）① 只有到大家真正明白问题的严重性，才会激发起改弦更张的决心与动力，也才会有实效的发生。对世界伦理的一项重大质疑是，这些原则指令过分古老，不能应付现代的情况。这样的质疑混淆了内容与精神。就这些指令的古代表达来说，有些内容的确已经过时，但经过改写之后，就可以适用于现代。其所以可能的原因已经由休斯顿·史密士一语道破：

> 十诫……所指示的，乃是使得集体生活成为可能的最低标准。②

他给我们提供的解释是：

> 十诫在其伦理层面的重要性，不在于其特殊性而在于其普遍性，不在于其终极性而在于其基础上的优先性。它们在所接触的题目上之发言并非是最后；它们所说的话是必须要说的，其他的话才会随之而来。这就是何以自西奈山之后 3 000 多年，它们仍然是"道德的世界语"。③

此所以来自不同源头的佛家五戒（杀、盗、淫、妄、

---

① Shu-hsien Liu, "Reflections on Approaches to Universal Ethics from a Contemporary Neo-Confucian Perspective," in Leonard Swidler ed., *For All Life: Toward a Universal Declaration of a Global Ethic: An Interreligious Dialogue* (Ashland, Oregon: White Cloud Press, 1999), p. 16.
② 休斯顿·史密士：《人的宗教：人类伟大的智慧传统》，刘安云译，393 页。
③ 同上书，394 页。

酒)、儒家五常（仁、义、礼、智、信）所提供的是同样的规范。论者只是看到这些指令未能杜绝人类的非理性行为，就妄加诟病，却没有想到，如果没有这些指令在不断发挥作用，人类社会还能持存下去吗？这些指令的意义价值是通贯古今中外的，必须好好加以护持。它们的确可以因变得僵固、未能与时推移而产生负面的效果，故后现代的批判是有理由的。但我们绝不能因噎废食，为了逃避"绝对主义"的祸害，就又掉进"相对主义"的陷阱。故新的世界伦理才需给予全新表述，使其变得更合乎人道、更合乎理性。孔汉思对后现代的新解读恰正为我们指点了一个正确的方向，在不抹杀差异的情况下，凝聚了低限度的共识，防止人类走上毁灭的命运。①

然而，这些指令又是否如论者所质疑的过分宽广，缺乏具体指引，而一无用处呢？这种攻讦又是"全或无"（all or none）的二元思想架构所推演出的不称理的论调。由这种虚无主义或怀疑论的观点出发，不仅《世界伦理宣言》的起草没有意义，而且1948年通过的《世界人权宣言》也一无用处，不只没有积极正面的效果，还产生了被人肆意扭曲、滥用的恶果。② 这种过激的论调既不符合事实，也难以自圆其说，无须为之多费唇舌。但道德伦理的确牵涉到一个很深的吊诡，不能不引起我们的关注。自康德以来，大家都明白，道德伦

---

① Hans Küng and Karl-Josef Kuschel, eds., *A Global Ethic: The Declaration of the Parliament of the World's Religions* (London: SCM Press, 1993), pp. 88-89.

② 在拿波里开联合国的"第二次世界伦理会议"时，弗莱施哈克尔（Samuel Fleischacker）就发展了这种极端的论调，几乎完全得不到与会者的共鸣，而不能不退一步承认，《世界人权宣言》在一个阶段内的确产生过一些积极正面的作用。关于我的报道，参见拙著《全球伦理与宗教对话》，45~46页。

理必预设"意志自由",也正因此,人可以误用意志自由,而导致负面的结果。然而,这乃是我们不得不面对的"人之情况"!特别是现代人,自由的幅度升高,所要面对的问题也就格外严重。要是人间秩序像法家所设想的,每一样都被规定得好好的,信赏必罚,那就不会有任何的问题。不幸的是,那样不免把人变成了机器,使人缺乏了自主的性格。特别到了现代,民智开放,即使父母对于子女、老师对于学生,也缺少绝对的权威。故此设计一些详细的规条,未必一定是解决问题的最好办法。恰恰相反,我们要采取的是一种从旁辅导的办法,培养青少年独立自主的性格,让他们自己有判断善恶的能力,这样才是对于未来最好的保证。由这样的角度出发,世界伦理虽然只指点了一个一般的方向,给予了人们不完全的指引,但正是当前我们能够提供的最适切的东西。在古代,权威主义盛行,到现代,一切漫无定准,世界伦理乃提议重新出发,提供一种中道。它不是要把人——特别是青少年——与不合理想乃至丑恶低沉的现实区隔开来,自己另立一套标准,与不义为敌,却不想这样做恰好是培养成见、偏执的温床,本身成了危险的根源。在一个新的全球意识觉醒的时代,我们既扬弃了传统的封闭,又反对泛科学主义把人文与价值的关怀完全放逐到学术、教育的殿堂之外的趋势。我们所需要的正是提供一些不完全的指引,指点一个一般的方向,让青少年培养一种开放的襟怀,了解多元互济、众端参观的重要性,渐渐在内容上不断增益,发展出一套适合于自己时空脉络的有机系统,这才能面对新时代的挑战。

当然世界伦理绝不是万灵药,毕竟它只是低限度的伦理。事实上,它有意避开了许多有争议的问题,如堕胎、胚胎克隆、基因图谱等有关生物伦理的问题，也没有对网络世界开出的虚拟真实的世界多所着墨。这里面还有广大的空间可以开拓，但只要我们找到自己当下生命的立足点，不断开放于未来，就永远有无穷的生机与希望。

> 宣读于2001年9月14日—16日在上海举行、由华东师范大学主办的"现代化进程中的青少年道德教育"国际论坛，并承主办单位同意，刊于 International Journal of Philosophy，no.1（June，2002）。

# 全球伦理与台湾本土化

首先要说明的是，什么是"全球（世界）伦理"。①

今日世界已不断缩小成一个地球村，在一个大都会里，各种不同的文化、精神传统五方杂处，接触频繁。像以往那样，基督宗教在欧洲、印度教在印度、儒家传统在东亚分别作为宰制性主流发展的情况已不可再了。各种不同习俗、信仰的人要和平相处，就不能不突破以往的窠臼。孔汉思敏锐地指出，我们在今日要面对的是一个"典范转移"的大时代。在 1989 年他就发表论文《没有宗教之间的和平，就没有世界的和平》；在 1993 年于芝加哥举行的世界宗教会，由他起草的《世界伦理宣言》奇迹似的为大会通过，得到大多数与会的宗教团体和领袖签署。② 在这篇宣言中，他把由世界各大精神传统都可以找得到的"金规"当作全球伦理的基石，其最有代表性的表述即孔子所谓"己所不欲，勿施于人"，或者"己立立人，己达达人"（己之所欲，施之于人），而呼吁人必

---

① 对于全球伦理的发展，概念的讨论、分析与评估，参见拙著《全球伦理与宗教对话》。

② Hans Küng and Karl-Josef Kuschel, *A Global Ethic: The Declaration of the Parliament of the World's Religions* (London: SCM Press, 1993).

须以人道的方式对待人。他并把明显源自西方传统的伦理四诫——不杀、不盗、不妄、不淫——写成现代的形式,而得到了四个指导我们具体行为的宽广的指令:

(1) 对于非暴力的文化与尊敬生命的承诺;

(2) 对于团结的文化与公正经济秩序的承诺;

(3) 对于宽容的文化与真实的生活的承诺;

(4) 对于平等权利文化与男女之间的伙伴关系的承诺。①

依孔汉思之见,这些指令实孕育自东西方各大精神传统本身,意旨通于远古,通过创造性的诠释即可以适用于现在。由此可见,孔汉思所谓的全球伦理只是一极小式的伦理,并非一极大式的伦理。他再三强调,全球"伦理"(ethic)只是一种"态度",并非一种"伦理学"(ethics)。今日我们所亟须的乃是一种对人、对事态度上的根本改变,尊敬生命、尊敬环境、尊敬真理、尊敬异性。反过来也就是呼吁大家不要做戕害生命、环境、真理、异性的行为。孔汉思还写了一些更详细的条文,这里就不赘述了。有人曾经提出质疑:全球伦理坚实的理论基础究竟何在?不想这恰恰不是当前提倡起草、签署全球伦理宣言者的问题。一个犹太教徒、基督徒、伊斯兰教徒、印度教徒、佛教徒或儒家学者,有充分自由为全球伦理去建构一个坚实的理论基础。但这样做虽然很有价值,但所成就的却是一种新的伦理学说,那就不可能得到大家的同意和签署。也就是说,那其实是另一个层面的探索,并不是当

---

① 参见拙著《全球伦理与宗教对话》,24页。更明白的表达是:对生命要尊敬,诚实而公平地交易,做真实的言行,互相尊敬和爱。

前推动全球伦理最力者所中心关注的问题。当前最迫切需要的乃是自己内心意识与态度上的立即改变，否则就太迟了。像去年（2001年）"9·11"恐怖分子袭击纽约双子塔，如今以色列与巴勒斯坦之间的冲突，如果找不到转换的契机，那就不免后果堪虑。斯威德勒"不对话，即死亡！"那样戏剧化的宣示①，就绝不只是知识分子的杞人忧天或是危言耸听了。所谓"知其不可而为之"，现在已经到了刻不容缓之时。

在今日要促成的改变，几乎不下于哥白尼在天文上的革命。借用希克的架构来说明，我曾指出：

> （希克）忧心世界的争斗往毁灭的道路走去，其中的一个根源在各宗教的"绝对主义"（absolutism）。就基督宗教来看，大致有三种不同的思路："排他主义"（exclusivism）、"包容主义"（inclusivism）与"多元主义"（pluralism）。排他主义坚持，只有基督宗教能够把握宗教真理，不信耶稣基督就不能得救。包容主义主张，其他宗教可以把握部分真理，有隐含的信仰也可得救。多元主义则认为，各宗教有不同的方式把握终极，也有不同的救赎途径。过去基督宗教持排他主义立场，但后来有了变化，譬如天主教在（20世纪）60年代的第二次梵蒂冈会议（Second Vatican Council）由雷纳（Karl Rahner）等人推动，放弃了排他主义，转取包容主义立场。但希克认为，包容主义仍是绝对主义的变相，释迦、孔子怎么可以与耶稣基督拉得上关系？故只有转取多元主

---

① Leonard Swidler ed., *For All Life: Toward a Universal Declaration of a Global Ethic: An Interreligious Dialogue* (Ashland, Oregon: White Cloud Press, 1999), p.16.

义立场，才能符合实际的情况，让不同的信众信不同的信仰。①

由宗教宽容的立场看，希克的呼吁是有坚强的理由的。但就建构全球伦理而言，却不免有所不足。还是回到孔汉思，他认为有三种策略是不能奏效的：一是固守壁垒的策略，此近于希克所谓排他主义的态度；二是彻底消解的策略，这不免随波逐流，陷入相对主义的泥淖；三是广大包容的策略，这还不免有一种纡尊的心态，未能对异传统取一种真正平等互待的态度。因此，他建议每一个传统都由自我批评、自我检讨出发，只有看出自己的不足，才有资格批评别人，同时也只有借镜于其他宗教，才能明白地找到自家经验的不足。②但他很明显地不愿意停留在接受差异性的多元主义立场，而相信，各人的宗教信仰尽可以不同，却可以共同培育一种人道（humanum 或 humanity）意识，建立真实人性的万国标准。孔汉思并不认为这样做会陷入循环论证。我们所建立的乃是一种辩证的理解：一方面，真实人性乃是真正宗教的预设，它是宗教起码的要求，真正的宗教是不可能违反人道的；另一方面，更进一步，真实的人性毕竟要靠真正的宗教来完成，宗教的无限与圆全的向往正是人性的充量体现的预设。③

由此可见，传统由上而下、有己无他的思想行为模式已完全不适合今日。孔汉思的努力绝不是孤立的。西西拉·波克著书论共同价值④，用归纳方法，在古今中外都找到像"金

---

① 拙著《全球伦理与宗教对话》，127 页。
② 参见上书，6 页。
③ 参见拙著《全球伦理与宗教对话》，9～10 页。
④ Sissela Bok, *Common Values* (Columbia：University of Missouri Press, 1995).

规"那样的原则、伦理四诫那样的禁令,以及一些有普遍性的程序原则。这些都给予我们很大启发。然而,从密尔(J. S. Mill,又译穆勒)提倡归纳四术以来,归纳法都是"取同略异",并不一定合乎人文学研究的需要。① 而我认为,如能给予宋儒"理一分殊"之旨以创造性的阐释,便可以在方法论上做出有效的回应。② 所谓"理一分殊"的含义是,理是同一个,但表现却多彩多姿、千变万化。朱熹曾以妙喻"月印万川"来说明,月亮虽然只有一个,但投影在水中却有不同的面貌。应用到全球伦理乃可以说,"金规"的理念只有一个,但在各个不同的精神、文化传统中却有不同的表现。如此"一多相即",既不是单纯的一元论,也不是单纯的多元论,精神上互相贯通,而可以得到多元互济的效果。这才能充分阐发出辩证理解的精义。当然,我们在今日讲"理一分殊",处境和脉络与宋代完全不同,朱子受教于李延平,得到的教诲是:"理不患其不一,所难者分殊耳"。今日我们要面对的困难却刚好倒转过来,可以说是:"分不患其不殊,所难者理一耳"。我们所必须面对的困境是,在消解了排他的一元思考之后,要怎样说服大家。无论大家所孕育出来的传统、所宗奉的终极关怀多么各异,在精神上仍然是贯通的,而且在态度上要彻底改变自己的意识,表现在具体的行为上,才有可能超越当前的困境。无疑这是很高的理想,然而恰恰好是与仇恨冲突的事实情况对反的(contra-factual)。去年

---

① 有关人文学方法论的探究,参见拙著《当代中国哲学论:问题篇》,2~10、69~79页。
② 参见拙作《"理一分殊"的现代解释》,见《理想与现实的纠结》,157~188页。

(2001年)"9·11"恐怖袭击纽约双子塔的事件更突出了当前我们所要面对的问题的迫切性。孔子的儒者襟怀被人视为"知其不可而为之",正显发了知识分子的智慧与勇气,绝不容许我们自己跟着黑暗的时潮沉沦下去。表面上看,我们是在做一场无望的奋斗,但我们就这样放弃算了吗?我们绝不是闭着眼不看现实,我们正是因为了解现实,所以才有深刻的危机感,而要学习孟子的榜样,所谓"生于忧患,死于安乐"。我们只要一息尚存,就要尽一切的努力化危机为契机,为自己、为人类与世界的前途而奋斗。

那么,我们所面对的现实是什么?一方面,世界缩小成一个地球村,剩下唯一的超强美国。另一方面,苏联解体以后也有了一个分崩离析的倾向,南斯拉夫分裂导致波黑战争的惨剧,便是一个显著的例子。第二次世界大战以后虽然并没有爆发第三次世界大战,但地区性的战争不断,北爱尔兰、锡兰、印度与巴基斯坦、以色列与巴勒斯坦。政治学学者如亨廷顿已经注意到,这些纷争后面牵涉到文明冲突的问题。[①]但他面对这样的处境却采取了一种纵横捭阖的策略,他建议西方应与东正教联盟,以对抗伊斯兰教与儒家文明的联盟。"9·11"事件发生之后,当时的美国总统布什的直接反应就是,要组织联军去对抗伊斯兰激进分子,缉拿本·拉登,生死不论。这颇激发了美国人民同仇敌忾的情绪。然而他很快就醒觉到,当前的问题并不是基督教与伊斯兰教之间的斗争,故在民间大规模反伊斯兰教的活动还未展开之前,立即夜访清真寺,多少平息了反伊斯兰教的情绪。而在事实上他需要

---

① Samuel P. Hungtington, "The Clash of Civilizations?", *Foreign Affairs*, vol. 72, no. 3 (Summer, 1993), pp. 22-49.

大多数伊斯兰国家的支持才能组织反恐联盟。很明显，布什根本缺乏做世界领袖的襟怀，因此他的政策摇摆不定，听任以、巴之间的冲突升级，根本找不到解决中东问题的方案。他自己的本能反应则每偏向于右派一边，不免掺杂着偏见和歧视。而美国等七大工业国所推动的全球化，因为罔顾贫富差距的扩大，每次峰会都引起示威活动，而且示威活动的规模越来越大。故此光是全球化，并不一定是正价值。就全球伦理的推动者而言，资本主义无限制地扩张，跨国公司唯利是图，造成环境污染，落后贫穷地区根本无法翻身。这样的作为违反了"不盗"的指令，所以必须加以严厉的谴责。故此我们绝不是无条件地支持全球化，而只支持合理的全球化。

就全球化的理念来说，它与本土化的倾向并不必然互相矛盾。全球伦理不是由上颁布、通过威权体制压下来的东西，而是各传统由草根层面生长出来的伦理，它并没有一个定本，每个传统可以用不同的语言与概念表达出来，只要在精神上互相通贯，在意识上促成变化，产生实效，就可以满足了。我曾经指出，中国传统的五常，所谓仁、义、礼、智、信，通过创造的诠释，就可以由自己的本根，做出一套全球伦理。[1] 早在多文化主义后现代思潮在西方流行之前，1958 年元旦同时在《民主评论》与《再生》发表，由张君劢、唐君毅、牟宗三、徐复观签署的《中国文化与世界宣言》[2] 就已经发出呼吁，要西方的汉学家不能只以传教士、考古与政治的动机来研究中国文化，并指出心性之学才是中国文化的精髓。

---

[1] 参见拙作《从当代新儒家观点看世界伦理》，见《全球伦理与宗教对话》，69～76 页。

[2] 参见唐君毅：《中华人文与当今世界》（下），865～929 页。

中国文化要自我扩大与增富，就必须吸纳西方的科学与民主，而西方也必须学习东方文化的智慧：

  （1）"当下即是"之精神与"一切放下"之襟抱；

  （2）圆而神的智慧；

  （3）温润而恻怛或悲悯之情；

  （4）使文化悠久的智慧；

  （5）天下一家之情怀。

《宣言》所说只代表当代新儒家的观点，非必成为定论。但他们旗帜鲜明，由本位的立场出发，反对西方宰制性的全球化。中国文化不只为了持存，也为了自我扩大与增富而必须吸纳西方文化的精华，包括科学与民主。但强势的西方文化也必须学习东方文化的智慧。近半个世纪以来的发展恰好证明当代新儒家的高瞻远瞩。如今西方知识分子也在大声疾呼意识的觉醒与态度的改变，恰恰与《宣言》的呼吁若合符节，要求合理的全球化，并不是强势西方宰制下的全球化。各传统都要努力由自己的本位出发，超克自身的限制与缺失，在文化上互通有无，在精神上通贯和谐，大家一齐努力，谋求和平相处、文化悠久之道。中国文化传统决然可以为未来人类与世界的持存做出积极正面的贡献。

但不只全球化有合理、不合理的分别，本土化同样有合理、不合理的分别。宰制性地归一、消灭异己固然是一种罪恶，但反方向的分崩离析一样可以是祸乱的根源。文化绝不是一个一成不变的实体，在不断发展的过程中，根据本身的需要，不断吸收外来的营养。理想的状况是存异求同，收到多元互济的效果，而这也正是全球伦理的支持者所向往的理想目标。然而，一些极端分子却为了利益的攫取、情绪的激荡，把"民族自决"当作至高无上的目标，不惜挑起族群之间的仇恨与纷争，乃至诉之于日益升级的热战，恨不得彻底歼灭异己而后快。这样做所缺乏的正是"金规"所宣示的仁恕精神。南斯拉夫解体后波黑战争的惨剧，以及目前的以、巴冲突，都是叫人难以消受的造成自毁性效果的实例。力量不足而寻求独立，不免自寻死路。力量均等而互争雄长，不免两败俱伤。或分或合，必须切合实际，出乎善意，才能水到渠成，如捷克与斯洛伐克之分裂，就未酿成任何事故。苏联解体以后，波罗的海三小国独立，问题也不大。族群之间的冲突一旦勾起，就是未了之局。印、巴之间的矛盾涉及两个拥有核武器的国家，那就不免让人忧虑。即使在西方，加拿大法裔为主的魁北克常常有独立的呼吁与企图，每次都因选票不足而流产。但即使选票够，魁北克真能独立吗？

"中国"，至少可以分为"血缘中国""政治中国""文化中国"三个层面。"血缘中国"是不成问题的。除了"原住民"外，旧移民大多来自闽南，新移民即所谓外省人，大多随国民党迁台，人数在10%左右。新旧移民基本上是同文同种，在这上面是没有什么文章可做。"政治中国"才是核心问题之所在。1949年大陆建立中华人民共和国，而国民党迁台。台湾从未接受中华人民共和国的统治。美国虽在外交上承认中华人民共和国，也不支持台湾"独立"，但坚守《与台湾关系法》承诺，军售台湾，提供了保护伞，让大陆有所顾虑。两岸因实际需要，经济交流先行，这就是目前海峡两岸在政治上难以有任何突破的实际情况。

就"文化中国"而言，"去中国化"的口号可就完全不适用了。不错，台湾因 50 年的日据、50 年国民党的统治，自 20 世纪 70 年代开始经济起飞，成为"亚洲四小龙"之一，近年来更成功地做到政党轮替，而走上了民主的道路，不只不可听其失坠，还需进一步加以发扬，那么"台湾本土化"运动的提倡的确是指向了一个正确的方向。但这和抱着一种狭隘的族群意识在背后、目的在推动变相"台独"的运动必须区隔开来。在当前国际政治的现实之下，"台独"既不可能，也不可欲。不自量力追求一个不实际的目标只能造成海峡两岸的不安，乃至自我毁灭的两败俱伤的结果。而台湾经验的一个很重要的成分在卫护和发扬了儒家传统。大陆在"文化大革命"时期摧残传统中国文化，新儒家思想却在港、台、海外发荣滋长。而老大的国民党以及戒严时期的威权体制虽诸多可议，但的确在三民主义的指导原则下积累了不少财富，并容许了政治转型的可能性。这些不都是宝贵的台湾经验最重要的成分吗？因此我们必须校正一个错误的观念，以为讲中国文化就是向大陆低头。恰正相反，正是在大陆摧残中国文化的时候，台湾却继承与发扬了中国文化。"文化大革命"以后拨乱反正，大陆对外开放，才又重新把新儒家思想、西方思想引了进去。难道我们竟为了大陆因急起直追而不得不提倡一些东西，我们便要因噎废食，全部加以否定弃绝吗？由此可见，正如"全球化"有合理与不合理之分外，"本土化"同样有合理与不合理之分。我们要弃绝的正是那种封闭、狭隘、鼓动族群冲突的本土化运动。因为大陆与台湾本来都是"中国"不可分割的领土。重要的是，海峡两岸绝不可发生热战，台湾虽小，却有我们特殊的经验。待两岸之间的差距减小，中国与世界的差距减小，那时不必讲统一，也会有一种新的情势出现。我们希望中国人的智慧能够帮助我们自己,以及人类来解决世界的问题,这就是我们努力不懈、永不放弃的理想和目标。

*宣读于 2002 年 5 月 25 日在台北举行之"全球化与本土化之激荡"研讨会。*

# 从中心到边缘：当代新儒学的历史处境与文化理想

自汉武帝罢黜百家、独崇儒术以来，尽管实际上是阳儒阴法或者儒道互补，但政治化儒家的中心地位是不容否认的。汉代发展了伟大的文明，建立了所谓超稳定的秩序。佛教由印度传入，虽然造成了深远的影响，但并没有动摇社会的根本。近代以来，西化东渐，帝国主义入侵，造成了传统秩序的崩溃。清末士人还企图负隅顽抗，典型的例子是张之洞的"中学为体，西学为用"。但这种二元方式不足以挡住西风的疾卷。至戊戌变法失败，清朝覆亡，袁世凯企图恢复帝制失败，儒家成为一切反动、腐败的东西的代名词。1919年五四运动时流行的口号是"打倒孔家店"，儒家已注定处于被边缘化的地位。正是在这样的历史处境下，新儒家应运而生，与春秋、战国时"周文疲弊"、礼崩乐坏，孔、孟反而为儒家的旧统注入了新的生命那样的发展情况，不无类似之处。恰好就像在现实最黑暗的当儿，反而提出了崇高的文化理想，依照《易传》的说法，所谓"贞下起元"，不正是这样的写照吗？张灏断定，清末民初中国人所面对的危机乃是通盘性的精神意义层面的危机[1]，这是一点也

---

[1] Hao Chang, *Chinese Intellectuals in Crisis: Search for Order and Meaning, 1890–1987* (Berkeley: University of California Press, 1987), pp. 5–8.

不错的。新儒家正是可以被看作针对这样的危机所做出的回应。

在这篇文章里，我对当代新儒家的理解采取一种宽泛的说法①，约略相当于大陆所谓现代新儒学的意思。② 我会把讨论集中在哲学与文化理想方面。大陆现在流行的看法是，现代新儒学产生在1920年代初，方克立说：

> 把现代新儒学看作是"五四"新文化运动的产物和这个运动的一个有机组成部分，在理论上和历史事实上还得到这样一个观点的支持，即无论在西方还是在中国，保守主义、自由主义、激进主义总是作为一个不可分离的整体而大致同时出现的。……这三派思想家都有救亡图存的爱国主义激情，都力图向西方寻找真理，来解决中国经济、政治、文化的现实出路问题，而又都想避免已经暴露出来的西方文明的弊端。可以说他们是"在许多共同观念的同一架构里运作"，不过对同一问题的解决采取了不同的途径而已。他们之间的分歧和冲突推动了现代中国历史的进程，这三派思想共同构成了"五四"时期文化启蒙的真实内容。③

这样的看法是有一定根据的。方克立举出了梁启超（1873—1929）、梁漱溟（1893—1988）为代表，倾向于保守主义。在

---

① 参见拙作《当代新儒家的探索》，原刊于《知识分子》，1985年秋季号，现收入拙著《文化与哲学的探索》，279～307页，台北，台湾学生书局，1986。狭义的当代新儒家指熊十力开创，为唐君毅、牟宗三、徐复观所继承的那条线索。

② 参见方克立：《现代新儒学与中国现代化》，18～23页。选出的第一批代表人物包括梁漱溟、张君劢、熊十力、冯友兰、贺麟、钱穆、方东美、唐君毅、牟宗三、徐复观十人，后来又补上马一浮与杜维明、余英时、刘述先、成中英等人，出版了他们的论著辑要，只钱穆一卷因故未出。

③ 同上书，94页。

这一脉络下，对保守主义一词的理解是有其特别含义的。他们绝非抱残守缺之辈。梁启超一向热衷宣扬、介绍西方的东西，但第一次世界大战之后，他去巴黎开和会，据说得到一些不利于中国的消息，政府立场倾向于向日本屈膝，梁启超乃故意把消息泄露出去，间接激发了五四运动。他在欧洲看到的情况十分不妙，令他感到震惊，乃著《欧游心影录》(1919)，发表了自己的观感并引起了巨大的回响。梁漱溟率先对西化的潮流做出反应，使他成为现代新儒家的开创人物。他自承不是学者，而是思想家，想从事一些对自己来说更有意义的事情。他通过演讲宣扬自己的文化理想，在五四后三年就出版了震动一时的《东西文化及其哲学》。[①] 他把问题放在整套文化哲学的架构下来考虑。他认为人类基本上有三种意欲：西方文化是以意欲向前要求为根本精神的，中国文化是以意欲自为调和持中为根本精神的，印度文化是以意欲反身向后要求为根本精神的。他虽然年轻时最向往佛教的解脱道，但后来感觉到印度与中国文化有早熟之弊，于是才娶妻生子，做儒家的志业，为国家民族文化的持存而努力。他主张在现阶段，首先要毫无保留地全盘西化，那么他和胡适的立场其实并没有什么巨大的差别。但发展到一个阶段之后，西方那种专讲功利竞争的文化不免漏洞百出，就要转趋中国重视人际关系、社会和谐的文化。到最后人终不能避免生死问题，乃要皈依印度的解脱道。但梁漱溟并没有说明，这样的转变如何可以在实际上做得到。"文化大革命"

---

① 参见梁漱溟：《东西文化及其哲学》，上海，商务印书馆，1922。

之后，梁漱溟出版《人心与人生》①，以为唯物辩证法也是西方文化的产物，还是未能妥善处理人的问题，必须回归中国文化强调社会和谐的泉源。梁漱溟一生尊崇孔子，西方学者艾恺（Guy Alitto）著书论梁，书名为《最后的儒家》。② 等到他有机会亲访梁漱溟时，却听梁漱溟告诉他，佛家的境界比儒家的更高，令他大为震惊。③ 梁漱溟在事实上也绝非最后的儒家，港、台地区和海外新儒家即不出于他的统绪。但他在西潮席卷之际，率先肯定中国文化的价值，还倡言以后西方文化也要走孔子的道路，并在逆境中以具体行为展现了一个儒者的风骨，他所提出的观念尽管粗疏，但还是不能不推崇他为开风气之人物。

梁启超的《欧游心影录》不只启动了梁漱溟的文化思考，也激发了1923年的所谓科玄论战。④ 张君劢（1887—1969）与丁文江曾随同任公去欧洲。返国之后，在一次演讲中，张君劢指出科学背后的机械决定论的限制，而强调人生观要靠直觉，引起了丁文江的反击，好多学者均被卷入论战，成为一时盛事。张君劢援引的资源是奥伊肯（Rudolf Eucken）与柏格森（Henri Bergson），丁文江援引的则是马赫（Ernst Mach）与皮尔逊（Karl Pearson）。这一场笔战的水平并不

---

① 参见梁漱溟：《人心与人生》，上海，学林出版社，1984。梁先生全集8卷自1989年起由山东人民出版社出版。

② Guy S. Alitto, *The Last Confucian: Liang Shu-ming and the Chinese Dilemma of Modernity* (Berkeley: University of California Press, 1979).

③ 艾恺：《中国文化形成的要素及其特征》，见张岱年等：《文化的冲突与融合——张申府、梁漱溟、汤用彤百年诞辰纪念文集》，271页，北京，北京大学出版社，1997。

④ D. W. Y. Kwok, *Scientism in Chinese Thought, 1900–1950* (New Haven and London: Yale University Press, 1966).

高，可谓情胜于理。张君劢过分强调了人生观的主观性而不免受到攻击，而丁文江辩论背后的立场其实是一套科学主义，而并非科学本身。然而，就当时的声势而言，似乎支持科学一方面的人数众多而占了上风。但事后检讨，张君劢的想法与做法绝不会是反科学[①]，而人生的意义与价值问题并不能由科学来解决。张君劢后来涉足政治，为民社党的领袖，《中华民国宪法》即由他起草完成。1949 年，他去海外，在美国出书论宋明儒学。正是由他的推动，唐君毅起草了《中国文化与世界宣言》，由他们二人与牟宗三、徐复观共同签署，于 1958 年元旦同时在《民主评论》与《再生》发表，成为当代新儒家的标志。这是后话，暂时在这里搁下不提。

冯友兰（1895—1990）在五四时已是北京大学毕业生，曾受学于梁漱溟，并未上过胡适中国哲学史的课，却也步胡适的后尘，到哥伦比亚大学留学。科玄论战时冯友兰在美国，他因在图书馆打工，可以看到一些相关资料。他发表的第一篇英文论文即论中国为什么没有发展西方式的科学。[②]他认为这是因为中国文化选择的途径使然，其思想明显受到梁漱溟的影响。但他在美国学了新实在论（Neo Realism）一类的哲学之后就觉得柏格森式的直觉观念不足持，改用概念分析的方法，乃与梁漱溟分道扬镳。他的博士论文检讨

---

[①] 江日新：《"民族复兴之学术基础"的寻求——张君劢的科学概念与研究政策》，见刘述先编：《儒家思想与现代世界》，221～254 页，台北，"中央研究院"中国文哲研究所筹备处，1997。

[②] Fung Yu-lan, "Why China Has No Science: An Interpretation of the History and Consequences of Chinese Philosophy," *International Journal of Ethics*, 31.3 (April, 1922), pp. 237-263.

了东西各家各派的人生哲学。他背后的思想架构是天人损益，老子所谓"为学日益，为道日损"，像西方的功利主义是益道，道家思想是损道。各有得失，有赖于我们智慧的抉择。

回国以后，他即着手做中国哲学史的工作。他自承胡适给予他方法上的启发，但胡适仅完成了上卷，他却完成了整套的哲学史。在该书出版的审查报告中，陈寅恪认为冯著对中国哲学有同情的了解，金岳霖则通过比较的视域指出，胡适的书像美国人写的中国哲学史。胡适乃谓冯友兰所取为正统派的观点，冯友兰也坦然受之，并无异议。但冯友兰以新实在论的观点来解释朱熹的"理"，以之为"共相"，根本缺乏相应的理解，后来受到狭义的当代新儒家如牟宗三的严厉批判。无论如何，这部书填补了当时的空缺，再由冯之高足卜德（Derk Bodde）译为英文①，20世纪50年代初出版成为标准教本、参考书，历半个世纪而不衰。考其原因，此书初版时被批评为引用材料太多，自己的意见太少，想不到后来缺点反而变成优点。冯友兰的意见过时，他选用的材料永远不会过时，可不是个吊诡吗？

到了抗战时期，冯友兰援用《易》"贞下起元"之意著《新理学》《新原人》《新原道》等所谓"贞元六书"，建构了他自己的哲学系统。他受到逻辑实证论的刺激，认为哲学上的一些基本概念如"理""气"之类，内容是"空"的，却反而大有意趣，可以建构一套新玄学，展示了所谓的无用之用。他又提出了生物、功利、道德、天地的四层境界说，回到他

---

① Fung Yu-Lan, *A History of Chinese Philosophy*, 2 vols., translated by Derk Bodde (Princeton, N.J.: Princeton University Press, 1952-1953).

早年天人损益的思想架构，企图做出融通中西的大综合。① 冯友兰的确有他强烈的民族感情与文化担负，也有他的聪明和巧思，但他完全误解了逻辑实证论，根本不能真正面对取消形上学的认知意义的挑战。贺麟（1902—1992）当时对他的批评可谓一针见血，指出冯友兰只谈朱子的理气论而不及其心性论是根本的缺失，并预言儒学未来的前途在于陆王心学的复兴。贺麟在 20 世纪 40 年代初即宣称："我敢断言，广义的新儒家思想的发展或儒家思想的新开展，就是中国现代思潮的主潮。"② 这是"新儒家"一词被当作专门的学术用语第一次登场。但贺麟的断言并没有应验在中国，却实现在海外，而且来自一个想象不到的泉源。

熊十力（1885—1968）比冯友兰大 10 岁，但起步迟，在社会上寂寂无闻。他只是潜心开拓自己内在的精神世界，埋首著述之事。到 1944 年商务印书馆出版《新唯识论》语体文本，一鸣惊人，被誉为最具原创性的哲学著作。③ 陈荣捷（Wing-tsit Chan）先生认为熊十力建造了自己的哲学系统，比任何其他当代中国哲学家，影响了更多年轻的中国哲学学者。④ 熊十力出身贫苦家庭，早年参与推翻清朝政府的革命活动。到中年觉得身心无安顿，生命有了转向。他肆意批评佛

---

① 冯友兰的著作现收入《三松堂全集》，从 1985 年开始由河南人民出版社出版，到 2000 年共出 15 卷。我对冯友兰的评论，参见拙著《当代中国哲学论：人物篇》，111~140 页，新泽西，八方文化企业公司，1996。
② 贺麟：《儒家思想的新开展》，载《思想与时代》，创刊号（1941 年 8 月）。
③ 参见熊十力：《新唯识论》，重庆，商务印书馆，1944。1985 年北京中华书局出版熊十力论著集之一《新唯识论》，包括文言文与语体文的较佳版本，可惜无以为继。《熊十力全集》由湖北教育出版社接手，全套 10 册已于 2001 年出版。
④ Wing-tsit Chan trans. and comp., *A Source Book in Chinese Philosophy* (Princeton, N.J.: Princeton University Press, 1963), p.764.

说而受到梁漱溟的斥责，但是通过梁漱溟的介绍，到南京内学院追随欧阳竟无（1871—1943）大师研究唯识。梁漱溟离开教职时，乃转介熊十力到北大讲论唯识。熊十力认真编写讲义，忽而自疑，以唯识学将生灭、不生灭截为两片；空宗破相显性，比较透彻，但只破不立，也难慊人意；乃归宗《大易》生生之旨，体证乾元性海，造《新唯识论》。内学院斥其叛师，严加斥责，熊十力也毫不退让，加以回应，在佛教界引起轩然大波。熊氏门下聚集了许多才俊之士，熊十力成了狭义当代新儒家的开山祖师。熊氏认为科学与西方式的形上学之向外追求乃"量知"构书之事，虽可用于现象界，并未能彻法源底。要真见体，必须体记性智，而回归王阳明的良知教。熊十力在内圣之外，也讲外王，推原到孔子的"六经"。1949 年之后，熊十力著《原儒》，于 1956 年出版。内圣之学的规模大致未变，外王之学却发为非常怪异之论，直斥孟子以后之儒为奴儒，务必回归孔子的大同理想，而盛赞《周官》乃圣人设计理想的政治与社会制度。或谓熊氏晚年不免有依附社会主义之嫌，事实上熊十力是要以古规今，走向孔子的理想文化社会。而他终生不接受唯物论，理由是因翕辟成变，物、心都是用，不是体。他的一套自未受当局重视，以其影响未宏，未加干预，已堪称异数。而海外则批其外王之学多是胸臆之见，缺少信服力。到了"文化大革命"时期，受到红卫兵之凌辱，暮年衰翁，仍逃不过这一劫数，郁郁以终，令人叹息。

　　终结来说，第一代的新儒家如梁漱溟、熊十力、马一浮均选择留在大陆，其命运众所周知，年辈稍后的冯友兰与贺麟的学术生命也被迫转向。冯友兰作《中国哲学史新编》，不断受到批判,"文化大革命"时依附"四人帮"批孔,不免白璧之玷,后来自承未能修辞立其诚。"文化大革命"以后在去世之前完成《新编》七卷本,自谓颇多怪异之论,并没有什么新的突破。哲学上他回到"贞元六书"的立场,也坦承把共相理解为分离的潜存为不妥,现在不再坚持理在气先,而转趋理在事中的观点。或谓这也是一种方式的自弃立场。总之到晚岁他并未能做出一整套新的东西,也就不足深论了。

方东美(1899—1977)又是一位特立独行的人物。年轻时留学美国,曾一度喜好实用主义哲学,后来回返古希腊哲学的源头,深深为柏拉图所吸引。抗战时期感到民族生命的断绝危在旦夕,乃效德国哲学家费希特(Fichte)之发表《告德意志人民书》,做巡回演讲以激励民心士气。1949年后,方东美迁台。又因受到印度哲学家拉达克里希南的影响,晚年集中心力以英文论述中国哲学。他又有一文化哲学之伟构,做古希腊、近代欧洲、印度与中国的比论,惜未完成即逝世。他相信中西哲学文化、哲学理想互补。他不是特别喜欢宋明儒之架局转狭,呼吁回返原始儒家,恢复《尚书·洪范》篇"皇极大中"之意符,并提倡弘扬《易》之生生而和谐之旨,认为这才是孔子留传下来的最健康的生命情调。方东美的思想门庭广阔,并不限于一家一派。① 回到古代中国哲学,也力主儒、道、墨三家思想之互补。他较熊十力年轻而为友,彼

---

① 《方东美全集》于1978年开始由黎明文化事业股份有限公司出版。英文著作 Chinese Philosophy: Its Spirit and Its Development (Taipei: Linking Pub. Co., 1981) 附有小传、著作表及《比较生命哲学导论纲要》,把未完成的"生命理想与文化形态"的架构展示了出来。

此曾做过有关唯识学的辩论，显然不属于狭义当代新儒家的统绪。但毕竟他归宗原始儒家，在中央大学教过唐君毅，在台湾大学教过刘述先、成中英，所以也有足够的理由把他放进现代新儒家的行列。然而，自觉地开拓新儒家的理想，贡献最大的，由哲学观点看，毕竟当推现在被公认为第二代当代新儒家的唐君毅、牟宗三二人。

唐君毅（1909—1978）曾任教母校中央大学。1949年他到香港，与史学家钱穆（1895—1990）、经济学家张丕介共同创立新亚书院，使之成为当代新儒家最重要的中心之一。唐君毅的大部分重要著作完成于1949年之后。[①] 有广泛影响力的《中国文化之精神价值》一书出版于1953年，在序中他自承受到师友的影响，如熊十力、牟宗三之论中国哲学，方东美、宗白华之论中国人生命情调与美感。[②] 这样的分别是有意义的，也就是说，在文化哲学和美学方面他受益于方东美与宗白华，但在中国哲学方面，他最得益于熊十力与牟宗三。在序中他特别提到在年轻时做中西哲学的比较，因"神无方而易无体"一语而论中国先哲之宇宙观为无体观，只有熊先生函谓，开始一点即错了，后来才明白熊先生之深切。此后则受益于与牟宗三的论学和探讨。

唐君毅负责起草1958年元旦发表的《中国文化与世界宣言》。这篇文章呼吁西方的汉学不能只像传教士那样把中国文化看作必须加以改变的对象，或者考古学家将之视为没有生

---

[①] 《唐君毅全集》共30卷，由台湾学生书局出版。唐君毅晚年的重要学术著作是《中国哲学原论》，包括《道论篇》（一卷）、《原性篇》（一卷）、《原道篇》（三卷）与《原教篇》（一卷），为《全集》的第12卷至第17卷。最后完成的《生命存在与心灵境界》二巨册为《全集》的第23、24卷。

[②] 参见唐君毅：《中国文化之精神价值》，1~3页，台北，正中书局，1953。

命的古董，或者现实政客采取彻底功利的态度将其玩弄于股掌之上，而应该对中国文化有敬意，深刻了解其心性之学之基础。中国文化的确有其限制，必须吸收西方文化的科学与民主。但西方文化也可以向中国文化吸收"当下即是"之精神与"一切放下"之襟抱、圆而神的智慧、温润而恻怛或悲悯之情、使文化悠久的智慧，以及天下一家之情怀。这篇宣言在当时虽然没有人理会，后来却被视为当代新儒家的标志。西方如今流行多文化主义的观点，1995年出版的英文《剑桥哲学辞典》不只有不少中国哲学，包括有关当代新儒家的条目，甚至还有非洲哲学、阿拉伯哲学的条目。这篇宣言可说是走在时代前面而有先发之明，是一篇非常有意思的文献。

唐君毅晚年著卷帙浩繁的《中国哲学原论》，详细缕述、分析中国哲学之内涵与源流。其最后一部大著为出版于1977年之《生命存在与心灵境界》。通过横观、顺观与纵观，分别开体、相、用之所观，相应于客、主与超主客三界，发展出心灵活动的九境：（1）万物散殊境；（2）依类成化境；（3）功能序运境；（4）感觉互摄境；（5）观照凌虚境；（6）道德实践境；（7）归向一神境；（8）我法二空境；（9）天德流行境。唐先生由浅入深，把中、西、印各种不同类型的哲学与宗教观点都编入他的系统，最后归宗于儒家的天德流行境。[①]由此可见其哲学之归趋并未改变初衷，其他各种境界也分别取得定位。唐先生的哲学有类黑格尔的综合，而没有取演绎的方式把时间先后与观念次序混为一谈，避免了黑格尔过分勉强迁就其辩证架构所产生的削足适履的毛病。牟宗三悼唐

---

① 参见李杜：《唐君毅先生的哲学》，59页，台北，台湾学生书局，1982。

君毅时誉之为文化意识宇宙中之巨人，可谓知言。

牟宗三（1909—1995）可能是当代新儒家之中最富原创性的思想家，20世纪50年代中叶因徐复观（1903—1982）之邀加入东海大学，成为当代新儒学的第二个中心。在唐君毅故世之后他独领风骚十余年，影响最为直接与深远，狭义新儒家统绪即由其一手建立。他在北大读书，上过胡适的课，却不承认胡适是他的老师。他师从熊十力，排拒冯友兰，而这绝不是偶然的结果。他回忆在大三时，有一次在熊十力处听到二人有关良知的讨论，熊对冯说，你说良知是个假定，这怎么可以说是假定，良知是真真实实的，而且是个呈现，这须直下自觉、直下肯定。牟宗三的反应是："良知是真实，是呈现，这在当时，是从所未闻的。"这霹雳一声，真是振聋发聩，"把人的觉悟提升到宋明儒者的层次"[①]。其实纯粹由哲学方面着眼，冯友兰未必完全无理，他是西方康德式的思路，纯粹理性既不能证立良知，就必须诉之于实践理性，把良知当作不得不预设的基本假定。但这是理论思考达到的设定，绝不是生命直接流露出的东西，像孟子所谓孺子之将入于井那种怵惕不忍之心的直接呈现，只不过是一点端倪而已！当然，孟子以至阳明的良知也不能用西方经验心理学的"同情"（sympathy）来解释，那样就失去了必然性。总之，传统中国的义理在西方找不到现成的一套来加以比附。冯友兰的思想明显与孟子和宋明理学的思想不相应，怎么可能是什么正统派！冯友兰那种概念分析与胡适的实用主义同样是舶来品。而牟宗三在年轻时受过严格的西方逻辑的训练，推论的严格

---

[①] 牟宗三：《生命的学问》，136页，台北，三民书局，1970。

远胜于冯友兰，但却不会扭曲传统中国哲学蕴含的睿识，这就是他不可及的地方。

牟宗三在早年演练罗素的《数学原理》（*Principia Mathematica*）时接受了符号逻辑的训练，而爱好怀特海的宇宙论。但他觉得这些哲学还是太过肤浅，未能透彻理性之源，他乃逆返到康德。世乱如此，国事如麻，又因为他背离了北大传统，现实生活坎坷，简直难谋一枝之栖。但他仍苦心孤诣，完成了《认识心之批判》两大卷，填补了熊十力《新唯识论》只做成境论，未能完成量论的遗憾。① 他发现西方所长是理性的架构与外延表现，具现于科学与民主的成就；中国所长在理性的运用与内容表现，其核心在圣学，内圣方面的体证有殊胜之处，外王方面的开展则有虚歉不足之处，故必须返本开新，通过自我的扩大，拓展开一条宽广的道路。由此而他发展出所谓"三统之说"：

（1）道统之肯定：肯定道德宗教之价值，以护住孔孟所开辟的人生宇宙之本源；

（2）学统之开出：由民族文化生命中转出"知性主体"，以容纳希腊传统，开出学术之独立性；

（3）政统之继续：认识政体发展的意义，以肯定民主政治之必然性。②

牟宗三有深刻的危机感，转做学术的不急之务，数十年

---

① 牟宗三：《认识心之批判》。《牟宗三先生全集》已由联经出版事业有限公司出版（2003年5月），但《生命的学问》因版权问题未被收录在内。关于他的学思简述，参见拙作《牟宗三先生在当代中国哲学上的贡献》，见《当代中国哲学论：人物篇》，191～194页。

② 参见牟宗三：《道德的理想主义》，修订5版，6、260～262页。

来有了超特的成就。他出版了《心体与性体》三大卷,后来又著《从陆象山到刘蕺山》,可以算是《心体与性体》的第四卷,厘清了整个宋明理学的线索,首次把这门学问变成一门概念清晰、可以理解的学问。他真正分别开二程的思想;指出朱子的理只存在而不活动,其实偏离了孔、孟思想的正统,乃判之为"别子为宗";又在程(伊川)朱、陆王之外,由哲学观点着眼,另立胡(五峰)刘(宗周)一系,其特点在"以心著性"。这些说法均发人所未发,在行内引起了巨大的震荡与争议,影响深远。牟宗三并非佛教徒,著书论《佛性与般若》,透辟深入,甚至广为佛教徒所援引。特别的是,他指出华严是别教的圆教,天台诡谲的圆教才是真正的圆教,这些都是向来没有的说法,令人感到震撼。较早的《才性与玄理》对于魏晋玄学也有同样深刻的理解。

牟宗三晚年著《智的直觉与中国哲学》《现象与物自身》,以中土三教均肯定"智的自觉",不似康德囿于基督宗教传统,把智的直觉归之于上帝。他最后一部大著是《圆善论》,也是通过康德哲学的线索,掘发中国哲学的睿识。他还翻译了康德的三大批判,自比于玄奘之译经。牟宗三从来没有留过学,如今却有好几个德国的博士论文写他的东西,堪称异数。

被列为第三代新儒家的代表人物,除了蔡仁厚出身军旅,一生努力阐扬师说之外,像杜维明、余英时等都是留学生,长年流寓海外,面对的自然是十分不同的处境,也有不同的资源可以援用。余英时甚至并不接受这样的标签。20世纪90年代中叶,硕果仅存的大师牟宗三逝世。近年来牟门弟子在《鹅湖》杂志提出了有关"后牟宗三时代"的辩论,迄今尚无定论。由此可见，现代新儒学还在继续发展的过程中，但已有了一些趋势可见，不妨略加申论如下。

在海外，一早就以第三代自任、推展新儒家最力的，无疑首推杜维明。① 牟宗三首倡第三期儒学之说。第一期是先秦的孔、孟，为儒学奠立了精神基础。汉代虽然拓展了伟大的文明，但在精神上却有所折曲。第二期宋明儒学，继承了往圣的绝学，建立道统，在先秦之后，开创了中国哲学的第二个黄金时代。但这一统绪到清代而中断，一直要到当代新儒家兴起，才为之注入了新生命。杜维明自觉地承担了这一使命，他所谓的道、学、政，也继承了牟宗三的"三统之说"。而他在重视个人的"体知"之外，也注重文化在实际上的表现。恰好20世纪70年代，继日本之后，所谓"亚洲四小龙"——韩国、新加坡、中国香港、中国台湾——创造了经济奇迹。它们都有儒家背景。这引起了全世界的注目与兴趣。西方知识分子在朝鲜战争、越南战争之后猛批启蒙理性的霸权，要在文化上另谋出路，现代化不只西方一途，而科技商业文明的过分膨胀已然弊害百出。杜维明乃借了傅伟勋首创的名词，极力推扩"文化中国"的理想。它不只可以包容海峡两岸以及海外的华人，甚至可以包括同情中国文化理想的洋人。这样，杜维明就既可以回归中国文化的传统，又可以由现代走往后现代，而不陷入相对主义的泥淖。

当然，杜维明的处境与上一代新儒家的处境是完全不同的。他预设了西方现代的多元架构。并没有任何必要去证明

---

① 为了方便起见，对杜维明之思想和著作的一般性了解，参见岳华编：《儒家传统的现代转化——杜维明新儒学论著辑要》，北京，中国广播电视出版社，1992。

儒家的传统比别的精神传统更为优越,只需说明自己的立场在世界上占有一席之地即可。同样重要的是,杜维明也认识到,除了认真看待自己传统的终极关怀之外,还要维持一种开放的态度,与其他精神传统展开对话,互相沟通,希望收到交流互济之效果。近年来我自己的思想也往同一个方向发展。我对世界伦理建构的参与就是一个最好的例证,不妨在此一提。

20世纪60年代中叶我出国留学,师从魏曼(Henry Nelson Wieman),写有关蒂利希的博士论文。我非常同意蒂利希把"宗教"重新界定为"终极关怀"(ultimate concern)的倡议,而在70年代初即在《东西哲学》发表有关儒家哲学之宗教意涵的英文论文。[1] 80年代以来,我在香港中文大学任教时曾积极参与多次儒耶对话的学术会议。1989年2月,我应邀去巴黎参加"世界宗教与人权"六大精神传统对话的会议。这次会议的安排十分特别,先由思想自由化的天主教神学家孔汉思提出论文《没有宗教之间的和平,就没有世界的和平》,然后学者分别由犹太教、伊斯兰教、基督教、印度教、佛教与儒家的立场做出回应。很自然,我是代表儒家发言。[2] 孔汉思提议,由策略的观点看,必须放弃坚守壁垒、随波逐流以及包容纡尊的态度,每个传统先对自己做出深切的批评,对其他传统采取开放、尊重的态度,才可以收到交流互济之效果。令人惊奇的是,孔汉思认为,贯通于各大精神传统的,甚至不是上帝的概念,像佛教就取无神的立场,但没有一个

---

[1] 参见拙作《儒家宗教哲学的现代意义》,见《生命情调的抉择》,55~72页,台北,台湾学生书局,1985。

[2] 参见拙作《宗教信仰与世界和平》,见《理想与现实的纠结》,57~66页。

宗教的实践可以缺少 humanum（拉丁语，人道、人性的意思）。我由儒家的立场不难加以积极的回应。因为 humanum 的英译 humanity，恰正是"仁"字的英译，彼此若合符节。孔汉思受到这次讨论的鼓励与刺激，乃进一步起草《世界伦理宣言》，奇迹似的在 1993 年芝加哥举行的世界宗教会上获得大多数出席会议的宗教领袖与团体的支持与签署。① 由于儒家不是组织宗教，没有代表与会。但我应邀为纪念联合国成立五十周年的纪念文集撰稿，而给予积极的支持与回应。② 联合国教科文组织并在 1997 年成立"普遍伦理计划"，3 月在巴黎开第一次会议，全世界有 12 位哲学家参加，12 月又在拿波里开第二次会议，参加的哲学家人数增加到约 30 位，我都有亲身参与。可惜的是最后未能达成协议，未能在 1948 年通过《世界人权宣言》五十周年之后，于 1998 年再接再厉通过《世界伦理宣言》，不免令支持者感到遗憾。③ 但对世界伦理的关注在世界各地正方兴未艾，海峡两岸也都主动参与了这方面的活动。④

---

① Hans Küng and Karl-Josef Kuschel eds., *A Global Ethic: The Declaration of the Parliament of the World's Religions* (London: SCM Press, 1993).
② 这一文集邀请了 30 多位世界领袖与学者发表意见，德文本率先在 1995 年出版，英文本于翌年出版：Hans Küng ed., *Yes to a Global Ethics* (London: SCM Press, 1996)。
③ 我为这个问题写了一系列文章：《世界伦理与文化差异》《起草〈世界伦理宣言〉的波折——第二次世界伦理会议剪影》《从当代新儒家观点看世界伦理》，均已收录在新出的论集之中，参见拙著《儒家思想意涵之现代阐释论集》，193～249 页。
④ 就以我亲身参与者为例。联合国在 1998 年以后积极支持区域性会议，第一个区域性会议于 1998 年 6 月在北京中国社会科学院哲学研究所举行，我参加并提交了论文。台湾对这个问题是慢热的。我参与筹备了于 2000 年 5 月 20 日—21 日在东吴大学举行的"中国哲学与全球伦理"学术研讨会，并做了一场主题演讲。"中央研究院"第三届国际汉学会议于 6 月 29 日—7 月 1 日举行，有"世界伦理建构的探索"议程，由我担任主持。我还在做这方面推动的努力，在一年之内出版了一本有关"全球伦理与宗教对话"的论集（立绪文化事业有限公司，2001）。

支持孔汉思起草宣言最力的斯威德勒同样有天主教的背景。他在费城天普大学主持一个全球对话中心，不只起草了自己的宣言，还广邀各不同精神传统的学者对孔汉思与他本人起草的三个宣言的文本做出回应，文集已经出版，我在拿波里宣读的论文就被收录在这本论集之中。①

斯威德勒对于我们时代之处境的宏观描绘是有启发性的。他观察到，自启蒙时代以来，西方有认识论的典范转移的趋势，对真理的绝对性的理解逐渐为对真理的相关性的理解所取代。他列举了六个来自不同来源的潮流：

a. 历史主义（historicism）；
b. 意向性（intentionality）；
c. 知识社会学（sociology of knowledge）；
d. 语言的限制（limits of language）；
e. 诠释学（hermeneutics）；
f. 对话（dialogue）。②

这些潮流不约而同地都有非绝对化、力动（dynamic）与对话的倾向。因此，他支持孔汉思的说法，由现代到后现代的确发生了"典范转移"的现象。他也同意柯慎士的说法，现在进入雅斯贝尔斯（Karl Jaspers）所谓的"第二枢轴时代"。"第一枢轴时代"是个体意识的觉醒，"第二枢轴时代"则是全球意识的觉醒，各文化交流互济，重新发现大地的根源。而这引导到他本人的说法，由启蒙以来的指向是"独白

---

① Leonard Swidler ed., *For All Life: Toward a Universal Declaration of a Global Ethic: An Interreligious Dialogue* (Ashland, Oregon: White Cloud Press, 1999).
② Ibid., p. 6.

时代"的终结、"对话时代"的开始。而他用一种戏剧化的方式宣称："不对话，即死亡！"① 正是在这样的思想背景下，他积极支持起草《世界伦理宣言》的努力，目的并不是要做成定本，而是要通过不断的对话，以力动的方式交流互动、凝聚共识，以面对终结人类文明的威胁，恢复天人融合的情怀。他呼吁各个区域都做出宣言的文本，以收交流互济之效。

世界伦理，顾名思义，只能是一种极小式的伦理，包括一些宽广的原则与指令，否则就不可能得到那么多不同传统的支持与签署。孔汉思与斯威德勒十分小心，把英文的 ethic 用作单数，只指向一种态度，而不用复数的 ethics 一词，那是指一个成套的伦理学理论。以孔汉思的宣言为例，他只举出两个基本要求。一是所谓"金规"，即"己所不欲，勿施于人"或"己立立人，己达达人"的态度。这在各种传统中都可以找到类似的表达，孔子的说法乃是最引人注目的一个表达。另一即必须以人道的态度对人。他的四条指令可以列举如下：

（1）对于非暴力的文化与尊敬生命的承诺；

（2）对于团结的文化与公正经济秩序的承诺；

（3）对于宽容的文化与真实的生活的承诺；

（4）对于平等权利文化与男女之间的伙伴关系的承诺。②

---

① Leonard Swidler ed., *For All Life: Toward a Universal Declaration of a Global Ethic: An Interreligious Dialogue* (Ashland, Oregon: White Cloud Press, 1999), pp. 5-16.

② 参见拙作《从当代新儒家观点看世界伦理》，见《儒家思想意涵之现代阐释论集》，234～235 页。

明眼人一眼便可看出，这是《圣经》中十诫之伦理四诫的现代表达。它们与佛家的五戒——杀、盗、淫、妄、酒——若合符节，也与儒家的五常——仁、义、礼、智、信——意旨相符。相关的理论效果，我已做出了初步的探察与讨论。①

先由方法论的观点来看，有学者提议采取归纳的方法。在各个文化之中，都可以找到"金规"一类的原则、伦理四诫一类的禁令，以及一些共同的程序规则。但我认为此处所谓归纳不是采取它在经验科学中所了解的严格的意义：归纳的运作是"取同略异"，可以建立一些定律或通则，找到一个反例，就可以否证这些定律或通则的有效性。但人文科学中所了解的通则是不抹杀差异而找到通贯的一致性，故缺少经验科学所建立通则的可推性，而有赖于善巧的解释与智慧的抉择。

在这里，儒家传统恰好可以提供重要的资源。宋明儒所谓的"理一分殊"，如能给予崭新的解释，正可以帮助我们面对当前的问题。朱子曾用"月印万川"的比喻来阐明"理一分殊"的意义。同一个月亮投影在不同的水里就会显现出完全不同的风貌。我们无须抹杀差别去找到背后精神的通贯与一致性，由此而可以找到打通中外古今隔阂的途径。

就内容来看，宋明儒如程、朱、陆、王之所教，不可能完全同于先秦孔、孟之所教，同样当代新儒家之所教，不可能同于宋明理学之所教。这里面有与时推移的部分，即所谓

---

① 参见拙作《从当代新儒家观点看世界伦理》，见《儒家思想意涵之现代阐释论集》，236～246 页。

"分殊",也有万古常新的部分,即所谓"理一"。如此,我们无须抹杀古今中外的差别,乃至矛盾冲突,仍然可以凝聚共识,觅得精神上的通贯,而收到交流互济之效。

举一个简单例子就可以明白我的意思。譬如我们建立了必须吃健康食品的规约原则,这属于"理一"层面,一旦原则建立了,就不会轻易加以变动。然而,这个原则的落实与执行则属于"分殊"层面,有赖于知识的增进与资源的开拓而不断加以调整,绝不可墨守成规、不加变易。此所以我们由糙米吃到白米,又由白米吃回糙米,而我们所依据的规约原则仍然是同一个。同样,仁爱原则通贯古今中外,但表现却古今中外异俗,必须与时推移,否则就会变得僵故而造成禁锢的结果,不免遭到扬弃。现代大家庭制度瓦解,君权、父权、夫权陨落,但家庭仍是组成社会的一个最重要的单元,亲情的表露采取了与传统完全不同的方式,但仍是不可取消、不可替代的,人间最深切也最自然的感情,植根于我们与生俱来的禀赋,不是一时的激情可以比拟的。而儒家强调至情根植于人性,通贯于社会,这是不可违逆的"常道"。由儒家的立场看世界伦理,既有"内在"(人)的根源,也有"超越"(天)的根源。当然,我们不能强迫别的传统接受儒家的表达方式,因为这已属于"分殊"层面。但它指向一超越任何传统的通贯原则,那才属于"理一"层面,不能为任一传统所独占。自启蒙以来,西方流行非人文、反人文的倾向。在20世纪80年代初,我为《中国时报》作笔谈曾说:

> 在这样的情形下,中国传统的人文精神必须尽速恢复过来。我们必须紧紧把握住这样的精神,把它推展到

全世界，这就是人类走向未来所能依赖的唯一的定盘针，绝对不可听其失坠，让四围的黑暗把它吞噬消灭。①

这一段话常常被引述作为我是第三代新儒家代表人物的标志，但脱离了说话的脉络，就不免引起不必要的误解。我完全无意说现实的中国文化是完美的，我只是说孕育自中国文化的儒家理想指向一普遍的"常道"，而这由孔汉思之提倡人道的理想而得到了印证。② 现实的中国文化绝非理想，有其成就，也有其限制，必须严加批判，才能脱胎换骨，走出当前的困境。而儒家指向的理想与其他传统所指向的理想也并非相隔得那么遥远。像亚伯拉罕传统谓人是依上帝的形象被创造的，则人的禀赋未始不可以说是善的，只有失乐园以后的罪才使之堕落。而儒家未始不了解人世的阴暗面，只是不像基督教那样将之提升到显著的层面。各传统正可以交流互济来面对共同的困境。③ 有趣的是，牟宗三身处边缘地位，然因其思想深入透辟，俨然有主流的姿态，以至引起反击。④ 如今进入"后牟宗三时代"，新儒家以自己的方式同样体认到非中心化的趋势，我曾经由方法学、形上学与践履论三个方面提出了反思。⑤ 同时正如沟口雄三所指出的，现代西方式的竞争模式已经走到尽头，传统中国文化"调和共存"的理想在21世纪

---

① 参见拙作《儒家思想的现代化》，见《中国哲学与现代化》，73～74 页，台北，时报文化出版公司，1980。
② 关于理想与现实的关系，参见拙著《理想与现实的纠结》，105～130 页。
③ 参见拙作《由当代西方宗教思想如何面对现代化问题的角度论儒家传统的宗教意涵》，见《当代中国哲学论：问题篇》，81～112 页。
④ 这牵涉到我和余英时有关当代新儒家的辩论，参见拙作《对于当代新儒家的超越内省》，见《当代中国哲学论：问题篇》，1～79 页。
⑤ 参见拙作《当代儒学发展的新契机——第三届当代新儒学国际学术会议主题演讲》，见《当代中国哲学论：问题篇》，251～266 页。

将引领风骚，世界才有希望走出当前文明冲突的困境。① 没有人能预料站在边缘地位的儒家在未来是否又有可能回返中心，但"理一分殊"的规约原则将会日益受到重视而扮演一个重要角色，则是可以断言的。②

原刊于《汉学研究通讯》，总第 76 期（2000 年 11 月）。

---

① 参见李长莉：《中国的"调和共存"原理将带领廿一世纪——沟口雄三访谈录》，载《明报月刊》，总第 379 期（1997 年 6 月）：34～42 页。

② 参见拙作《论解决文明冲突问题的规约原则》，见《儒家思想意涵之现代阐释论集》，297～306 页。英文的《剑桥哲学辞典》有由我执笔的 li-i-fen-shu（理一分殊）条目，也是一个征象。

# 现代新儒学研究之省察

## 一、引语

戴琏璋兄为牟门高弟，我们在少年时就已认识，但无深交。1986年我们两个都是只身在新加坡做研究，朝夕过从，又有共同的对于《周易》的兴趣，自然而然成为好友。1993年我由香港中文大学休假到文哲所做研究。针对学术本身和时代的需要，琏璋兄和我共同提出"当代儒学主题研究计划"。最初因为受到各方质疑，阻力甚大，只能得到一年经费资助。其后成果不断出来，逐渐获得肯定，如今正在进行第三个三年计划，不必在此多赘。[①] 而琏璋兄因主要的研究范围在魏晋玄学，局面一打开，即荐李明辉君自代，可谓得人。转眼几年过去，琏璋兄荣退在即，我这些年来的主要关注一向在当代儒学的哲学方面，针对大陆（内地）、香港

---

① 参见李明辉：《"中央研究院""当代儒学主题研究计划"概述》，载《汉学研究通讯》，总第76期（2000年11月）：564～571页。

地区、台湾地区、海外新儒家的研究之彼此交集，不断加以省察，并思有所拓展。现将近时一些想法撰写成文，以回报琏璋兄开创之功，为他的荣退纪念表达一点自己的心意。

## 二、现代新儒学与当代新儒家

"现代新儒学"是大陆当前流行并为学者普遍接受的一个名称。① 但"新儒学"（Neo-Confucianism）一词的确定含义究竟是什么，它之所以流行的原因又是什么，这些都是待决的问题。我在1993年就已发表文章对于这些问题做出反思。② "新儒学"一词之外转内销，已经成为学者共同接受的定论。但是我自己还是不能感到完全满意，继续做这方面的探索。现在正以英文撰写《当代新儒家哲学》一书，这才形成了自己的一些见解，可以在这里提出来与大家分享。

我一向认为"新儒学"一词在20世纪初年只是一个宽泛普通的用语，后来才变成学术上的专有名词，专指宋明理学而言。这是在时间上后得多的发展，而且是先流行在西方，后来才为中国学者普遍接受的名称。有关这一点，我已找到了直接的证据。冯友兰在1948年以英文出 *A Short History of Chinese Philosophy* 一书，在书中就明白宣称，Neo-Confucianism 乃是新造的与"道学"同义的西

---

① 参见方克立：《现代新儒学与中国现代化》。
② 参见拙作《有关理学的几个重要问题的再反思》，见《理想与现实的纠结》，240～244页。

文用语。① 卜德译冯的《中国哲学史》下卷，1953 年在普林斯顿出版，即译"道学"为 Neo-Confucianism。以后便普遍为中西学者所接受。② 一直到近时田浩（Hoyt Tillman）才提出异议，认为这一词含义模糊，毫无用处，而引起了激烈的争议。③ 有关这一点，我在后面还会做进一步的讨论。

近时翻查资料，偶然发现，冯友兰的博士论文（1924）有 Neo-Confucianism 一章。④ 经过修订的中文版于 1926 年出版，也有"新儒家"一章，主要讨论王阳明的观点。⑤ 但不知为什么在他写《中国哲学史》的时候，仍依《宋史》用"道学"一词？显然他无意把"新儒学"一词用作学术上的专用名词。而陈寅恪写这书下卷的审查报告，也只将之当作一般词语来用。⑥ 而负责编辑《中国哲学简史》的英文本并把《中国哲学史》译为英文的卜德，选择用 Neo-Confucianism 译"道学"一词，而不将之译为 Learning of Tao，是有他的理由的。Tao 一词不只不是儒家所专有，而且英文 Taoism 一词早已约定俗成，专指道家或道教而言。为了免于混淆，改译

---

① Fung Yu-lan, *A Short History of Chinese Philosophy*, edited by Derk Bodde (New York: Free Press, 1948), p. 268. 此书由涂又光译为中文：《中国哲学简史》（北京大学出版社，1985）。

② Fung Yu-lan, *A History of Chinese Philosophy*, 2 vols., translated by Derk Bodde (Princeton, N. J.: Princeton University Press, 1952-1953), II, pp. 407-672.

③ Hoyt Tillman, "A New Direction in Confucian Scholarship: Approaches to Examining the Differences between Neo-Confucianism and Tao-hsüeh," *Philosophy East and West*, vol. 42, no. 4 (Oct., 1992).

④ See *Selected Philosophical Writings of Fung Yu-Lan* (Beijing: Foreign Languages Press, 1991), pp. 160-169.

⑤ 冯友兰：《人生哲学》，见《三松堂全集》，第 1 卷，488~498 页，郑州，河南人民出版社，1985。

⑥ 其"审查报告三"，即屡次用到"新儒家"一词，有一次还提到"宋代新儒家"。

Neo-Confucianism，就显得很贴切。难怪后来学者都接受了这个词语，再译回中文"新儒学"，也就不再成为一个问题了。"现代新儒学"一词只是做出一步的引申而已，更是顺理成章，不成疑问了。其实"道学"一词即使在中文世界，自《宋史》立"道学传"以后，并没有为后世所沿用。冯友兰的哲学史也不能使之复活。中文流行广义的"宋明理学"一词，与英文的 Sung-Ming Neo-Confucianism 含义相当，这代表大多数学者的主流意见。

但田浩为什么要持反对意见呢？他绝不是无理取闹。他主要的理由有二：一则曰"新儒学"一词含义模糊；二则曰作为历史的描述而言，它是一个无用的概念。狄百瑞（Wm. Theodore de Bary）代表主流意见与他展开了激烈的论辩。平心而论，照冯著《中国哲学简史》英译"新儒学"一词的用法，的确有含义模糊的问题。像清代的戴震（1723—1777）虽然还是用"心""性""理""道"一类的词语，但却与朱子以来的用法含义完全不同。主要差别在，朱子的"理"，所谓"存天理，灭人欲"，是超越的。戴震却辩说，先秦的"理"字意思是指玉内的纹理，并没有超越的含义。由此可见，由宋、明到清，有了根本的"典范转移"的现象，冯著并没有标举出来。运用这样含义模糊的词语来做历史描述，的确没有多大用处。但一个词语被沿用了半个世纪之久，也不是那么容易被撤销的，而且也不容易找到更好的词语代替它。因此，我提议把"新儒学"当作广义的"宋明理学"的同义词，这传统的共性在，无论程朱、陆王，都深信"天道性命相贯通"，也即一般所谓"天（超越）人（内在）合一"的睿识。① 这样就不会有田浩所谓含义模糊的问题了。只不过"新儒学"的范围必须收窄，把否定超越面的清儒如陈确（1604—1677）、颜元（1635—1704）、戴震排除在外。这样做的好处在于，连"现代新儒学"也有了确定的含义，因为无论是冯友兰的新理学，还是熊十力的新心学，都是继承宋明新儒学的统绪，而有了清楚而明了的历史传承的线索。

最后剩下的一个问题是，内地（大陆）流行"现代新儒学"一词，港、台流行"当代新儒家"一词，英文也有 Contemporary New Confucianism，Contemporary Neo-Confucianism 的异译，有没有把用词统一起来的可能性呢？其实这个问题也不那么难于解决。现代新儒学本来就是一个新的领域，谁应该被包括在里面本来就没有一定的说法。但经过十多年来的摸索，也大体凝聚了一些共识，不难解消必须面对的一些争议。

现在大家普遍承认，现代新儒学有广义和狭义两条线索。大陆于 1986 年国家教委"七五"规划，确定"现代新儒家思潮"为国家重点研究项目之一，由方克立、李锦全主持，为期 10 年。1987 年 9 月在安徽宣州首次开全国性的会议。经过广泛讨论，首先确定了一个 10 人名单：梁漱溟、熊十力、张君劢、冯友兰、贺麟、钱穆、方东美、唐君毅、牟宗三、徐复观；后来老一代又补上了马一浮，较年轻一代则加上了余英时、杜维明、刘述先，最后还补上

---

① 参见刘述先、郑宗义：《从道德形上学到达情遂欲——清初儒学新典范论析》，见刘述先：《儒家思想意涵之现代阐释论集》，73～103 页。

了成中英。① 这是对"现代新儒学"的广义的了解，凡肯定儒家的一些基本观念与价值通过创造性的阐释有其现代意义者，都可归入这个范围，英文不妨译为（Contemporary）New Confucianism。但港、台地区和海外另有一条狭义的"当代新儒家"的线索，此以1958年元旦发表的《中国文化与世界宣言》为基准，由张君劢、唐君毅、牟宗三、徐复观四位学者签署，强调"心性之学"为了解中国文化传统的基础②，上溯到唐、牟、徐三位之师熊十力，而下开港、台地区和海外新儒家的线索。英文不妨译为Contemporary Neo-Confucianism。我曾经和余英时辩论钱穆是否为当代新儒家的问题。③ 现在看来，很清楚，钱穆、余英时不属于狭义当代新儒家的统绪，但属于现代新儒学的范围。当然并非所有对传统做出创造性诠释的学者都被包括在这一范围内。譬如说像傅伟勋，他是方东美的弟子，但主要研究范围在大乘佛学，又对新儒家采取批判的态度，所以没有人把他归入新儒家的范围。近来又有人提出质疑，为何陈荣捷、劳思光不被归入这一范围内。陈老先生在世时，可谓以汉学的方法研究宋学，他虽然秉持许多儒家的观念与价值，但他的认同明白是基督徒，故无人把他归在儒家的范围内。新近逝世的秦家懿则是天主教徒，

---

① 由1992年开始，由中国广播电视出版社出版这些学者的论著辑要，属于所谓的"现代新儒学辑要丛书"。现在这套书差不多已出齐，似乎只欠钱穆一册因版权问题未能出版。白安理（Umberto Bresciani）著书 Reinventing Confucianism：The New Confucian Movement（Taipei：Ricci Institute for Chinese Studies, 2001），即采用了这一份名单。我无意卷入谁应该或不应该算作现代新儒家的争论，只针对现时已在中国与海外广泛流行的说法做进一步的反思与整理。

② 《宣言》同时发表于香港《民主评论》与《再生》杂志。

③ 参见拙作《对于当代新儒家的超越内省》，见《当代中国哲学论：问题篇》，1~79页。

情形也相仿佛。至于劳思光，他比较倾向于普世主义的态度，基本的睿识在他所谓康德的"穷智见德"；他做中国哲学史的研究，但对宋明理学，特别针对其形上学与宇宙论的面相，取十分严厉的批判态度。他也从不自称为新儒家，其情况与余英时有明显的差别。余英时虽也不自称为新儒家，但否定的只是属于狭义新儒家的统绪，他写的有关价值的长文，明白地可以看出终极关怀是儒家①，所以学者无视他的异议，仍把他归入现代新儒学的范围。而劳思光凸显的是分析头脑与批判意识，终极关怀不那么明显，就被遗留在范围以外了，大概他自己也不会以此为憾吧！

## 三、现代新儒学兴起的背景之省察

重新考察现代新儒学兴起的背景，倒溯回去也可以看出一些很有意思的现象。一般认为梁漱溟首开现代新儒家思潮，这样的观察大体上是不错的。1917年他应邀到北大讲印度哲学和佛学，那正是胡适和陈独秀推动新文化运动的大本营，一早就感觉到文化问题的压力。梁入北大，意态已与年轻时一心向佛不同，渐渐倾向于主张中国应该先全盘西化，以后才回归中国，最后走印度的道路。但他已下定决心力抗时潮，为孔子、释迦说话。有趣的是，1919年爆发五四运动，最初只是学生的政治运动，后来却演变成为新文化运动的象征，流行的口号是"打倒孔家店"！但很少人明白意识到，现代新

---

① 参见余英时：《从价值系统看中国文化的现代意义》，台北，时报文化出版公司，1984。

儒家思潮也发轫于同时。

梁的名著《东西文化及其哲学》在 1922 年由上海商务印书馆出版，一时洛阳纸贵，在短时间之内就销了好几版。这是他在 1921 年在山东济南第一中学的演讲记录，先由财政部印刷局出版，当时似乎尚未引起广泛之回响。更少人注意到的是，1920 年梁已经在校内做这方面的演讲，《北大日刊》由 10 月起连载到翌年 2 月为止，并未定稿。而梁的构思与写作实始于 1919 年 6 月。① 如果借用凤凰涅槃的神话，新儒家为何那么快就能由灰烬中复生？这是研究思想史的人必须认真解答的一个大问题。

我有兴趣追究的一条线索是，新文化运动打倒的"吃人的礼教"究竟是怎样的"礼教"？为了给这个问题找合理的解答，竟要追溯到明、清之际儒家思想的转型。② 我一向认为黄宗羲（1610—1695）是最后一位新儒家。③ 他的同门师兄弟陈确已不属于这一典范。对清儒来说，"理"已经丧失了"超越"的含义，戴震为新典范做出了最有系统的表达。而私淑他的凌廷堪（约 1755—1809），乃提倡"以礼代理"。④ 同时由于阮元（1764—1849）的推动而清代礼学大盛。然而，超越面的取消并未解消"道德严格主义"的问题，颜元就是一个显著的例子。⑤ 这样的情况所产生的效果是，在发展的过程

---

① 参见王宗昱：《梁漱溟》，308 页，台北，东大图书公司，1992。
② 参见刘述先、郑宗义：《从道德形上学到达情遂欲——清初儒学新典范论析》，见刘述先：《儒家思想意涵之现代阐释论集》，71~103 页。
③ 参见拙著《黄宗羲心学的定位》。
④ 参见张寿安：《以礼代理——凌廷堪与清中叶儒学思想之转变》，台北，"中央研究院"近代史研究所，1994。
⑤ 参见王汎森：《明末清初的一种道德严格主义》，见《近世中国之传统与蜕变：刘广京院士七十五岁祝寿论文集》（上），70~80 页，台北，"中央研究院"近代史研究所，1998。

中，清代的礼教乃是逐渐丧失了"朱子的精神"，而只保留了"朱子的鬼魂"的礼教。戴震攻击宋儒以"理"杀人，是只知其一，不知其二。他看到过分强调天理的超越性的祸害是会造成过分僵固、脱离实际的后果，故此提出"达情遂欲"的要求，的确反映了某种时代的需要。然而他不了解，吊诡的是，把"礼教"与其"超越"的根源——"生生不已的天道与仁道"根本切断，却会产生更严重的后果。一方面固然不可避免地会导致"情识而肆"的不良效果，另一方面礼教的阶层秩序一旦变成了纯粹"内在"的人为设施，那就只能助长威权体制的绝对性。朱子还可以超越的天理贬抑汉、唐[1]，清儒在满洲统治之下却只能采取"天王圣明，臣罪当诛"的态度，而显示批判态度之全面减杀。礼教之设施不论原初有多么良好的用心，长久积淀下来，必定会产生僵固不仁或伪善的结果。鲁迅《狂人日记》所谴责的正是这种与"生生不已的天道与仁道"根本切断的"吃人的礼教"。

这样我们才明白，"制度的儒家"（institutional Confucianism）的确随着清廷的覆亡而成为历史的陈迹，但"精神的儒家"（spiritual Confucianism）并没有死去，儒家也没有像列文森（Joseph Levenson）所说的，在将来成为只能在博物馆里找到的东西。[2] 20世纪70年代亚洲经济起飞，日本与"亚洲四小龙"都有儒家文化的背景，所谓"政治化的儒家"（politicized Confucianism）与"民间的儒家"（popular Confu-

---

[1] 参见拙作《朱子与现实政治以及功利态度之对立》，见《朱子哲学思想的发展与完成》，增订3版，355~393页。

[2] See Joseph R. Levenson, *Confucian China and Its Modern Fate: A Trilogy*, vol. 3 (Berkeley: University of California Press, 1968).

cianism），都还展现着活力。① 当然，本文所讨论的，仅限于"精神的儒家"方面。

新儒家一贯认为，传统中有与时推移与万古常新的成分。不死的是孔子、孟子、朱子、阳明的精神。梁所把握的正是这样的精神。这解释了何以在五四时，他能够独树一帜，力抗时潮，首开现代新儒家思潮。而他也并非像艾恺所说的"最后一个儒家"②，因为不只儒家不是他的终极关怀，佛家才是；而且他是一个思潮的先驱人物，并非其终结者。

## 四、现代新儒家的"三代四群"架构

现在大陆流行的一种意见是，自五四以来，新儒家、马克思主义派与自由主义的西化派鼎足而三，彼此之间有错综的对立统一关系。③ 这也是海外可以接受的见解。现代新儒家思潮自梁漱溟揭开序幕之后，已经有了几个世代的发展。究竟哪些人可以包括在这个思潮之内，几个世代要怎样划分，学者有十分不同的意见。譬如说，郑家栋认为：第一代有梁漱溟、张君劢、熊十力，第二代有冯友兰、贺麟、钱穆，第三代有牟宗三、唐君毅、徐复观，第四代有杜维明、刘述先、蔡仁厚等等。④ 郑家栋比较特别的地方在于，他不同意主流的

---

① 参见拙作《儒学的理想与实际——近时东亚发展之成就与限制之反省》，见《儒家思想意涵之现代阐释论集》，121～150页。
② Guy S. Alitto, *The Last Confucian: Liang Shu-ming and the Chinese Dilemma of Modernity* (Berkeley: University of California Press, 1979).
③ 参见方克立：《现代新儒学与中国现代化》，66～71、184～189页。
④ 参见郑家栋：《现代新儒学概论》，13～16页，南宁，广西人民出版社，1990。

三代说，而把冯、贺、钱作为第二代。主要的理由是，冯友兰虽然只比梁漱溟小两岁，但抗战时期的学风与19世纪20年代迥然有异。这种说法有一定的道理，但也有其困难。譬如余英时就向我提出，像钱先生和熊先生一向平辈论交，彼此之间并无师承关系，忽然变成了两代，怎么说得通呢？我现在折中各家的说法，提出一个三代四群的架构，如下①：

第一代第一群：梁漱溟（1893—1988）、熊十力（1884—1968）、马一浮（1883—1967）、张君劢（1887—1969）

第二群：冯友兰（1895—1990）、贺麟（1902—1991）、钱穆（1895—1990）、方东美（1899—1977）

第二代第三群：唐君毅（1909—1978）、牟宗三（1909—1995）、徐复观（1903—1982）

第三代第四群：余英时（1930—　）、刘述先（1934—　）、成中英（1935—　）、杜维明（1940—　）

这一份名单与我所采取的架构虽不完全理想，但总算是到目前为止，照顾得比较全面的一种办法。把这个架构与现代新儒家思潮的四波发展配合起来看，就可以把握到这一思

---

① 我是在英文书 *Essentials of Contemporary Neo-Confucian Philosophy* 的原稿中，首先提出了"Four Groups in Three Generations"的架构。2001年8月16日到复旦大学哲学系做口头报告《现代新儒学兴起之背景的考察》，说明这一架构。名单与中国广播电视出版社"现代新儒学辑要丛书"中的名单完全相同。里面不包括蔡仁厚，原因不是他并非第三代的代表人物，而是因为方克立向我指出，仁厚的著述大多以阐发牟先生的思想为主，比较缺少自己的特色，乃未将其包含在内。这部英文书由普雷格于2003年出版。

潮的脉动。① 就20世纪来说，20年代是第一波。由梁启超发表《欧游心影录》（1920年3月上海《时事新报》）所激发，梁漱溟出版了脍炙人口的《东西文化及其哲学》，揭开了这一思潮的序幕。1923年，张君劢对清华大学的学生演讲，对立科学与人生观，挑起了科玄论战，其思想的根源是一样的。梁漱溟、张君劢的思想是粗糙的。除了回归中国传统之外，他们都激赏柏格森所倡导的"直觉"（intuition），张君劢更是受到奥伊肯精神哲学理想的启发与激励。但直觉的观念是模糊的，有偏向主观之嫌。无论如何，儒家又重整旗鼓，重新出发，非抱残守缺之流可比。与梁漱溟并列所谓"三圣"的马一浮、熊十力并无广大的社会影响。马曾游历欧美，后来却绝口不提西学而归宗六艺。熊十力更是一位奇人，他因梁漱溟之介而从学于南京内学院的宜黄大师欧阳竟无，梁推荐他代替自己在北大教唯识。哪知他忽而自疑，1932年作《新唯识论》（文言文），归宗《大易》，引起佛教界的抨击。但他的弟子包括唐君毅、牟宗三、徐复观，都深深受到他的启发，他故而被推尊为狭义"当代新儒家"的开祖。

40年代是第二波。1937年卢沟桥事变爆发，抗战军兴，1938年冯友兰随清华南迁。在最艰困的环境之下，撰写并出版了《新理学》（长沙，商务印书馆，1939），接着由1940年

---

① 方克立有三代人三个阶段说：1920—1949年为第一阶段，1950—1979年为第二阶段，1980年至今为第三阶段。参见方克立：《现代新儒学的发展历程》，见《现代新儒学与中国现代化》，91～156页。他的描述与讨论相当全面，颇有参考价值。可惜的是，未能照顾到郑家栋所提出的论点，乃有所憾。而我的"三代四群"的架构是新的，对于这一思潮发展过程的描述，参见拙作《从中心到边缘：当代儒学的历史处境与文化理想》，载《汉学研究通讯》，总第76期（2000年11月）：555～563页。

至1946年又出了另外五本书，即所谓"贞元六书"，援《易》"贞下起元"之意，建构了他自己的哲学系统。事实上，冯的《中国哲学史》主张孔子以前无私家著述之事，即已被视为抬高了孔子的地位；《新理学》接着朱子讲，更被视为持正统派的观点。但贺麟在当时已持保留态度，对他的批评更是一针见血，他指出冯只谈朱子的理气论而不及其心性论是根本的缺失，并预言儒学未来的前途在陆王心学的复兴。他首次正式提出，"新儒家"思想的发展将是中国现代思潮的主潮。①但贺麟本人并未建构新心学系统，他的预言并未应验在内地（大陆）本土，却实现在港、台地区和海外，可谓异数。1944年，熊十力的《新唯识论》语体文本由重庆商务印书馆出版，这是一块里程碑，开启了精神上的新天地。钱穆则在1940年出版了他的《国史大纲》，提出了他的民族史观。方东美本来研究兴趣主要在西方哲学，抗战前夕，应教育部之邀，在1937年通过广播向全国青年宣讲"中国先哲的人生哲学"，在重庆时期因受到与来访的印哲拉达克里希南交谈的影响，发心以英文论述中国哲学。这些都是抗战对中国哲学的发展造成的巨大冲击与影响。

60年代是第三波。儒家自孟子起，且了解所谓"生于忧患而死于安乐"（《告子下》）。1949年，中国遭逢有史以来从未有过的巨大变革。第一代的梁、熊、马、冯、贺均选择留在1949年后的大陆，只张君劢去美国。钱穆、唐君毅到香港。方东美、牟宗三、徐复观则随国民党迁台。不想朝鲜战争爆

---

① 参见贺麟：《儒家思想的新开展》，载《思想与时代》，创刊号（1941年8月）。此文收入《文化与人生》（上海，商务印书馆，1947），现见罗义俊编著：《评新儒家》，30~44页，上海，上海人民出版社，1989。

发，海峡两岸演变成为长期对峙之局，他们乃由文化的存亡继绝转上了学术研究的道路。1958年元旦发表的《中国文化与世界宣言》，成为狭义当代新儒家的标志。第二代的新儒家在有生之年不断发表皇皇巨著，把中国哲学思想在学术上带上了前所未有的高度与深度。方东美也完成了他的英文巨著，钱穆则出版了他的《朱子新学案》的伟构。他们并传道授业，教出了下一代的弟子，薪火相传，为新儒学放一异彩。

80年代是第四波。美国自朝鲜战争、越南战争以后无复往日的自信，知识分子的批判意识上升，随着黑人争人权、平等待遇的趋势，多文化主义思想流行。而70年代亚洲经济起飞，令世界刮目相看，对儒家文化的估价改变了态度。而第三代新儒家由港、台流寓海外，受过严格的西方学术训练，并在学术界谋求一枝之栖。到了80年代，学术渐渐成熟，站在中国文化的立场发言，即使儒门淡薄，在西方的多元架构中，仍然争取到一定的地位。由于处境不同，他们不再像上一代那样护教心切，急欲突出中国传统文化的独一无二的地位。他们只需在世界众多精神传统之中站稳一席地，与其他传统相互颉颃，调和共存，交流互济，便已经足够了。所谓立足本位，扩大自己，放眼世界，自然而然获得了前所未有的国际视野。① 余英时在新亚受业于钱穆、唐君毅，以史家的身份狠批现代中国不幸走上激进主义的道路，强调中国文化内蕴的活力可以走上现代化的道路。刘述先论传统的资源与负担一根而发，近时尝试给予"理一分殊"新解，站在新儒

---

① 长期旅居台北的意大利学者白安理博士勤搜资料，近时以英文完成论现代新儒学一书。他以"国际化"（internationalization）一词形容第三代新儒家的特征，颇具参考价值。

家的立场，积极推动全球伦理与宗教对话。① 成中英与刘述先在台大同受业于方东美，他答复论者的质疑谓，如果东美师是新儒家，他自也可以算作新儒家。② 他尝试结合蒯因（W. V Quine）的实用主义、伽达默尔的诠释学与中国哲学来建构他的所谓"本体诠释学"（onto-hermeneutics）。最后在东海受业于牟宗三、徐复观的杜维明位居哈佛要津，提倡"文化中国"的理念；他不断接触新的理念与人物，但却万变不离其宗，被一致公认为在世界上推广新儒家最有力的一个人物。当然第三代新儒家还在发展的过程中，尚不能做成定论。而现代新儒学当然也不会只到第三代戛然而止。目前已有一些零星的关于第四代的讨论。但哪些人是第四代最有代表性的人物？还有待时间来筛选与判定。而这些已超过本文的讨论范围。但新儒学由民族文化的危机开始，提升到学术与哲学反省和建构的高度，最后仍必须落实到政治、经济、文化、社会、教育等实际的层面，不能自甘只停留在"游魂"的状态。③ 这样一个总的大趋势，则是可以断言的。

原刊于《中国文哲研究集刊》，第 20 期（2002 年 3 月）。

---

① 参见拙著《全球伦理与宗教对话》。
② 参见方克立：《现代新儒学与中国现代化》，141 页。
③ 余英时语，参见余英时：《现代儒学的困境》，见杜维明主编：《儒学发展的宏观透视》，32 页。

# 港、台新儒家与经典诠释

## 一、引言

今天感到非常荣幸应邀到学海书楼来做专题演讲。赖恬昌教授的尊翁等先辈在20世纪20年代初首创香港大学中文系与学海书楼,为中国学术文化传布到香港掀开了新的一页,应该有另外一个讲座专门讲他们的贡献与成就。我只能讲我自己所熟悉的港、台新儒家,如钱穆、唐君毅、方东美、牟宗三、徐复观等,在学术文化上的开创与传布方面所做出的贡献和成就。但两方面似乎也有一条线索可以关联在一起。他们不计成败尽上自己的心力,所谓壁立千仞,争此一线,终于有了转机,也不能不说有其积极正面的意义。众所周知,租借地固然收容了激进的革命分子,但也同样接纳了主张维新的保守分子。广大的华侨固然胼手胝足,勤劳节俭,履行传统价值,侨界领袖虽然也支持锐意革新,但毕竟对于传统,绝少持五四以来全盘否定的态度。此所以康有为等流亡南洋,曾经受到礼遇。钱穆、唐君毅在夹缝中创办新亚书院，方东美、牟宗三、徐复观到台湾，终于打开一片天，弘扬新儒学，并播下了海外新儒家的种子。毛泽东逝世后，"四人帮"垮台，邓小平拨乱反正，对外采取开放政策。对传统的新阐释自也是发展马克思主义之一途，一时乃有所谓文化热。中国广播电视出版社于1992年发行了"现代新儒学辑要丛书"第一批六册，包括方东美、唐君毅、牟宗三、余英时、刘述先、杜维明的论著辑要，填补了那一个时段的真空，意外销售不错，满足了当时对知识和观念的渴求。其实在1986年，国家教委"七五"规划已确定"现代新儒家思潮"为国家重点研究项目之一，由方克立、李锦全主持，为期十年。1987年9月在安徽宣州首次开全国性的会议。经过广泛讨论，首先确定了一个10人名单：梁漱溟、熊十力、张君劢、冯友兰、贺麟、钱穆、方东美、唐君毅、牟宗三、徐复观；后来老一代又补上了马一浮，较年轻一代则加上了余英时、杜维明、刘述先，最后还补上了成中英。[①]台湾方面，1993年于"中央研究院"中国文哲研究所，由戴琏璋与刘述先提出"当代儒学主题研究计划"，开始时阻力甚大，后来因成绩斐然，继续得到支持，而戴琏璋荐李明辉自代，如今正要做第四个三年计划。[②] 有关这方面的研究，海峡两岸做良性竞争，交流互济，近十年来在大陆固然蔚为显学，台湾也做出了优异成果，现在正是可以初步做出综合的时候了。

---

① 参见方克立：《现代新儒学与中国现代化》。
② 参见李明辉：《"中央研究院""当代儒学主题研究计划"概述》，载《汉学研究通讯》，总第76期（2000年11月）：564～571页。

## 二、现代新儒学的三代四群架构

首先我们要在用词上做出分疏。大陆流行"现代新儒学"一词，英文可以译作 Contemporary New Confucianism。这一个概念的范围比较宽泛，凡力主儒家思想有价值与现代意义而自成一家言说的学者，都可以被包含在这一个范围内。经过广泛的讨论与辩难，大陆如前所述，列出了一份 15 人的名单。当然这并不表示，这份名单不可以继续加以扩大，它只是说明迄今为止经过筛选以后，主流意见确定这 15 人是比较有代表性的学者。其实学界并非没有不同的意见，其中一个重要来源正是台湾方面有十分不同的见解。台湾流行"当代新儒家"一词，英文可以译作 Contemporary Neo-Confucianism，这一个统绪奉熊十力为开祖，他的弟子唐君毅、牟宗三、徐复观为当代新儒家的中坚人物，再下一代的弟子，包括台湾《鹅湖》与香港法住学会的成员，归属于这条线索。这样不只冯友兰与贺麟不属于这一统绪，就连方东美甚至钱穆都有问题，方的弟子成中英、钱的弟子余英时也连带成为问题了。[①]

我现在的看法是，两种说法可以并行不悖，大陆是广义的线索，台湾是狭义的线索，那就不必为谁属于或不属于

---

① 余英时曾撰长文，主张钱穆不是"新儒家"，参见余英时：《钱穆与新儒家》，见《犹记风吹水上鳞》，31~98 页，台北，三民书局，1991。我曾撰长文提出异议加以回应，参见拙作《对于当代新儒家的超越内省》，见《当代中国哲学论：问题篇》，1~79 页。

"新儒家"的统绪做一些没有必要的争辩了。① 就大陆提供的线索,我综合各家之说提出了一个"三代四群"的架构②:

第一代第一群:梁漱溟(1893—1988)、熊十力(1884—1968)、马一浮(1883—1967)、张君劢(1887—1969)

第二群:冯友兰(1895—1990)、贺麟(1902—1991)、钱穆(1895—1990)、方东美(1899—1977)

第二代第三群:唐君毅(1909—1978)、牟宗三(1909—1995)、徐复观(1903—1982)

第三代第四群:余英时(1930— )、刘述先(1934— )、成中英(1935— )、杜维明(1940— )

把这个架构与现代新儒家思潮的四波发展配合起来看,就可以把握这一思潮的脉动。③

就20世纪来说,20年代是第一波。由梁启超发表《欧游心影录》(1920年3月上海《时事新报》)所激发,梁漱溟于

---

① 须略加说明的是,陈荣捷未被列入,是因为他虽研究儒学也维护儒家价值,但他自承基督教徒,故不被视为新儒家。基于同样的理由,曾经做过天主教修女的秦家懿也未被列入名单。还有,劳思光虽著《中国哲学史》,但却精研康德,有普遍主义(universalist)的倾向,他本人更坚决拒绝被称为新儒家,故未被列入。
② 2001年我撰写《当代新儒家哲学》(Essentials of Contemporary Neo-Confucian Philosophy)的英文书稿(于2003年由普雷格出版),首先提出了"Four Groups in Three Generations"的架构。8月16日到复旦大学哲学系做口头报告《现代新儒学兴起之背景的考察》,说明这一架构。后为庆贺戴琏璋教授七十寿,撰文《现代新儒学研究之省察》,刊于《中国文哲研究集刊》,第20期(台北,"中央研究院"中国文哲研究所,2002年3月):367~382页,对之有进一步的说明。
③ 对于这一思潮发展过程的描述,参见拙作《从中心到边缘:当代新儒学的历史处境与文化理想》,载《汉学研究通讯》,总第76期(2000年11月):555~563页。也可参见我的讲录《新儒学的开展》。

1922年在商务出版了脍炙人口的《东西文化及其哲学》，揭开了这一思潮的序幕。1923年张君劢对清华的学生演讲，把科学与人生观对立起来，挑起了科玄论战，其思想的根源是一样的。熊十力与马一浮在当时并无庞大的社会影响。

40年代是第二波。抗战军兴，对当代中国哲学的发展产生了决定性的影响。1938年冯友兰随清华南迁，在最艰困的环境之下，撰写并出版了《新理学》（长沙，商务印书馆，1939）。钱穆则在1940年出版《国史大纲》（上海，商务印书馆），提出了他的民族史观。贺麟于1941年撰文首先打出"新儒家"的旗号①，他预言儒家未来的前途在陆王心学的复兴。他本人虽未发出"新心学"有分量的论著，但其预言却实现，是一个意想不到的泉源。年辈属第一代第一群的熊十力于1944年在商务出版《新唯识论》的语体文本。这是一块里程碑，开启了精神上的新天地，下开狭义的当代新儒家一脉，影响深远，可谓异数。方东美本来专攻西方哲学，也因抗战而改弦易辙，自此誓以英文撰写中国哲学的论著为职志。

60年代是第三波。1949年，中国遭逢有史以来从未有过的巨大变革，多数学者选择留在1949年后的大陆，新儒家只张君劢由印度去美国。钱穆、唐君毅到香港，方东美、牟宗三、徐复观则随国民党迁台。不想朝鲜战争爆发，海峡两岸演变成为长期对峙之局。他们乃由文化的存亡继绝转上了学术研究的道路。1958年元旦发表的著名的《中国文化与世

---

① 参见贺麟：《儒家思想的新开展》，载《思想与时代》，创刊号（1941年8月）。此文收入《文化与人生》，现见罗义俊编著：《评新儒家》，30～44页。

界宣言》，由张君劢、唐君毅、牟宗三、徐复观四位学者签署。① 由于唐、牟、徐均为熊之弟子，熊乃成为狭义当代新儒家之标志。第二代港、台新儒家正是本文所要讨论之主题。

80年代是第四波。港、台新儒家在六七十年代发表皇皇巨著，教出下一代弟子，一部分流寓海外，而衍生海外新儒家。他们都受到西方正规学术训练，在异域谋求一枝之栖。到了80年代，学术渐渐成熟，站在中国文化的立场发言，即使儒门淡薄，在西方的多元架构中仍然争取到一定的地位。由于处境不同，他们不再像上一代那样护教心切，所谓立足本位，扩大自己，放眼世界，展现国际视野。但高远的学术文化理想是否能具体落实？② 这还有待未来世代的努力，愿与有共同向往的同道共勉之。

## 三、现代新儒学复兴的背景

在这里，我首先要回答一个问题：何以儒学在这么短的时间内就能够浴火重生呢？"儒家"一词有诸多歧义。"制度的儒家"随清廷的覆亡而终结。但"精神的儒家"却并没有死亡。先秦的孔、孟是第一期，宋明的程朱、陆王是第二期，

---

① 《宣言》由唐君毅起草，张君劢、唐君毅、牟宗三、徐复观四位学者签署，于1958年元旦同时发表于《民主评论》与《再生》杂志。后收入唐君毅：《中华人文与当今世界》（下），865~929页。

② 1988年在新加坡开会，余英时描绘当前的新儒家之理想未能落实，曾用"游魂"一语，曾引起许多讨论，参见余英时：《现代儒学的困境》，见杜维明主编：《儒学发展的宏观透视》，32页。

当代新儒家是第三期，正是我们要讨论的对象。另外还有"政治化的儒家"，自汉代以来的当政者即利用儒术统治天下，如今新加坡实行柔性的威权体制，还有相当吸引力。而"民间的儒家"被社会学者认为，乃日本与"亚洲四小龙"在20世纪70年代造成经济奇迹背后的真正动力之所在，还展现着巨大活力。四者互相关联，而有分别。很明显，我们的探索只能集中在"精神的儒家"方面。

梁漱溟被公认为当代新儒家的先驱人物，但很少人注意到，他的思想形成几乎与五四同时。他的《东西文化及其哲学》虽要到1922年由商务出版才洛阳纸贵，名噪一时。但他1920年就在北大演讲，讲词在《北大日刊》连载发表，虽未完成，也未定稿，但其构思与写作实始于1919年6月。[①] 五四最初是一场学生政治运动，后来才被扩大而被视为一广大的文化运动，流行的口号是"打倒孔家店""吃人的礼教"之类，矛头正好对准儒家。梁却甘冒时代之大不韪，要为孔子说话，竟然有巨大的吸引力，原因究竟何在呢？我近时做研究才得澄清了一些误解。首先我发现，梁漱溟并不反对在当时"全盘西化"。他认为东方文明"早熟"，故此他早年虽以印度的解脱为终极关怀，当时却反对走印度的道路，而要向西方学步。但由第一次世界大战可以看出，西方文明戡天役物，一味向前冲，终必造成危机。再往前就必须走中国文化"前进、后退两行兼顾"的道路，处理好人与人之间的关系。最后在遥远的未来才能走印度后退的道路，面对生死的系缚与解脱问题。梁漱溟回归孔、孟，提倡阳

---

① 参见王宗昱：《梁漱溟》，308页。

明心学，重视人情与社会的网络关系，对礼教的理解与五四彻底反传统的态度刚好相反，可以说是一种反之反。何以两边可以在理解上有这样巨大的差距呢？我近年来兼做思想史的研究，才对问题找到了部分的解答。原来在明末清初发生"典范转移"①，宋明理学的线索已不能继续下去，黄宗羲是这条线索的殿军，他的同门陈确已是另一典范。而后颜元、戴震继起，超越的层面被抖落。凌廷堪提倡"以礼代理"，通过阮元的大力推动，清代三礼之学大盛。平心而论，在当时的脉络之下，达情遂欲的要求是很自然的倾向。然而，超越层面的失落不期而然会导致批判精神的失落。礼教成为纯人间性的东西，最高的权威在于君主，官吏结成关系网，终于变得越来越僵固，反而成为"吃人的礼教"。但这一礼教并不是宋明理学家心目中的礼教，朱子的名虽在，但其实已被推到后面。故我戏称，五四时代所打倒的"吃人的礼教"乃是失去了朱子的精神、只留下朱子的鬼魂的礼教。而儒家的精神传统由孔子以来，一向以"仁"为本，以"礼"为用，不可以本末倒置。故儒家传统里面有与时推移的部分，也有万古常新的部分，必须分疏开来。因此，典章制度可以改变，风俗习惯可以改变，但对仁义的终极关怀则不可以改变，同时历代儒者所向往的莫不是一种"情理交融"的境界。这解释了何以梁漱溟可以面对"吃人的礼教"的攻击，而提倡恢复儒家的精神传统，下开了当代新儒家的精神统绪。但梁漱溟毕竟只是思想家，不是哲学家。因此，当代新儒家哲学的进一步发展还需要另觅源头，由此而不能忽视熊十力发

---

① 参见刘述先、郑宗义：《从道德形上学到达情遂欲——清初儒学新典范论析》，见刘述先：《儒家思想意涵之现代阐释论集》，73~103页。

生的深厚影响，到后来学术界才公认他为狭义当代新儒家的开祖。

熊十力曾追随欧阳竟无学佛，专攻唯识学。梁漱溟在北大教唯识，1922年要离开北大，乃荐熊十力以自代。哪知熊十力对唯识宗把"生灭""不生灭"打成两截的看法越来越不满，终归宗《大易》生生之旨，作《新唯识论》，文言本于1932年出版，在佛教界引起轩然大波。熊氏早岁参加革命，并无正式学历，也不像胡适、冯友兰辈之享有大名。抗战军兴，冯友兰著《新理学》，于1939年出版。并连续出所谓"贞元六书"①，取《易》"贞下起元"之意，深信在最黑暗的日子之后，光明终必到来。他以中国古代私家著述之事由孔子起，被胡适讥为正统派，他也居之不疑。但贺麟在抗战时即批评冯氏之新理学只讲理气论，不讲心性论，过分夸大了自己的成就。贺麟在1941年撰文，首先打出了"新儒学"的旗号，并预言未来中国哲学的复兴在"新心学"的发展。贺麟虽精研黑格尔，但却并未发展出自己的哲学系统。他的预言在一种完全未预料的方式之下应验了。熊十力《新唯识论》的语体文本于1944年由商务印书馆出版，由中国哲学会列为"中国哲学丛书甲集"第一部著作，立刻被誉为最有原创性的哲学著作。当时弟子从游者众，包括第二代新儒家的代表人物如唐君毅、牟宗三都问道于先生，而产生了深远的影响。陈荣捷先生在英文著作《中国哲学文献选编》中说：

梁（漱溟）给予儒家仁的概念以力动直觉的新释，

---

① 冯著"贞元六书"为：《新理学》(1939)、《新事论》(1939)、《新世训》(1940)、《新原人》(1943)、《新原道》(1944)、《新知言》(1946)。

但他没有造一个自己的哲学系统。熊则做了这一件工作。此外，他比任何其他当代中国哲学家影响了更多年轻的中国哲学者。①

这是非常有眼光的观察。他所谓年轻学者指的正是唐、牟等第二代新儒家，他的说法可以用唐、牟本人的话来加以证实。唐先生在《中国文化之精神价值》一书的自序中自述其学思转变之过程曰：

> 盖大化之范围至大，论文化最重要者，在所持以论文化之中心观念。如中心观念不清或错误，则全盘皆错。余在当时〔一九三五年〕，虽已泛滥于中西哲学之著作，然于中西思想之大本大源，未能清楚。当时余所谓天人合一之天，唯是指自然生命现象之全，或一切变化流行之现象之全。……对中国哲学思想，唯于心之虚灵不滞、周行万物一义，及自然宇宙之变化无方无往不复二义，有一深切之理解。……又受新实在论批评西方传统哲学中本体观念之影响，遂对一切所谓形而上之本体，皆视为一种抽象之执着。故余于《中国文化精神》一文，开始即借用《易经》所谓"神无方而易无体"一语，以论中国先哲之宇宙观为无体观。此文初出，师友皆相称美。独熊先生见之，函谓开始一点即错了。然余当时并不心服。……唯继后因个人生活之种种烦恼，而于人生道德问题，有所用心。对"人生之精神活动，恒自向上超越"一义，及"道德生活纯为自觉的依理而行"一义，有较

---

① Wing-tsit Chan trans. and comp., *A Source Book in Chinese Philosophy* (Princeton, N.J.: Princeton University Press, 1963), p.76. 这段中文由我译出，参见拙著《文化与哲学的探索》，281页。

真切之会晤。遂知人之有其内在而复超越的心之本体或道德自我。乃有《人生之体验》（〔一九四四年〕中华出版）、《道德自我之建立》（〔一九四四年〕商务出版）二书之作。同时对熊先生之形上学，亦略相契会。时又读友人牟宗三先生论逻辑书（书名《逻辑典范》，商务三十年〔一九四一年〕出版），乃知纯知之理性活动为动而愈出之义，由此益证此心之内在的超越性、主宰性。十年来与牟先生论学甚相得，互启发印证之处最多。对此心此理，更不复疑。而余十年来之哲学思想，亦更无变化。……至对中国文化问题，则十年来见诸师友之作，如熊十力先生、牟宗三先生之论中国哲学，钱宾四、蒙文通先生之论中国历史之进化与传统政治，梁漱溟、刘咸炘先生之论中国社会与伦理，方东美、宗白华先生之论中国人生命情调与美感，程兆熊、李源澄、邓子琴先生之论中国农业与文化及中国典制礼俗，及其他时贤之作，皆以为可助吾民族精神之自觉。……而西哲中如黑格尔历史哲学、凯萨林哲学家旅行日记，及斯宾格勒、罗素、杜威、诺斯陆普、汤因比，对中国文化之论列，亦多旁观者清，而颇有深入透辟之论。……顾余仍以为憾者，则引申分析中国哲学之智慧以论中国文化之"精神的价值"之著，而统之有宗、会之有元者，尚付阙如。故于此十年中，复不自量力，先成文化之道德理性基础一书，以明文化之原理。再进以论中西文化之精神价值。①

---

① 唐君毅：《中国文化之精神价值》，1～3页。

由此可见，唐先生的思想富有综合的性格。但他特别标举出熊先生对他的思想所发生的关键性的影响，在论中国哲学方面，也只肯认熊、牟二位，并未及他人。而牟先生在《认识心之批判》的序言中，也正呼应了唐先生这样的看法，而表达了同样的感受，其书曰：

> 当吾由对于逻辑之解析而至知性主体，深契于康德之精神路向时，吾正朝夕过从于熊师十力先生处。时先生正从事于《新唯识论》之重写。辨章华梵，弘扬儒道。声光四溢，学究天人。吾游息于先生之门十余年，薰习沾溉，得知华族文化生命之圆融通透，与夫圣学之大中至正，其蕴藏之富，造理之实，盖有非任何歧出者之所能企及也。吾由此而渐浸润于"道德主体"之全体大用矣。时友人唐君毅先生正抒发其《道德自我之建立》以及《人生之体验》。精诚恻怛，仁智双彰。一是皆实理之流露，卓然绝虚浮之玄谈。盖并世无两者也。吾由此对于道德主体之认识乃渐确定，不可摇动。如是，上窥《易》、孟，下通宋明儒，确知圣教之不同于佛老者，乃在直承主体而开出，而华族文化生命之主流确有其独特之意义与夫照体独立之实理，不可谤也。良师益友，助我实多。抚今追昔，永怀难忘。①

唐序写于1951年，牟序写于1955年，那时二位先生有关中国哲学的皇皇巨著尚未出版，但由这两份文献当可以确立狭义当代新儒家的统绪，熊十力为第一代，唐、牟为第二代，应无疑问。但熊先生由批判唯识始，归宗《大易》，建立他的

---

① 牟宗三：《认识心之批判》（上），5页。

学问，唐、牟都不走这样的进路。由此可见，他们所受惠于熊先生最具关键性的，在熊先生牢牢把握的精神方向，体证乾元性海，畅发生生不已之奥旨，通过辩证的方式翕辟成变，而向往内圣外王理想境界之实现。当然，熊先生讲的绝非徒托空谈，最切身的是在个体内在之亲证，这是新儒家的共识。但在同时也必根据传统留下的典籍，做出创造性的阐释。正是在这个方面，三位先生分别有其不可及的造诣，却也特别在晚年，对经典的诠释与了解，有了巨大的分歧，不能不引起我们深切的关注，而做出进一步的省察。

## 四、熊十力的思想及其对经典的诠释

首先还是由熊先生说起。熊先生在出《新唯识论》语体文本之后一年，即出《读经示要》一书，一样得到中国哲学会的肯认。在六经之中，他特别标举出《易》与《春秋》二经，阐扬内圣外王之道，就可以清楚地看出他的思想的指向。1951年熊先生有《论六经》一小书，极赞《周官》。这是一过渡性的著作。1956年《原儒》出版，这是他晚年最有代表性的作品。[1] 陈荣捷先生曾经做出观察说：

> 最重要的是，他在一九四九年共产党取得权力之后，把他的整套哲学重述在一部书内，没有用任何共产党的

---

[1] 有关这些作品写作的背景，参见刘述先编：《熊十力与刘静窗论学书简》，台北，时报文化出版公司，1984。先父静窗公是熊先生在20世纪50年代最亲近的一位后辈。有幸这些书简经过"文化大革命"未遭毁损，这才多少能够还原当时的一些情况。

术语，也没引证马克思、斯大林，或毛泽东，在他之外还没有第二人做到这一点。这部书叫《原儒》（一九五六），在哲学上并未改变《新唯识论》的根本宗旨，但却显示出儒家在中国还有相当活力。①

陈先生在 1963 年写这段话时海内外诸多隔阂，以至有些误判。最后一句话显然绝非事实。正是因为熊先生这样的老人彻底与时代脱节，完全没有影响，这才听任其书出版。到 1966 年"文化大革命"发生，熊先生偌大年纪还不免于受到凌辱，于 1968 年逝世。一直到 20 世纪 70 年代末，大陆重新对外开放，儒家才慢慢恢复了它的活力。

至于陈先生谓熊在哲学上的根本宗旨并未改变的说法，曾经受到质疑，但如加以适当的阐释，应该是没有问题的。在知识论、形上学方面，他与以前是没有根本的改变。他在《原儒》中说："余平生之学，不主张反对理智或知识。而亦深感哲学当于向外求知之余，更有凝神息虑、默默自识之一境。"② 这正把握了当代新儒家思想的命脉，不可以把一切化约成知识的对象。科学必假定万殊之物界为实在，圣学却由万殊以会入一本，而盛张体用不二之旨。智与知识毕竟有别，乃是本心天然之明，形上真实不能通过格致外逐之途径而得。在《原儒》之后，他又出《体用论》（1958）、《明心篇》（1959）、《乾坤衍》（1961）诸书，希望可以代替《新论》，但衰年之作，质素已不如前，然大意灼然可见。他曾将体用大

---

① Wing-tsit Chan trans. and comp., *A Source Book in Chinese Philosophy* (Princeton, N. J.: Princeton University Press, 1963), p. 76. 这段中文由我译出，参见拙著《文化与哲学的探索》，281 页。

② 熊十力：《原儒》，7 页，香港，龙门书店重印，1970。

义提纲挈领，说为以下六义：

一、实体是具有物质、生命心灵等复杂性、非单纯性。

二、实体不是静止的，而是变动不居的，刹那刹那，舍故生新，无有一刹那暂停也。

三、功用者，即依实体的变动不居，现作万行，而名之曰功用，所以说体用不二。

四、实体本有物质、心灵等复杂性，是其内部有两性相反，所以起变动，而成功用。

五、功用的心物两方，一名为辟，一名为翕。翕是化成物，不守其本体。辟是不化成物，保任其本体的刚健、照明、纯粹诸德。一翕一辟是功用的两方面。心物相反甚明。

六、翕辟虽相反，而心实统御乎物，遂能转物，而归合一，故相反所以相成。[①]

引人注目的是，依熊先生，心物既都为用，不可上升为体，故唯心、唯物之论均不可通。持论与官方立场相反，这固然需要勇气，而官方也加以宽容直到"文化大革命"为止，堪称异数！

如果说熊先生的内圣学与前大同小异，显连续性，则他的外王学虽也继承以前的线索，但却畅发出来，成为非常怪异之论，不免令人错愕，也引起了巨大的争议。他在《原儒》倡六经是孔子晚年定论之说，将儒家思想划分成为"大道"

---

① 熊十力：《明心篇》，19~21页，台北，台湾学生书局重印，1976。文字方面略有改动。

"小康"（礼教）两派，认定孔子在晚年五十以后决定消灭统治阶层，废私有制，而倡天下为公之大道，始作六经，以昭后世。不幸为后世奴儒窜乱，必须加以辨明。这样在政治层面乃斥孟子为孝治派，此后之儒均为奴儒，痛加针砭。熊先生不精考据，对文献的解释完全是以意逆之，以致他以前的学生都不支持他这种极端论调。在此只略举数例，便可明白此中症结之所在了。

在文献方面，熊先生认为孔子首作《易经》，《乾·彖传》讲"首出庶物，万国咸宁"，《爻辞·用九》曰"见群龙无首"，即为社会主义、民主思想。[①]《春秋》根据《易经》而作。何休述三世（"据乱世""升平世""太平世"）义，最后国界、种界，一切化除，天下一家，人各自主，平等互助而无分彼此，此确是孔子《春秋》之三世义。《公羊传》与《繁露》说三世，专就君臣恩义立言，与何休所述三世义，截然不可相通。[②] 礼的方面，熊先生独取《礼运》《周官》，而以之为新礼经。《礼运》一篇虽经后儒窜乱，但还遗留大同思想，"选贤与能"，明为民主制度。《周官》有以为刘歆伪造，但其理想广大悉备，必出于圣人之手。其基本原则为"均"、为"联"。地方制度严密，为民主之本。其社会理想，一方面本诸《大易》格物精神，期于发展工业，一方面事业归于国营，而蕲至乎天下一家，为民主与社会主义导先路。《诗》《书》乃由孔子删定。《诗》存下民之哀吟，《书》为帝者所阴毁，《乐经》导人以和，太平之原实在乎是。尧、舜虽有盛德，其

---

[①] 参见熊十力：《原儒》，219页。熊先生谓"庶物"当作"庶人"解，故义作"出而革命"云云。

[②] 参见熊十力：《乾坤衍》，8~9页，台北，台湾学生书局重印，1976。

时尚不能发生民主思想，孔子六经实为空前创见，故宰我叹其贤于尧、舜也。熊先生以《春秋》贬天子、退诸侯、讨大夫，有其深刻意旨。然公羊、董生、史迁之言《春秋》，皆以尊君大义为主。刘歆倡大义、微言之伪说，惟是小康大义、微言几乎无存。至清朝康有为言《春秋》，复祖述刘歆，虽剽窃大同名义，思想上毕是汉人小康礼教的一套，而六经之真相乃完全晦蔽，不可认识，大道遂隐。故皇帝屡更代、易姓，而统治阶层卒不消灭，此中国社会之惨史，后嗣自不肖，于先圣何尤！①

熊先生陶醉在他空想乌托邦的理想之中，对文献的考据提不出充分的根据，完全是以意逆之，很自然地得不到学者的支持。他的弟子徐复观治思想史，驰骋于义理与考据之间，立论适与乃师相反。徐先生说："经学的基础，实奠定于孔子及其后学，无孔子即无所谓经学。但此时不仅经之名未立，且《易》与《春秋》尚未与《诗》《书》《礼》《乐》组合在一起。因此，可以说，孔子及其后学所奠定的是经学之实，但尚未具备经学之形。"② 依他之见，"六经的成立，可能是在秦博士之手，或其并世的儒者"③。《易》由"十翼"而后列入经学，是由孔门研究《易》的一个以上的集团做了长期的努力所形成的。故"应打破《汉书·艺文志·六艺略》总序中所谓'而《易》为之原'的迷信。此乃由董仲舒的阴阳说大行以后所出现的观念"④。至于《周官》，徐先生写了一整本书，

---

① 参见熊十力：《原儒》，216～217、222 页。
② 徐复观：《中国经学史的基础》，260 页，台北，台湾学生书局，1982。
③ 徐复观：《中国人性论史：先秦篇》，359 页，台中，东海大学，1963。
④ 徐复观：《中国经学史的基础》，51 页。

以之为"王莽、刘歆们用官制以表达他们政治理想之书"①。这虽不成定论,似又推向了另一极端的见解,但至少可以反显出熊先生纯依信念将之归于孔子之不妥。徐先生尤其对《原儒》的那些非常怪异之论不满,几乎要鸣鼓而攻,经牟宗三先生之劝阻而止。由内容上看,熊先生那些议论不无迎合之嫌,但熊先生不引马列,明显乃以先圣之教先发于时潮。而熊先生曾致函毛泽东,建议设中国哲学研究所,恢复内学院与勉仁学院,并未获得积极回应。② 由此可见,他的终极关怀无疑是中国传统文化的理想。而他对弟子们的影响,恰正如牟宗三先生所指出的,在把中国哲学的精神由时流中挺拔出来,为思想指点了一个未来的方向。③ 如前所述,唐、牟的精神都受到熊先生的启发,但学问则自己做,并不依傍老师,真积力久,终于蔚为大家。唐、牟各有特色,以下即分别介绍他们的学问。

## 五、唐君毅的思想及其对经典的诠释

先由唐先生说起,他性喜博览,中西兼顾,但学力毕竟集中在中国哲学方面。到了晚年,著《中国哲学原论》,由1966年到1975年,共出六大卷,包括《道论篇》一卷、《原性篇》一卷、《原道篇》三卷、《原教篇》一卷。此书卷帙浩

---

① 徐复观:《周官成立之时代及其思想性格》,3页,台北,台湾学生书局,1980。
② 参见郭齐勇:《熊十力及其哲学》,26~27页,北京,中国展望出版社,1985。
③ 参见牟宗三:《时代与感受》,264~268页,台北,鹅湖出版社,1984。

繁，我不可能详细介绍其内容，只举一例就可以了解他重新阐释中国哲学的方式。基本上他是以中心概念与问题为经纬，广征文献以证成他的想法。他指出清儒言训诂明而后义理明，今当补之以义理明而后训诂明。而义理有永恒性与普遍性，无古今中外之隔，故须旁通于世界之哲理与人类心思所能有、当有之哲理以为言，方能极义理之致。收在《道论篇》的第一篇文章——《原理》，完成于1955年，即针对此议题立言，颇有典范意味，以下即简介此长文之中心论旨。① 在这篇文章之中，唐先生首先提出理之六义的说法，它们是：

(1) 文理；

(2) 名理；

(3) 空理；

(4) 性理；

(5) 事理；

(6) 物理。

唐先生承认"理学"在宋、明大盛，在先秦，"理"并不是一个重要的中心概念，故清儒的说法不无道理。由考据的立场看，戴震指出，古代的"理"字指的是玉的纹理，完全没有像宋明儒受到二氏（老子、释迦）影响以后讲的那种超越、玄妙的意味。戴震的目的在解构，反对被官方政治化以后僵化的程朱理学，谴责其以理杀人，主张达情遂欲。且不说戴震对孟子的解释并不真合乎孟子的原意，把理说成玉的纹理也遗失了一个重要的面相。中文的"理"字也可以当动词用，

---

① 参见唐君毅：《中国哲学原论：道论篇》，1～69页，香港，人生出版社，1966。

而顺着玉的纹理治玉乃是一种文化活动。荀子就能充分把握这一面相，故应说为文理。孟子讲理义虽然着墨不多，但已把重心转到道德方面。荀子虽反对孟子的性善论而倡性恶，却也一样重视道德，只不过他更喜欢讲礼义，强调道德的社会功能，要建立儒家的人文秩序，只不过以后被只遵从外在威权的法家扭曲了而已！

儒家由孔子以来都讲"正名"。对于名言的辨析在战国时代乃发展了名家思想。惠施合同异，公孙龙离坚白，比较接近古希腊的辩士，并没有发展出形式逻辑的系统。而先秦道家如老、庄，则主张超越名相。到了魏晋时代，《易》《老》《庄》三玄对知识分子有巨大的吸引力，乃有"名理"与"玄理"合流之势。有关名理的辨析并非中国哲学的主流，依牟宗三先生的看法，这是传统中国哲学中最接近西方式的哲学的面相。

汉末佛教传入中土，经过魏晋的格义阶段，终于成为中国文化的重要传统之一，所谓儒、释、道三教是也。道家的"无"，佛家的"空"，虽有相似处，也可以通过互相激荡而深化，但毕竟源于两种不同形态的思想。佛家主缘起性空，不立本体，凡夫逐有，小乘耽空，中国流行的是不落两边的大乘佛教，并创造了中国式的佛学思想，如华严、天台与禅。华严倡言理事无碍以致事事无碍之法界观，所彰显的是"空理"，对于中国思想的发展造成了巨大的冲击。

宋明理学正是针对玄学与佛学的挑战而兴起的新儒学。不错，"理"的确是一个新观念，但宋儒虽吸收了佛学的一些概念，却已做出了根本的改造，所谓"释氏虚，吾儒实"，而发展了所谓的"性理"之学。表面上看来，宋明儒"天道性命相贯通"的思想,与子贡所谓"夫子之言性与天道不可得而闻也"的说法有非常大的区隔与距离,但其实宋明理学,无论程、朱、陆、王,都是孔子"践仁以知天"与孟子"尽心、知性、知天"一脉相传应有之发展。自此心性之学成为中国文化的根本所在,殆无疑义。

但明末王学虚玄以荡,情识而肆,造成了巨大的流弊,故明末诸儒如顾、黄、王莫不注重实事。王船山以史为鉴,特别强调"理寓于事",而彰显了"事理"的观念,这也的确是我们不可以忽视的一个层面。其实中国传统向来经史并重,经讲的是常道,史说的是变易,两方面形成有机的整体,不可以有所偏废。

最后,到了现代,西方挟其船坚炮利,逼迫我们改变了传统的方式。我们亟须吸纳西方科技,否则不免亡国灭种的命运。由此,我们不得不努力学习西方的"物理",所谓声、光、电、化,这是广义的西方输入的自然科学的代名词。

由此可见,理有各种不同的含义、发展的机缘,以及分别应有的定位。在《道论篇》中唐先生以同样的方式讨论了"心""名""辩""言与默""致知格物""道""太极""命"等概念与问题。然后又出了一卷《原性篇》、三卷《原道篇》、一卷《原教篇》。读者欲知其详,可以详细看唐先生的著作。① 当然,唐先生并不满意于只做中国哲学的诠释,其最后一部大著——《生命存在与心灵境界》,建立了一个心通九境的大系统。他的弟子李杜有一描述,如下:

---

① 唐先生的全集已由台湾学生书局于1991年出齐,共30卷。《中国哲学原论》为《全集》之第12至17卷。

此书以人的整个生命存在为先在，由此去了解人的种种不同的心灵活动。于不同的心灵活动中分别出不同的观法。此即横观、顺观与纵观。又相应于不同的观法以说不同的所观。此即为心灵所观的对象。此所观或对象可或为体或为相或为用的不同表现。此不同的体、相、用并可为心灵所对的客观存在事物，亦可为心灵自身的主观活动，亦可为超主客境界的心灵的向往。因此以不同的体、相、用三观相应于客、主与超主客三界即发展出心灵活动的九境：（1）万物散殊境；（2）依类成化境；（3）功能序运境；（4）感觉互摄境；（5）观照凌虚境；（6）道德实践境；（7）归向一神境；（8）我法二空境；（9）天德流行境。此九境由心灵依不同的观点而显，故皆为心灵所涵摄。九境中的前三境即客观境。万物散殊境为心灵相应于客观事物的体所形成的境，依类成化境为心灵相应于客观事物的相所成的境，功能序运境为心灵相应于客观事物的用所成的境。其次三境为主观境。感觉互摄境为心灵自己反省主观感觉活动所成的境，观照凌虚境为心灵自己反省主观的相的呈现所成的境，道德实践境为心灵自己反省主观的用的活动所成的境。最后三境为超主客观境。归向一神境为心灵超主客的有关体的向往所成的境，我法二空境为心灵超主客的有关相的向往所成的境，天德流行境为心灵超主客有关用的向往所成的境。①

唐先生最后归宗于儒家的天德流行境，可见其哲学之最后归

---

① 李杜：《唐君毅先生的哲学》，59 页。

趋并未改其初衷，而其余各种境界也都在其系统之内取得定位。

## 六、牟宗三的思想及其对经典的诠释

唐先生的思想深受黑格尔影响，但没有黑格尔归向绝对精神、为了迁就辩证法的架构而削足适履的毛病；然而表达思想的方式则不免因内容牵涉过广、诸多缭绕而有不够清晰的缺点。牟先生则受惠于康德良多，析理透辟，要言不烦，比较不会有这方面的问题。这由牟先生对唐先生论"理"之六义做出的调整的具体例证，便可得到印证。牟先生重新将之排序如下[①]：

(1) 名理；
(2) 物理；
(3) 事理；
(4) 玄理；
(5) 空理；
(6) 性理。

牟先生首先删去了"文理"，以其缺少确定的含义，而复摆脱了历史发展过程以及考据的缭绕，直接由系统立论。牟先生的排列多少受到了逻辑实证论的影响，将其所谓有"认知意义"（cognitive meaning）的两项放在前面。"名理"，依

---

① 参见牟宗三：《心体与性体》，第1卷，3~4页。牟先生原次序"事理"排在第六，我再加调整，将之排在第三，而把涉及终极关怀的"玄理""空理""性理"放在最后。

牟先生之见，此属于形式科学，如逻辑，广之，亦可赅括数学。"物理"，此属于经验科学，自然的或社会的。"事理"（亦摄情理），此属于政治哲学与历史哲学，牟先生原来将其列为第六项，可能还是传统经世致用的想法，我觉得这相当于"人文学"（humanities）的领域，故将其提前。最后"玄理"（由"名理"分出）、"空理"、"性理"，分属道家、佛家与儒家。牟先生认定，中土三教均肯定"智的直觉"，这属于"终极关怀"的领域，将其移往最后，不亦宜乎！

　　牟先生对经典诠释的方式与唐先生的完全不同。他顺着魏晋玄学、宋明理学、隋唐佛学的基本文献做出疏释，以彰显其所蕴涵的义理，而著《才性与玄理》（1963）、《心体与性体》（3卷，1968—1969）、《佛性与般若》（2卷，1977）。在这里，我仅能对《心体与性体》做一简略的介绍。宋明理学是针对二氏的挑战而起。唐代的《五经正义》缺乏创造力，知识分子的关注都被吸引到佛教方面。在北宋，二程的改革有巨大的影响力，他们把注意力由五经转到四书，提出创造性的阐释，而为儒家注入了新的活力。朱熹建立道统，以二程的启蒙老师周敦颐作为宋明理学的开祖，牟先生也仍然接受了这样一条线索。他认为濂溪著《太极图说》《通书》之最大贡献在于把《论语》与《中庸》《易传》接通，讲了一套创生的宇宙观，脱离了汉代的迷信与烦琐的注疏。二程的表叔张载，虽自承闻道后于二程，但也有开创之功，提倡"天道性命相贯通"，后来成为宋明儒的共法。他又分别天地之性与气质之性、德性之知与见闻之知，还写了《西铭》那样有影响力的文章，功不可没。而宋明理学真正奠基的人物乃是二程。但牟先生最大的贡献在于，过去一向把二程混在一起讲，因为二程语录有好多根本未注出哪些是明道或伊川说的话，牟先生却分别开两兄弟的义理纲维，并指出朱子其实是继承伊川，并不继承明道。明道畅发一本论。牟先生把大程与周、张放在一起，北宋三家的"体"既存有而活动，伊川却滑转成为理气二元论，他的理只存有而不活动，气才是活动之源。朱子继承伊川发展了一套理气二元不离不杂的形上学。如此朱子虽建立道统，其实程朱一系已偏离了北宋三家的正统，而产生了"别子为宗"的奇诡的现象。至于陆王一系，象山乃直承孟子，明代阳明心学才回归明道以理为既存有而活动的思路。牟先生又注意到胡宏"以心著性"的思想与刘蕺山相近，二者均重《易》《庸》，故他提议以胡、刘为第三系，回归北宋三家的思想。牟先生的分析鞭辟入里，新义迭出，却也引起了巨大的争议。唐先生即不接受朱子继别为宗那样的说法，而以阳明为朱、陆的综合。唐、牟二人到晚年乃有学术分途的现象，不复中年时论学水乳交融的相得了。而牟先生概念清晰，又多活了17年，影响力远远凌驾于唐先生之上。同时他的思想极富原创性。他虽非佛教徒，却以天台诡谲的圆教倡"法性即无明"才是真正的圆教，华严"缘理断九"只是别教的圆教，也在佛学义理的阐释上打开了全新的视域而引起了巨大的震荡。他对魏晋玄学的研究也一样有开创之功，就不在话下了。

牟先生到了晚年，因读到海德格尔对康德的阐释而引发了自己的思路，他并翻译了康德的三大批判——《纯粹理性批判》部分未译，而做出了中西哲学的比论。依他的看法，康德把人的知识限制在现象界以内，认定只有上帝才有"智的直觉"，而人被锁在因果决定的锁链中，则"意志自由"只能当作道德行为不得不有的"基设"看待。故牟先生认为，康德只能建立"道德底形上学"，不能建立"道德的形上学"。这是囿于康德的基督教的背景所造成的结果。由这样看，西方文化只能成就"执的形上学"，而中国文化则可以成就"无执的形上学"。牟先生指出中土三教均肯定人可以有"智的直觉"。他并相信，用《大乘起性论》"一心开二门"的方式可以作为会通中西的津梁。牟先生认为西方有三大哲学传统：柏拉图、莱布尼茨与罗素、康德，而只有通过康德才可以找到会通中西的道路。

## 七、第三代新儒家的国际面相

港、台新儒家做出了凌越先贤的学术成绩，抒发了文化抱负，堪称异数。他们在不断努力之下，还教育了下一代，一部分流寓海外，在美国受高等教育，获得博士学位，谋求一枝之栖，而开启了海外新儒家的国际面相。大陆方面曾列举余英时、刘述先、成中英、杜维明四人为代表人物。正因为所谓第三代的新儒家所面对的脉络不同，其思想的走向也就有了很大的差别。他们习惯于西方开放多元的方式，担负远没有上一代那么沉重，以其只需说明，在世界诸多精神传统之中，儒家能够占一席地，便已经足够了。他们不再像第二代新儒家，要突出儒家价值之正当性与终极性，以致引起一些不必要的争议。论者曾质疑唐、牟过分偏向康德、黑格尔的唯心论，未能充分欣赏休谟怀疑论的睿识，也未能足够正视所谓"怀疑的诠释学"，以及来自尼采、马克思、弗洛伊德的挑战。由现代走向后现代，下一代的新儒家似乎有必要对于新的脉络、新的问题做出适当的回应与调整。

由熊先生到牟先生的这条线索，一方面展示了强大的吸引力，另一方面也引起了强烈的批评与抗拒。像余英时，曾在新亚研究所受学于钱穆，就曾撰文力主乃师钱穆不是当代新儒家，当然也就隐含他本人不是新儒家的意思。很明显，钱穆和余英时都不是狭义的当代新儒家，但也不能完全把他们排除在现代新儒学的范围以外。像余英时曾著书畅论"从价值系统看中国文化的现代意义"①，指出中国文化传统是一种"内在超越"的形态，重"天人合一"，与西方文化传统有明显的区别。这样的说法与新儒家并没有很大的差异。而他还进一步指出，中国传统在清末接触西方，从不排斥科学、民主，可见双方有会通的契机。不幸的是，在实际发展的过程中，救亡压倒启蒙，激进主义席卷中国，如能恢复民间的生力，则前途还是有希望。他的这些见解都是当代新儒家可以同意的看法。唯一不同处在于他指出，现代儒学的发展有由"尊德性"转往"道问学"的倾向，精英学者无须担负过重，而"良知的傲慢"也可以成为一个问题，值得吾人关注，在"顿悟"和"渐修"之间应该觅取一种平衡。

刘述先基本上赞同余英时的见解，但以钱穆与唐、牟之别似程朱与陆王之别，无须过分强调两方面的区隔。他受学于方东美，很早就有文化哲学的兴趣。20世纪50年代末到东海执教，在宋明理学方面受到牟宗三深刻的影响，对于思想

---

① 余英时：《从价值系统看中国文化的现代意义》。

史的研究则受到徐复观的启发。大陆一般认为，在牟门弟子中，对老师所教，蔡仁厚是"照着讲"，以牟宗三为父执的刘述先则是"接着讲"，这样的观察并非毫无道理。刘述先给予"理一分殊"以创造性的阐释。① 他认为已经表达出来的道理无论孔孟、程朱、陆王、唐牟已经是"分殊"的领域而有其局限性，但它们都指向"理一"，这样的规约原则有超越的意义。西方人也同样可以有这样的指向，像孔汉思即明白宣称，以 humanum（humanity）为贯通各精神传统的共法，就是一个具体的例证。孔汉思是天主教的神父，其传统虽异，但所推动的"人道"却与孔子以来阐扬的"仁道"若合符节。反过来，儒家思想中固有万古常新的成分，也有与时推移的部分，故不可固执成见，故强调儒家思想的开放性；他又畅论传统的资源与负担一根而发，故也强调儒家思想的批判性。他近年颇热衷于推动全球伦理②，致力由"理一分殊"的再阐释在绝对主义与相对主义、一元论与多元论之外找到第三条路。

　　成中英与刘述先同门，同受教于方东美，但他的思想明显地与牟宗三有较大的距离。他在哈佛受教于蒯因，有怀特海机体主义思想的成分，又适与方先生《易》教强调生生之德相合。他后来又受到伽达默尔诠释学的影响，而发展了他自己的"本体诠释学"的思路。③ 他的思想尚在发展之中，基本上他无意像牟宗三那样用西方的哲学观念如康德来卫护孟

---

① 参见拙著《理一分殊》，景海峰编，上海，上海文艺出版社，2000。
② 参见拙著《全球伦理与宗教对话》。
③ 参见成中英：《世纪之交的抉择——论中西哲学的会通与融合》，上海，知识出版社，1991。

子，而是由中国哲学传统去找资源，来对付现代西方人同样必须对付的问题。

最后，杜维明在东海受教于牟宗三与徐复观，年轻时即以第三代新儒家自任。他的博士论文由心理学认同的角度阐发王阳明立志追求成圣成贤的探索过程。他的道德形上学的终极关怀，以及"道""学""政"的三分架构均承自牟宗三。但他勇于吸收新观念，认为由现代到后现代，儒家的睿识不但不会过时，反而有新的发展的可能性。他提倡"文化中国"的观念，认为不只中国人的社会或者侨居外国的华人社团，可以具现中国文化的价值，即使是西方人也可以具现这样的价值。在他的大力推动之下，已经突破了儒耶对话的故域，而促使西方友人如南乐山等发展了"波士顿儒家"的观念[①]，展示了一些以往难以想象的可能性。

## 八、结语

由以上所说，新儒家在当代是一个有深厚学术背景、有活力的思潮，殆无疑义。当然我所说的不免挂一漏万，特别第三代新儒家，仅略谈其国际面相，不及于其他，继起的第四代新儒家，更无一语相及，这些有待于未来年轻朋友的努力，去开拓更新的领域了。读者在此可能会有一个印象，开放的精神要到第三代才开始阐发出来，这却是我必须加以澄

---

① Cf. Robert Cummings Neville, *Boston Confucianism: Portable Tradition in the Late-Modern World* (Albany: State University of New York Press, 2000). 杜维明曾为此书作序，此书中并有专节讨论杜维明的思想，参见 83～105 页。

清的一个错误的印象。在20世纪50年代初我还是学生的时代，父亲就节钞了熊先生《读经示要》中的一段话，要我玩味细读，其书曰：

> 世间各种思想，各种学说，参稽互较，触类引申，经验益丰，神思愈启，于是而新理发见焉。……宋儒研六经……预怀屏斥异端之咸见……大抵任胸臆过重，而以博稽众说为外驰……此其识量所由隘也。《论语》："子曰：攻乎异端，斯害也已。"端，绪也，异者，思想之发端不必同。诸子百家，各立学派，唯其思想发端处互异，《易·系传》所"百虑殊途"者是也。古今一切学术，各于真理，有其见到之方面，亦各有所蔽，不得见到其许多方面，故任异端之竟其明，从而观其会通，则必于真理多所发见矣。善学者不必自守一家或一先生之言，以攻击异端。故《中庸》云："道并行而不相悖。"若攻异端而不相容，则将以自封者自害，此圣人垂戒之深意也。而程朱诸老先生解此章，则以异端为不合正道，遂训为攻为治，谓治异端即看害，圣人识量岂若是狭？与《中庸》之言明明不合。……夫学术异者，于其谬误宜予弹正，而不可根本斩伐，不可任意轻诋。汉以来，吾国学人最缺乏识量，至宋而益隘。汉以后学术思想日趋简单，汉唐尚注疏，则群习于是；宋明尚义理，亦群习于是；清人张汉学，又群习于是。风气已成，众盲共趋之，不知此外更有新天地，此吾国人之劣性也。……今之所争不必在汉宋，而更在中西。……后生稍涉西化，又力伐中学。……清末守旧者恶言西学，今此辈殆尽，而所患者又在后生不乐求其所固有也。吾因论宋儒之果于自画，

而深感识量最重要。世有大心之士，当不以余言为河汉也。①

由这一段引文可以看到熊先生在理上早就提倡开放精神，他实际上是否能做到这样的精神又是另一回事。我也请大家好好咀嚼这一段话的意思，进一步把这样的精神落实到自己的行为，愿与各位朋友共勉。

> 宣读于 2002 年 6 月 29 日在香港学海书楼举行之"经史子集与艺文学术讲座"，原刊于《学海书楼八十年》（香港，学海书楼，2003）；《鹅湖》，总第 334、335 期（2003 年 4 月、5 月）。

---

① 熊十力：《读经示要》（上），103~105 页，台北，广文书局，1960。

# 有关宋明儒三系说问题的再反思

——兼论张载在北宋儒学发展过程中的意义

宋明儒三系说是牟宗三先生提出的见解。① 这种新颖的说法引起很多讨论。可惜的是太多耳食之词，没有能够好好看牟先生的原著，根本掌握不到实义，不知道牟先生深切之所在。但在另一方面，有些牟门弟子护教心切，每囿于牟先生的思绪，不能察觉这样的说法的确有很大的问题，所以有再反思的必要。

让我们先看一下牟先生中心论旨之所在。他接受朱子以来的主流意见，以周濂溪为宋明儒的开祖，并由一发展观点掘发宋明儒课题之意蕴。② 濂溪首先由《易传》《中庸》的重新阐释接上孔子成德之教的生命的智慧。接着张横渠分别德性之知与见闻之知、天地之性与气质之性，接通《论语》《孟子》。至明道，通《论语》《孟子》《中庸》《易传》而一之，以言其"一本义"。这三人为一组，为北宋儒学之正宗，此时尚未分系。伊川才以其分解的思路，将重心移往《大学》，朱子继承这一条线索，格物穷理，发扬光大，由"直贯"转往

---

① 参见牟宗三：《心体与性体》，第1卷，42～60页。
② 参见上书，19～42页。

"横摄",才造成"继别为宗"的奇诡局面。这成为程（伊川）朱系。陆象山乃斥朱子支离,直承孟子,到了明代,王阳明继承了这一条心学的线索,乃成为陆王系。而牟先生独具只眼,注意到宋室南渡时的胡五峰,通过谢上蔡,回返明道通《论语》《孟子》《中庸》《易传》为一的思绪,阐发"以心著性"的逆觉体证,重新接上直贯的生命智慧。可惜弟子张南轩未能善继,其他弟子又未能抗衡朱子,以致湖湘一派遭到被掩埋的命运。直到明末最后一位有原创性思想的大儒刘蕺山,虽与五峰系绝无渊源,但其思想也回归北宋初诸儒,与五峰思想若合符节,同属"以心著性"形态,故提议增一胡刘系,这便是三系说的由来。

三系说提出以后引起许多争议,我也曾撰文涉及这一问题,做出反思并提出质疑。① 我承认五峰与蕺山的思想形态是有类似之处,但由思想史的线索看,五峰与蕺山绝无渊源,这是牟先生本人就指出的。就思想的表达来看,五峰以性无善无恶,而蕺山为了反对王龙谿之荡越而断定性有善无恶,这就无法把二人归于一系。我说得很简单,也相当斩截,对我自己来说,问题到此为止,没有必要再讲什么了。但近时听到牟门弟子对我的说法有一些回应,这就逼得我要再多说几句话了。他们首先指出,牟先生的三系说本不是建立在思想史的脉络上:胡、刘固然缺乏师门的渊源,但陆、王不一样缺乏师门的渊源,怎么可以建立陆王系呢？我可以同意牟

---

① 参见拙作《有关理学的几个重要问题的再反思》,见《理想与现实的纠结》,224~251页。1969年在夏威夷开第五届东西哲学家会议,我就分系问题请教过唐君毅先生;他的回应是,以前熊（十力）老师就不赞成这种说法,这表示他本人也不赞成牟先生三系的说法。

先生的说法并不是建立在思想史的脉络上，这不成问题。但牟门弟子竟把这样的脉络当作完全不相干的因素看待，却不免推论过当，强词夺理，这种护卫师说的极端立场是不可以成立的。我要反过来问，谁说陆、王之间绝对缺乏思想传承的渊源呢？不要忘记，阳明为象山出全集，为之辩诬，他对象山学的精神和思绪是完全熟悉的。如果不说他私淑象山的话，至少他公开说得明明白白，朱子、象山都是圣学一脉，都是他的精神渊源，所以他才拒绝厚此薄彼，要为象山抱不平。这样的铁证如山，还能说陆、王之间缺少思想传承的渊源吗？但胡、刘之间的渊源在哪里？不单是牟先生找不到，我一直在找二者之间的关联，也是找不到。蕺山的《学言》卷一曾提到"天理人欲同行而异情"，这是五峰的名言，但未提到五峰的名字，我怀疑这句话是由朱子转引而来，故没有证据显示蕺山曾看到任何五峰的东西。而这并不足为异，因五峰之说受到朱子的攻击已被彻底掩埋，刘蕺山的时代已没有人知道他的东西。二者间的脉络的确无可寻觅。故胡、刘之间缺乏关系与陆、王之间有深切关联根本不可以类比，牟门弟子对我的说法的回应未免失之于轻率，这种策略之不能奏效，明矣！

否定牟先生的三系说，并不是否定他对五峰与蕺山思想研究的贡献。要不是他突出二人的地位，只怕他们会一直被学界忽视下去。举例说，1995年出版的英文《剑桥哲学辞典》原来并没有"胡宏（五峰）"，是通过我的建议才加上了这一条目。[①] 而 1963 年出版陈荣捷编纂的英文《中国哲学文

---

① Robert Audi ed., *The Cambridge Dictionary of Philosophy*, 2nd edition (Cambridge, UK: Cambridge University Press, 1999), p.369.

献选编》①，广为学界所采用，就缺少蕺山的专章。如今刘蕺山研究在近年来却成为海内外的显学，牟先生倡导之功实不可没。如果牟先生只说，胡、刘是回返北宋初诸儒的线索，我会同意这种说法。但他要建立胡刘系，那就会碰到难以克服的困难，故我不能苟同了。

当然，三系说能否成立的关键所在是，胡、刘的思想究竟是否属于同一形态？没有人会否认牟先生指出的类似处，但是否认在程朱、陆王之外构成第三系呢？我的看法是，由于阳明在天泉证道时曾肯定龙谿的四无，只以之为偏向一边而已，五峰也说性无善无恶，回归明道，与阳明的四句教旨意相通，并非敌论，而蕺山因执意要排弃龙谿，甚至否定四句教，对我来说已构成足够的理由，不能将胡、刘归为一系。但牟门弟子辩称，蕺山并非不了解至善为无善无恶之旨，故精神上还是与五峰的心意相通，而留下了空间，不必否决第三系成立的可能性。故问题还需要做进一步的省思与澄清。恰好黄敏浩君论蕺山的新书出版，有专节讨论这一问题，正好可以作为吾人参考之用。② 他综合海内外各家学说，有细腻的分析。他对蕺山思想可说有十分同情的了解。他以其思想的特色在，把心、意、知、物都提升到超越的层次而突显出性体的超越义。而超越性体虽有宇宙意涵，但他的入手完全集中于"主体"的证悟上，乃与五峰思想有了相当的差异。五峰是回到北宋初三家有一宇宙论之间架，由客返主，的确

---

① Wing-tsit Chan trans. and comp., *A Source Book in Chinese Philosophy* (Princeton, N. J.: Princeton University Press, 1963).

② 参见黄敏浩：《刘宗周及其慎独哲学》，240～248 页，台北，台湾学生书局，2001。

如牟先生所谓，为一"以心著性，尽心成性"之形态。但蕺山不然，是一"尽心即性"形态。故二者不能归为一系。这自不必成为定论，但任何主三系说者必须对这一说法做出有效的回应，才能找到建构第三系的理据。而我怀疑有这样的可能性。

还有一个相关问题也必须在这里加以澄清。牟先生指出，《大学》要到伊川才能获得中心的重要地位，这是他通过细心观察而掌握的睿识，也符合思想史发展的事实。但牟先生贬低《大学》在阳明学中的地位，并谓胡、刘回归北宋初诸儒，重新回归《论语》《孟子》《中庸》《易传》的传统，连带贬低《大学》在蕺山学中的地位，却是有问题的。牟先生说，《大学》讲的是内圣外王一般性的道理，不决定一个系统的特色，这是对的。此所以各家都要对《大学》提出不同的解释。但牟先生过分强调程朱与陆王、胡刘之间的差别，则未必符合思想史发展的事实，不能不在此略加辨正。朱子思想虽有所偏，但他建立道统之功却不可没。他把寂寂无闻的濂溪与其所著《太极图说》标举出来，不论陆氏兄弟的反对，终成为后世尊奉的正统。阳明与蕺山所继承的也都是濂溪、明道的圣学传统。[①] 而我一贯认为，阳明学综合朱、陆，在精神上继承象山，但建立学问的规模则由朱子转手，故提出对《大学》的新释，则阳明的《大学》解的确是其学问重要的一部分。[②] 而蕺山学又由阳明转手，同样提出了全新的《大学》解。他

---

① 参见拙作《论王阳明的最后定见》，见《儒家思想意涵之现代阐释论集》，47页。

② 参见拙作《论阳明哲学之朱子思想渊源》，见《朱子哲学思想的发展与完成》，增订3版，566~598页。

言明《大学》是由心宗讲慎独，《中庸》是由性宗讲慎独，其《大学》解同样是其学问的重要的一部分。故阳明、蕺山的睿识可以如牟先生所说，回归《论语》《孟子》《中庸》《易传》，但也不能贬低《大学》的重要性。因为正是对于《大学》的重新阐释是开拓他们学问规模的凭借，故此我的视域与牟先生略为不一样，所强调的也不一样，这是必须在此说明的。

在这次再反思的过程中，我重新细读《心体与性体》的综论部分，发觉牟先生在讲北宋初儒学发展的过程中，横渠实占一十分重要的地位，故拟对这一条线索做进一步探索。大家都会同意，张载是一个极难处理、富有争议性的人物，也未受到足够的重视。原因并不难了解，因他自承见道晚于他的两个表侄：明道与伊川。而他的观念驳杂，不易得到相应的理解，所以不免被旁置。像伊川夸赞他的《西铭》，是孟子以来未有的大手笔，并在答杨时问时提出"理一而分殊"的原则，一直到现在还有它不可磨灭的意义。① 而他的兴趣有多面性，往往选择一些奇特而不够圆熟的表达方式，以至二程批评他的《正蒙》一书未纯，而牟宗三先生也以他有许多"滞词"，如"合虚与气有性之名""合性与知觉有心之名"之类。② 但他思想极富于原创性，最能产生推陈出新的效果。像牟先生即指出：

> 《中庸》引"维天之命，於穆不已"之诗句以证"天之所以为天"，即"天"非人格神的天可知。是即诚体即性体，亦即天道实体，而性体与实体之实义不能有二亦

---

① 参见拙著《理一分殊》，景海峰编。
② 参见牟宗三：《心体与性体》，第1卷，499~529页。

明矣。就其统天地万物而为其体言，曰实体。就其具于个体之中而为其体言，则曰性体。言之分际有异，而其为体之实义则不能有异。是即横渠所谓"天所性者通极于道，气之昏明不足以蔽之"之义。性体与道体或天命实体通而为一，故自此义言性者特重"维天之命，於穆不已"之诗，遂形成客观地超越地自本体宇宙论的立场说性之义，而与孟子说之自道德自觉实践地说性，特重"民之秉彝好是懿德"之诗句者有异，然而未始不相呼应、相共鸣，而亦本可如此之上提也。①

请注意，牟先生是引张载语贯通《中庸》与《孟子》，他分别"天地之性"与"气质之性"，程子即以此一分别大有功于圣门。而张载对于"心体"的证悟，也有同样的开拓。《大心篇》云：

> 大其心，则能体天下之物。物有未体，则心为有外。世人之心止于闻见之狭。圣人尽性，不以见闻梏其心。其视天下，无一物非我。孟子谓尽心则知性知天，以此。天大无外，故有外之心，不足以合天心。

这一段话明白地肯定了闻见以外的心知，标示了与孟子思想的关联。《大心篇》又云：

> 天之明莫大于日，故有目接之，不知其几万里之高也。天之声莫大于雷霆，故有耳属之，莫知其几万里之远也。天之不御莫大于太虚，故心知廓之，莫究其极也。

---

① 牟宗三：《心体与性体》，第1卷，30~31页。

牟先生即征引这一段话来阐明其"智的直觉"的说法。[①] 耳属目接是感触的直觉,"心知廓之"是智的直觉,前者为认知的呈现原则,后者则不但为此,且同时为创造的实现原则。"莫究其极"表示是无限的。"天之不御"即天道创生之无穷尽。天之生德之创生何以能如此无穷无尽(不御),以其体为"太虚神体"之故。天道至虚而神,故能妙运无方而无穷地创生万物。此是客观地说。"心知廓之"则是主观地说,是以知之诚明形著此"不御"而证实之,亦即具体而真实化之。"莫究其极"是如其"不御"而证实其为不御。"廓之"是相应如如范围而形著之之意。这即是一种智的直觉,他不只如如相应而认知地呈现之、形著之,且同时也即能客观地竖立起来与那天道生德之创生之不御为同一而其自身即一不御的创造。客观说的天道生道之创生之不御究竟落实必即在此主观说的"心知之诚明"之创生之不御。此处的心显然是孟子所谓的"本心"。"心知"之知也非概念思考知性之知,乃是遍、常、一而无限的道德本心之诚明所发的圆照之知。创生是重其实体义,圆照是重其虚明"直觉"义。人能尽其心,就能不为耳目所累,"合内外之德"。在圆照遍润中,万物不以认知对象的姿态出现,乃是以自在物的姿态出现。从客观说,"太虚神体"既圆照,亦创生;从主观说,则本心仁体即与之同一而亦为一创生不御之实体。横渠在宋儒之中第一个分别"德性之知"与"见闻之知",此后宋明儒莫不遵守此一分别。"天德良知"是大,"闻见之知"是小。然天德良知具体流行,故虽不囿于见闻,亦不离于见闻。闻见之知亦只是天

---

① 参见牟宗三:《智的直觉与中国哲学》,184~190 页。

德良知之发用，而闻见之知不为小矣。但若桎梏于见闻，遂成其为识心而小矣！而天人之间有所隔阂。通天人，合内外，遂化为浑然一体之流行。横渠这样"天道性命相贯通"之体验上通于《论语》《孟子》《中庸》《易传》，宋明儒濂溪、明道、五峰、象山、阳明、蕺山都可以立此义。只伊川、朱子有隔，超越的"理"只存有而不活动，形成理气二元不离不杂的架局，不想成为大宗，此所以牟先生以朱子"继别为宗"，而这也正是他要把宋明儒分成三系的根源。

牟先生对横渠的理解与阐释固然迈越古今，但还不足以去除有关横渠思想引发出来的议论与疑惑。即牟先生也承认，横渠的表达确有资人误解处。在横渠生时，明道、伊川就不了解他的思想，也不赞成他的表达方式。朱子的隔阂更甚，牟先生论之已详，此处不必再赘。当代以唯物论去附会横渠思想固然无谓，说不通时就把他的思想一分为二，一半是唯物论的创思，一半是唯心论的糟粕，这种曲解根本无视于横渠思想之为一整体，自不足论。① 但横渠的确有强烈的宇宙论的兴趣，他也确有很重的气化论的倾向，这些应如何加以相应的理解而给予适当的定位，也却是煞费思量不易索解的大问题。以下将顺着牟先生的思路做进一步的探索，提出一些想法以供参考之用。

牟先生认为，由《论语》《孟子》《中庸》《易传》有一条发展的线索，北宋濂溪、横渠、明道加以发扬光大，有某种思想上的必然性。首先由濂溪发其端，把由汉儒继承下来的阴阳五行观念加以转化而开出了一个新的规模。横渠思参造

---

① 参见侯外庐主编：《中国思想通史》，第 4 卷（上），545~570 页，北京，人民出版社，1958。

化，开创了许多新的思想观念，实扮演了一个枢纽性的角色。到明道，思想才纯化而为一本之论，成为宋明儒思想的主流，以后才有各种不同思想的分化。无疑，开创的周、张有强烈的天道论和宇宙论的兴趣，到二程，虽保住天道性命相贯通的智慧，但中心兴趣乃转到形上学方面。这由伊川的义理之《易传》与邵康节的象数之《易传》之间的分别可以看得很清楚。而康节甚至因其思想内部道家的倾向而被摒弃在道统之外，由此可以思过半矣！牟先生用"本体宇宙论"一词，视为宋明儒之共法，其实包含歧义，不能不在此略加疏解开来。如果把重点放在体证默运于天地间的无限创生的实体、内在于吾人生命而为性，则强调的是形上的睿慧，这正是二程所选择的道路。如果不只肯定天道性命相贯通，还注目于自然现象的变化，追问鬼神形成之所以然，则凸显的是对于宇宙万象知识的探索，濂溪，特别是横渠，的确展示了浓厚的宇宙论的兴趣，这两方面的理论效果明显不同，一属德性之知的领域，一属见闻之知的范围，不能明白地加以区分开来。

牟先生当然完全清楚这两方面的区别。只不过他用的是不同的表达方式而已！其言曰：

> 宋明儒中，真能至"明睿所照"之境者，惟明道、阳明、象山庶几近之。然此中除内心莹澈外，亦与所言义理之层面有关。"明所照者，如日所观"此是明从中发，自有照功。是以凡系属于主体义理皆易运转自如，如庄子所谓"得其环中以应无穷"者是也。休乎天钧而照之以天，自然"纤微尽识"矣。此非"揣料于物"也。然义理亦确有"揣料于物"者。凡客观地思参造化以明各概念之分际以及其分合，此却不易，故常不免"有苦

心极力之象"，所谓强探力索者是。若非只是主体之冥契，而复欲由客观分解以展示之，则非"苦心极力"，即不足以尽其中之奥蕴。客观地思参造化即是著于存在也。（此著字无劣义。）明从中发而照之以天，则可只是主体之冥契或只是一生之运转，而不必著于存在者。客观地著于存在，即不免有分解，主观地（从主而观）不著于存在，即可无分解。有分解，即所谓"揣料于物"也。无分解，即所谓"明睿所照"也。此义理层面之大较也。①

横渠是客观地思考造化的进路，乃有强烈宇宙论的兴趣，而不免苦心极力，强探力索。但他也有形而上的证悟，故其宇宙论的探索仍有一定范围，不会像西方宇宙论玄想冥思之漫无归止也。明道乃完全归于形而上的证悟。至伊川、朱子又有分解，却不免走入歧途，而受到牟先生的批评。有些学者缺少这样的分疏，把整个宋明儒都当作客观的宇宙论玄想来批评，显然缺少相应的理解，未能真正掌握这门学问的精要，此不可以不察。

但宋明儒学既不只是主观的证悟，也有客观的思参造化的探索，那就要受到知识的验证。部分内容本只是盖然性的推论，被后起的科学知识与宇宙论的探索所取代而成为明日黄花，实不足为异。故我们一方面要对传统的睿识做出重新阐释，一方面又要对传统已僵固或过时的东西进行解构，这样才是最合理的态度。

由于要面对二氏的挑战，宋明儒在精神上虽继承先秦儒，

---

① 牟宗三：《心体与性体》，第 1 卷，426 页。

但在概念上乃发展了一些新观念,如"理""气"之类。就一般而论,理是超越的,气是内在的,二者之间有一种复杂的辩证的关系。对于二者之间的进一步规定乃成为宋明儒分系的一个中心议题所在。北宋初诸儒对于"理"的开创性的理解固然是前无古人的,一向受到学者的关注,但宋明儒对于"气"也提出了全新的阐释,牵扯出来的问题更多、更广,也更引人入胜,以下我们就针对之提出一些我们的观察与反省。

"气"的观念在先秦已经提出,战国时邹衍把阴阳与五行的观念结合起来,用以解释历史与政治,到汉代乃成为显学。至北宋,濂溪的《太极图说》吸纳了阴阳五行的观念,却不再落于气化论的窠臼,斩断了一些穿凿附会的葛藤,而开出一"本体宇宙论"的规模,所谓:"五行一阴阳也,阴阳一太极也,太极本无极也。"如此,则道、器相即,形而上的理,所谓无极而太极,与形而下的气,所谓阴阳、五行,超越、内在两行互相参透,展示一创生性的宇宙与人文秩序。横渠沿着同一方向思考,却有更多彩多姿的拓展,所谓"一故神,两故化"。超越的是"太虚神体",凸显的是清、虚、一、大;内在的是阴阳二气的无穷变化,所谓"两在故不测",而风、雨、露、雷的自然现象,乃至鬼神之迹,更不必说仁、义、礼、智的人文秩序,都不外是二气交感的结果。而人一方面禀受气质之性,只是一有限的存在,另一方面也禀受天地之性,故能体证天德良知,"兼体无累",通过修养工夫,乃可以兼超越、内在两行,生命与天地一体而化。故《西铭》的结语才说:"存吾顺事,殁吾宁也。"天人合一之旨到横渠乃明白地展示出来。

有这样对横渠的理解,绝不会把他误解为一位自然主义

的气化论者,故牟先生指出:

> 依此,"太和所谓道"一语,是对于道之总持地说,也是现象学之描述地指点说。中含三义:(一)能创发义;(二)带气化之行程义;(三)至动而不乱之秩序义(理则义)。由此三义皆可说道,有时偏于一面说。三义具备,方是"道"一词之完整义。横渠虽有时喜就气化之行程义说道,如下文"由气化有道之名",便是就行程义说道,此亦是共许之义。……但虽可就气化之行程义说道,并非此实然平铺之气化即是道,必须提起来通至其创生义始可。"太和所谓道",亦不是此实然平铺之气化,乃是能创生此气化之至和也。依此"由气化、有道之名"只是太和之带著气化说而已。并非截断其创生义,只执"实然平铺之气化"以为道也。道言大路,取万物之所由,亦不是只那平铺之行程,亦必有其根源义,宗主义,此即其创生义。①

由这样的解析,可见把张载当作唯气论者或唯物论者,乃是纯然的误解。牟先生之所以激赏明道之一本论,正因他宣示一突显出道(超越)、器(内在)相即之圆教,而消解了横渠之滞辞可能引发的歧出。然而可惜的是,横渠的宇宙论的线索也就乏人继承,消失了一个丰富多姿的面相。伊川乃开启了朱子理气二元不离不杂的思路,虽保持了理的超越性,却成为一只存在而不活动的但理,代价不免太大。象山则格局不够宏大,不足与朱子抗衡。到明代,阳明乃全力与朱子抗

---

① 牟宗三:《心体与性体》,第1卷,439~440页。

衡，发展心学，而助长了一种内在一元论的倾向。① 由阳明到蕺山，虽肯定理气一元，反对朱子将两方面对立起来，但还可以把超越面维持住。到黄梨洲虽已有滑落到自然主义的倾向，但毕竟可以保住超越与内在的分际，故我仍以之为宋明儒学的殿军。到陈确、颜元、戴震，就完全否定了超越的层面，而转移到了另一典范。② 在明代，只王廷相是自然主义的气化论者，而不可以把这一标签泛用到其他人身上，并将思想渊源回溯到横渠而缺少必要的分疏。其中一个最有趣的案例是王夫之，他的思想的确受到横渠重大的启发。由形上学的角度看，他的思想是有虚歉处，但由历史文化的角度看，他却继承了宋明儒学的理想主义，而与典范转移后的清儒并不同调。

由以上所说，可见我们不可以把一个复杂的问题简单化。我们绝不可以望文生义，把横渠误解成一个自然主义的唯气论者或唯物论者。气在整个宋明儒学之中，无论程、朱之理气二元还是阳明、蕺山之理气一元，都是一个重要的概念。而宋明儒学的共识乃是"天道性命相贯通"，这一睿识为清儒所失落③，他们所宗奉的已是一个不同的典范，故不能像冯友兰那样无分疏地以之为道学之继续。到了当代，在先秦、宋明之后，面对西方的挑战，又有了第三波，所谓儒学之第三期（the third epoch），正是要恢复宋明儒"天道性命相贯通"

---

① 参见拙著《黄宗羲心学的定位》，103~104、108 页。
② 参见刘述先、郑宗义：《从道德形上学到达情遂欲——清初儒学新典范论析》，见刘述先：《儒家思想意涵之现代阐释论集》，73~103 页。
③ 我的意思是，程、朱虽主张理气二元，但通过曲折的阐释还是可以讲"天道性命相贯通"。这样的看法与牟先生的看法略有区隔，重点在于牟先生仍肯程、朱有超越层面的体证，与失落了这一层面的清儒如陈确、颜元、戴震自大异其趣了。

的睿识，以上溯先秦儒学隐含在《论语》《孟子》《中庸》《易传》以及《大学》中的精神。这样的线索自不必为所有的人所接受，至少当代新儒家的确有一条思想一贯的线索，在这里将之重新建构出来，以清眉目，多少可以消除一些对这一思潮的误解罢！

<blockquote>宣读于 2001 年 11 月 25 日在台北举行、由政治大学哲学系主办之"宋明理学中的关学研究"研讨会，原刊于《复旦哲学评论》，第 1 辑（2004 年 1 月）。</blockquote>

# 从发展观点看《周易》时间哲学与历史哲学之形成

## 一、缘起——中国人缺少怎样的抽象时间观念

在 1995 年出版的专论中国文化时空观的文集中,何莫邪(Harbsmeier)撰文,比论中西的时间与历史观念,做出了一些很有意思的观察。① 他指出葛兰纳(Granet)在 1934 年提出中国人缺少抽象时间观念的见解②,颇为风行一时。但他提出异议,如果中国人真的没有抽象时间观念,那么司马迁根本没法做出"年表",因为不相关联的事件必须放在一个概念架构之内才能确定彼此先后或同时的关系。他说我在 1974 年发表讨论中国的时间观念的论文,还在重复中国人缺少抽象时间观念的论调③,而他只能同意,一般而论,中国或者缺少

---

① Christoph Harbsmeier, "Some Notions of Time and History in China and in the West," in Chun-chieh Huang and Eric Zürcher eds. , *Time and Space in Chinese Culture* (Leiden, New York, Köln: E. J. Brill, 1995), pp. 49–71.
② Marcel Granet, *La pensèe chinoise* (Paris: Albin Michel, 1934).
③ Shu-hsien Liu, "Time and Temporality: The Chinese Perspective," *Philosophy East and West*, vol. 24, no. 2 (April, 1974), pp. 145–152.

高度理论性的时间观念,像亚里士多德在《物理学》中提出的看法那样。我对他的回应是:我的看法并非源出葛兰纳的见解,我并不是说中国人缺少任何抽象的时间观念,像他批评的那样,而只是说,中国人缺少与内容分割开来的抽象时间观念。在方法论上,我是卡西勒的追随者,他论"文艺复兴人"的说法给予了我们重大的启发,他说:

> 布沃哈特(Burchkhardt)之所以能够提出他有关文艺复兴人的描写,是因为他是建立在一庞大的事实资料基础上的。当我们研习布沃哈特的作品时,这些资料之丰富与可靠性实在地令人惊叹。然而,布沃哈特所做的这一种统观活动之方式,他所提供的历史性的综合,基本上是与借经验途径获得的自然概念迥异的。如果我们在这一场合要谈论所谓"抽象程序"的话,则此中所涉及的乃是胡塞尔所谓"观念化抽象程序"(ideirende Abstraktion)。我们既不能期待,也不能要求这一"观念化抽象程序"的结果终将可以被某一具体的个别情况印证。同样,就所谓"收蓄"(subsumption)而言,假定吾人当前有一件物体,我们于发觉了这一或某一块金属具有一切我们所知晓的作为"金"的条件后,乃可以把这一块金属收蓄于"金"此一概念之下;然而,在谈论到有如所谓"文艺复兴人"时,所谓收蓄便不能以上述的方式进行了。当我们把李奥纳多·达·芬奇(Leonardo da Vinci)与亚历天奴(Aretino),把马西里奥·费琴诺(Marsiglio Ficino)与马基亚维利(Macchiaveli),把米开朗琪罗(Michaelangelo)与凯撒拉·波几亚(Cesare Borgia)等人都称为"文艺复兴人"的时候,我们当然并

不意图说这些人物全都具有某一些于内容上为固定的、彼此吻合的个别特征。我们不单只认为他们彼此之间其实完全不一样,而且更感觉到他们之间甚至是对立的。我们所要指出有关于他们的,不过是:无论他们彼此之间是如何对立迥异,或甚至正因为这些对立,他们却共同地站立在某一特别的观念上的相关性之上;也即是说,他们之中的每一个都以其自己的方式参与缔造上述我们一般所谓的文艺复兴的"精神",或文艺复兴的文明。①

我从不怀疑中国人有运用所谓"观念化抽象程序"或所谓"具体的共相"(concrete universals)的能力。但中国人用的词语与概念架构仍与西方有异。

故我的想法其实与何莫邪的想法差别不大,而他警告我们说:

> 我们(西方人)非常倾向于把自己的概念掺入中国的书名之内,以至把《尚书》——由于后来叫《书经》的缘故——译为 Book of History。这种流行的翻译扭曲了研究中国的学者的概念架构。②

无疑今日我们还在"格义"阶段。当然我是学哲学的,进路自与何莫邪不同。我的基本观念与 1974 年发表的文章并无差异,但时隔四分之一个世纪,表达自然会很不一样。在本文中,我将通过《周易》——包括经和传——追溯中国人

---

① 卡西尔:《人文科学的逻辑》,关子尹译,118~119 页,台北,联经出版事业有限公司,1986。

② Christoph Harbsmeier, "Some Notions of Time and History in China and in the West," in Chun-chieh Huang and Eric Zürcher eds., *Time and Space in Chinese Culture* (Leiden, New York, Köln: E. J. Brill, 1995), p. 64.

的时间和历史观之形成。在这些年间,海峡两岸对于《周易》的研究已经有了长足的进展而有了新的面貌。我特别要提到两部代表作,一是业师方东美教授以英文论中国哲学的遗著出版①,里面用一整章篇幅讨论《周易》生生而和谐的哲学意涵,发挥得最为淋漓尽致。② 而大陆近年来珍贵文物出土,对于《周易》的研究有前所未有的突破,北大朱伯昆教授著《易学哲学史》③,对于现阶段的研究成果有简要而精准的综述。晚近又有关于郭店楚简的国际性的炽热讨论④,里面与《周易》相关的材料并不多。但据悉上海博物馆收购的楚简有许多有关《周易》的资料,迄今尚未发表,这里自无从参考。好在我的重点是放在哲学观念形成的探索,做出现象学的描绘,并不完全依靠考据的成果,只需指出一个大体的方向,便已经很足够了。

## 二、由发展的观点研究《周易》

我提议用一种开放的、发展的观点来研究这部古典。现在流行的版本包括许多孔门后学的东西,其编纂完成可能迟到汉初。《易传》中已融入了道家与阴阳家的观点,但基本精

---

① Thomé H. Fang, *Chinese Philosophy: Its Spirit and Its Development* (Taipei: Linking Pub. Co., 1981). 参见方东美:《中国哲学之精神及其发展》(上),孙智燊译。
② 方东美:《中国哲学之精神及其发展》(上),123～166页。
③ 朱伯昆:《易学哲学史》,共4册,台北,蓝灯文化公司,1991。
④ 近藤浩之:《包山楚简卜筮祭祷记录与郭店楚简中的〈易〉》,见武汉大学中国文化研究院编:《郭店楚简国际学术研讨会论文集》,128～133页,武汉,湖北人民出版社,2000。

神是儒家的，我也限制在儒家的视域之下立论。由现在的观点来看，追问《周易》本义是徒劳的。它原来只是一部卜筮之书，并没有特别深刻的哲学含义，或者正是因此它才能够逃过秦火的劫数。原来经、传是分离的，后来才印在一起。经的部分可以追溯回周初，传包括所谓"十翼"，是孔子与其后学的集体创作，才形成了一整套哲学。在《周易》之中，我曾经分辨出四种符示（symbolism）[①]：

(1) 神秘符示；

(2) 理性/自然符示；

(3) 宇宙符示；

(4) 道德/形上符示。

它们依次发展出来，却又同时并在。而我所谓发展观点，早经学者应用，只不过各人铺陈的方式不同罢了！方东美教授曾做了一个非常有趣的提议：

> 《诗·大序》曰："《诗》三体：赋、比、兴。"赋者，敷陈其事；比者，比物见意；兴者，兴会淋漓，化为象征妙用，而"言在于此，意寄于彼"。赋体多流行于叙事史诗，比体则常见诸寓言，兴体则尤风行于抒情诗词也。可谓一则用以敷陈事实，一则用以掩映意蕴，一则用以

---

[①] 这些观念首见于我的英文论文"The Use of Analogy and Symbolism in Traditional Chinese Philosophy," *Journal of Chinese Philosophy*, vol. 1, no. 3/4 (Jun-Sep., 1974), pp. 313-338. 1987 年在圣地亚哥我发表国际"中国哲学会"的会长演讲，对此有进一步的发挥，参见"On the Functional Unity of the Four Dimensions of Thought in *the Book of Changes*," *Journal of Chinese Philosophy*, vol. 17, no. 3 (Sep., 1990), pp. 359-385. 在中文方面，我做了前面两种符示的分析，参见拙著《由发展的观点看〈周易〉思想的神秘符示层面》，新加坡，东亚哲学研究所，1987；拙作《〈周易〉思想的"理性/自然符示"》，载《"清华"学报》，新 18 卷第 2 期 (1988 年)：275～304 页。

美化创造之幻想力。同理，用以解释《易经》形式逻辑系统结构之语言，也可谓之"《易》三体：赋、比、兴"，即事实描述之语言、隐喻意蕴之语言与创造幻想力之语言，后者尤赖诸象征化妙用，使意义充分发挥而彰显。

由是观之，一切事实陈述，如日常语言所表达，无非纪录史实，于描绘人生与自然情态者也。《易经》主要原是一部纪史之书，含人生与自然，初无若何高深哲学意义，即有亦为量甚微。盖上古淳朴，文字有限，事实陈述语言，沿用既久，势必承受若干意义转变，由叙事而兼说理，演成说理文字，饶具新意矣，遂用作表达象征新义之符号矣。原属描述人生自然纪史之言乃一变而用作象征表达哲学智慧之工具。①

东美师把《诗》三体的说法引申，移用到《易》三体，颇具巧思。但他把重点放在哲学的玄想上面，我们则借助朱伯昆教授对近年来《周易》研究的综述，对这一发展过程做一现象学的描绘。我们的起点是时空观专集中林丽真的文章《〈易经〉中的时、位观念及其发展》②，当然我们会在哲学方面做出更深入的反省，在范围方面我们将限制在《周易》本身，不讨论后世《易》学的发展。

由现在观点看，既不采取完全信古的态度，也不采取完

---

① 方东美：《中国哲学之精神及其发展》（上），142～143 页。
② Li-chen Lin, "The Notions of Time and Position in the *Book of Change* and Their Development," in Chun-chieh Huang and Eric Zürcher eds., *Time and Space in Chinese Culture* (Leiden, New York, Köln: E. J. Brill, 1995), pp. 89–113. 后来承林教授寄赠原稿，题目是《周易"时""位"观念的特征及其发展方向》，但英文本已行世，故仍针对之加以讨论。该文发表于《周易研究季刊》，第 18 期（1993 年）：12～15 页，读者可以参看。

全疑古的态度。旧的说法是，《易》的形成历经三圣：伏羲、文王与孔子。这当然不能当作信史看待，但却提供了三个象征，传达给我们一些重要的信息。根据人类学家的研究，由少数民族如彝族的卜法，可以推断，八卦的起源可以追溯回上古对于伏羲神话的信仰。① 到了中古，文王被囚于羑里，有深切的忧患意识，仍深于《易》。大约《易》之经的部分是编于周初。再到近古，根据《左传》《国语》的记载，对于卜筮的解释，已经有了转往义理的倾向，孔子正是这个阶段最具关键性的一个人物。当然太史公谓孔子作"十翼"的说法不足信，但今天又不免疑古过甚，根本否定孔子与《易》的关系，过矣！或谓《论语》中完全缺乏这方面的材料，这是不正确的。事实上孔子曾引述恒卦：

> 子曰："南人有言曰：'人而无恒，不可以作巫医。'善夫！""不恒其德，或承之羞。"子曰："不占而已矣。"（《论语·子路》）

"不恒其德，或承之羞"是恒卦九三爻辞。或谓整本《论语》只引这一条，一定有问题。殊不知，要作伪，一定大量作，只有一条，反而没问题。太史公谓"孔子晚而喜《易》"的说法，正好说明了《论语》中少这方面的材料的缘故。正因为孔子晚年传《易》于另一批学生如商瞿，故未录入《论语》之中。晚近出土的帛书《易》，有一篇"要"，未收入今本"十翼"之中，里面有子贡对"孔子晚而喜《易》"的质疑，孔子回答自己与史巫同途而殊归，这无论是想象的还是真实的对话，都正好间接证明"孔子晚而喜

---

① 参见汪宁生：《八卦起源》，载《考古》，总第145期（1976年）：242~245页。

《易》"确有其事。① 孔子晚年所言想必有很多保留在今本《易传》之中，只是我们无法分辨哪些是他本人所说，哪些是他的后学所说罢了！

孔子对于天道的体认，通过《易传》得到长足的发展，与道家、阴阳家合流，发展了中国人特有的变易/不易对立统一的辩证观点，隐含了中国人的时间、历史乃至历史哲学的观念。由今日的观点看来，"十翼"虽非孔子所作，但留下了孔子思想的痕迹，以儒家生生和谐的精神为主导。其发展轨迹大体如下：《彖传》（上、下）在先，接着是《象传》（大象、小象），《文言》本于《彖》《象》，对乾、坤两卦的卦爻辞提出解释，然后是《系辞》（上、下），这些大多是战国作品；较后的是《说卦》《序卦》《杂卦》。以上并称"十翼"。② 实际上到《系辞》已提出了整套的哲学观。以下就顺着这样的线索追溯《易》隐含的时间、历史观念的形成。我打算讨论以下五个问题：

(1) 爻位观念；

(2) 时中观念；

(3) 道器之相即；

(4) 主客之融和；

(5) 没有一定计划的辩证法。③

---

① 有关这一问题的讨论，参见拙作《论孔子思想中隐含的"天人合一"一贯之道》，见《儒家思想意涵之现代阐释论集》，1~26页。

② 参见朱伯崑：《易学哲学史》，第1册，46~60页。

③ Cf. Shu-hsien Liu, "On the Formation of a Philosophy and History through the *I-Ching*," presented at an international conference of "Notions of Time in Chinese Historical Thinking," held in Taipei (May, 2000), pp. 26-28. 这篇文章基本上是我的英文论文之改写。

## 三、爻位观念

正好林丽真文的讨论就以前两项为重点，我可以接下去讲。一个重卦包括六爻，解读的次序由下而上，经初、二、三、四、五爻以至上爻。由初爻开始，到最上面的第六爻，有时间的先后观念，而每一个爻占一个位置，可见《易》的系统并未分隔时空，功效凝为一体。《彖传》首先发展出爻位说，盖爻分阴分阳，阳爻（—）属奇，阴爻（- -）属偶，刚柔互济。不知由何时起，阴爻称六，阳爻称九，而整个系统形成了。《象传》在这方面沿袭《彖传》，只不过把重点转移，放在《象》的上面。林丽真文开宗明义，就做出了如下观察：

> 传统中国人从来不用抽象的文字讨论时空。他们把实际的时空概念用于日常生活。古代的文本有时提到"宇宙"（含义即时-空），如《墨经》《尸子》《庄子》皆然。……故此，传统中国的时空观念与西方思想由数理宰制的抽象时空概念截然不同。而《易经》在这一重要领域之内，将中国思想的发展塑造成形。①

何莫邪或者会说，林丽真到了1995年还在说中国人缺乏

---

① 林丽真文章被译成英文发表出来，我又译回中文，参见林丽真：《周易"时""位"观念的特征及其发展方向》，89～90页。原文是："中国人讲时间与空间，一向很少做抽象的运思，而习惯于扣紧现实的人事界说话。早期的资料除《墨经》《尸子》《庄子》偶尔提到'大宇宙'的观念外，其他书在涉及'时、空'的问题时，往往把人的主客观才质条件一并纳入考虑，并以寻常'如何应时守位'为其目标。……此一思维走向，实与西方数学或物理学对'时、空'观念的思考路数大异其趣。《周易》不言'时、空'，而言'时、位'，即最足以代表此一特质。"

抽象时空概念，但她讲得很明白，中国人所缺少的是为数理宰制的抽象时空概念。而这是有哲学上的理论效果的，东美师曾申论如下：

> universe 或 cosmos，在中文的表达是"宇—宙"，吾人所谓"宇"，是三度空间的集合（所谓上下四方谓之宇），而"宙"则指时间变化的延绵（所谓古往今来谓之宙）。宇宙二字连用，乃是一个整全的系统，只在后世才分化为空间与时间。……最接近它的可能是爱因斯坦的"统一场"。宇宙，如中国哲学家所想的，乃是存在的统一场。①

爻位既含时间观念，故爻位说也可被称为时位说。同时卜筮的用意本在趋吉避凶，故与价值判断脱离不了关系。一般而言，阳善阴恶，但传统中国思想一向看重脉络，并不是机械式地认为每一阳爻皆善。举例说，乾卦六爻皆阳，整体而言，这个卦无疑是善的。故卦辞曰："乾，元亨利贞。"依高亨的解法，经文的原意只是，大亨，利贞。但传文的阐释却赋予之很深的含义。乾，卦名，天也。《文言》乃以元、亨、利、贞为天德，元善也；亨，美也；利，利物也；贞，正也。君子亦有此德。② 上九爻辞曰："亢龙，有悔。"居高位而自满，那就会陷入困境。③ 再配合爻位说来说，一个重卦，初（一）、三、五是奇位，得到阳爻是"当位"，吉；二、四、上（六）是偶位，得到阴爻也"当位"，吉。但奇位得阴爻，

---

① Cf. Thomé H. Fang, *The Chinese View of Life* (Hong Kong: The Union Press, 1957), p. 47. 我的译文。
② 参见高亨：《周易大传今注》，53 页，济南，齐鲁书社，1979。
③ 参见上书，59 页。

或偶位得阳爻，则"不当位"，效果就不一定好。上九正是这样的一个案例。再由另外一个角度着眼，一个重卦的六爻，上二爻属天，下二爻属地，中二爻属人，人居于天地之中，与天地都有接触，向上可以向往天的高明，向下可以感念地的博厚。故中国的人文主义绝非一寡头的人文主义，天、地、人三才互相感通①，《中庸》"与天地参"（第二十二章）对于"三一"（trinity）的理解，天（macrocosm）、人（microcosm）之间是一种伙伴关系。人也并不将一切委之于命，故《乾·象》曰："天行健，君子以自强不息。"这样的态度的确能充分表达儒家哲学的精神。

## 四、时中观念

朱伯昆指出，《蒙·彖》曰："蒙亨，以亨行是时中也"，推崇时中，是很清楚的。儒家推崇中道，孔子即赞"中庸之为德也，其至矣乎！"（《论语·雍也》），但孔子未言"时"字，孟子才推崇孔子是"圣之'时'者也"（《孟子·万章下》）。故孟子所把握的中道，绝不是机械的东西。他说："子莫执中，执中为近之。执中无权，犹执一也。所恶执一者，为其贼道也，举一废百也。"（《孟子·尽心上》）可以看出，孟子是时中说的倡导者，而《中庸》更明言："君子而时中"

---

① 参见朱伯昆：《易学哲学史》，第1册，83页。《系辞》曰："《易》之为书也，广大悉备，有天道焉，有人道焉，有地道焉。兼三材而两之，故六。六者非它也，三材之道也。"《说卦》发挥说："昔者圣人之作《易》也，将以顺性命之理。是以立天之道曰阴曰阳，立地之道曰柔曰刚，立人之道曰仁曰义，兼三材而两之，故《易》六画而成章。"

（第二章），《易传》的时中观念，与思孟学派有密切关联，应该是没有疑问的。①

对于时中的力动的了解已经在《易传》如《彖》《象》中充分地展示了出来。下卦的中爻（二，地位）与上卦的中爻（五，天位）为同位；同理，初与四，三与上，也为同位。人生于地上，故第三爻为人位。三、四爻分属下、上两卦，故有某种不稳定的关系。四爻为上卦之始，与下卦之三爻可以是连续（从），或者凌驾（乘）的关系。如两中爻刚柔相应，即五爻为阳，二爻为阴，则刚柔得中，君臣相济，也反映了儒家的中道思想。而初爻地位虽卑微，却有不断向上攀升的机会；上爻虽高，却有随时被颠覆的危险。这些体例千变万化，可谓不一而足。② 再加上人的因素，就更为复杂了。或者讲到这里，需要举整个卦的实例说明，就由乾卦开始。③

☰ 乾，元亨利贞。

初九，潜龙，勿用。

九二，见龙在田，利见大人。

九三，君子终日乾乾，夕惕若厉，无咎。

九四，或跃在渊，无咎。

九五，飞龙在天，利见大人。

上九，亢龙，有悔。

用九，见群龙无首，吉。

《彖》曰：大哉乾元，万物资始，乃统天。云行雨

---

① 参见朱伯崑：《易学哲学史》，第1册，50页。
② 参见高亨：《周易大传今注》，34～47页。
③ 参见上书，53～56页。

施,品物流形。大明终始,六位时成,时乘六龙以御天。乾道变化,各正性命。保合太和,乃利贞。首出庶物,万国咸宁。

《象》曰:天行健,君子以自强不息。

《小象》每爻都有疏释,这里就不烦再引了。乾卦特别之处在于六爻皆阳,故爻辞另外还有用九一条,并附有《文言》,也可略加征引如下:

《文言》曰:元者,善之长也。亨者,嘉之会也。利者,义之和也。贞者,事之干也。君子体仁足以长人,嘉会足以合礼,利物足以和义,贞固足以干事。君子行此四德者,故曰,乾,元、亨、利、贞。……夫大人者与天地合其德,与日月合其明,与四时合其序,与鬼神合其吉凶,先天而天弗违,后天而奉天时。天且弗违,而况于人乎,况于鬼神乎。亢之为言也,知进而不知退,知存而不知亡,知得而不知丧。其唯圣人乎。知进退存亡而不失其正者,其唯圣人乎。①

由《乾卦》的经文,便可看出,那是精心编纂的结果。《易传》预设天人的感通,但那与迷信无关,一部卜筮之书已被转化成为一部哲学智慧的宝典,升降进退有一定的秩序。在不变化的过程中,不可能永远维持纯阳的局面。阴气渐长,初、二、三、四、五、上诸爻依次为阴爻所取代,而形成了其他的卦。到六爻皆阴,乃形成坤卦,恰好是乾卦的对反,却又彼此相反相成。《坤·彖》曰:"至哉坤元,万物资生,

---

① 参见高亨:《周易大传今注》,60~61、72~73页。

乃顺承天。坤厚载物，德合无疆。含弘光大，品物咸亨。"①《象》曰："地势坤，君子以厚德载物。"② 《坤·文言》曰："坤至柔而动也刚，至静而德方，后得主而有常，含万物而化光。坤道其顺乎，承天而时行。……君子敬以直内，义以方外，敬义立而德不孤。"③ 坤卦六爻皆阴，故爻辞另有用六一条，并附有《文言》，恰与乾卦相当。同样，在不断变化的过程中，不可能永远维持纯阴的局面。阳气渐长，一阳来复，形成复卦，更有其重要的象征意义。熊十力先生著《乾坤衍》④，以乾坤为《易》之门，乃其余诸卦、诸爻之所从出。此一家书说，非必可从，但也的确提供了睿识，给予了我们重大的启发。

## 五、道器之相即

《彖》《象》《文言》均预设天人间之相应架构，既有宇宙论的意涵，也有形而上学的意涵。《系辞》乃将之发展成为一整套的哲学，兹再略加征引如下，《系辞上》有曰：

> 是故阖户谓之坤，辟户谓之乾。一阖一辟谓之变。往来不穷谓之通。见乃谓之象。形乃谓之器。制而用之谓之法。利用出入，民咸用之谓之神。是故易有太极，是生两仪，两仪生四象，四象生八卦，八卦定吉凶，吉

---

① 参见高亨：《周易大传今注》，76 页。
② 同上书，78 页。
③ 同上书，83~85 页。
④ 参见熊十力：《乾坤衍》，"自序" 1 页。

凶生大业。①

这是中国古典中首次出现"太极"观念。它是终极的形而上的创生原理，依对立统一的方式创生万物。两仪指阴阳。四象指太阴、太阳、少阴、少阳。八卦依《说卦》，乃乾（天）、坤（地）、震（雷）、巽（风）、坎（水）、离（火）、艮（山）、兑（泽）。《易传》作者以八卦可像宇宙一切事物，而乾、坤尤占枢纽性之地位。

《系辞上》有曰：

> 乾坤，其易之缊邪？乾坤成列，而易立乎其中矣。乾坤毁，则无以见易。易不可见，则乾坤或几乎息矣。是故形而上者谓之道，形而下者谓之器，化而裁之谓之变，推而行之谓之通，举而错之天下之民谓之事业。②

道非一物，不闻不睹，故为形而上（metaphysical），是超越的创生原理。器有形有象，故为形而下，是内在的创造过程的成果。两方面形成对比，却又互相依赖，不像柏拉图的二元论，超越的理型与内在（具体）的事物隔离，变与不变，打成两截，以致构成了严重的哲学问题。《易》则彻头彻尾是一创造性的哲学。《系辞上》有云：

> 生生之谓易。成象之谓乾。效法之谓坤。极数知来之谓占。通变之谓事。阴阳不测之谓神。夫易广矣大矣，以言乎远则不御，以言乎迩则静而正，以言乎天地之间

---

① 高亨：《周易大传今注》，536～539页。承不具名评审者提醒，高注以筮法言，两仪指天地，四象指四时，比后世流行邵雍、朱熹以两仪阴阳的说法古老，更接近《周易》时间（四时更替）与空间（乾坤天地）的原意。

② 高亨：《周易大传今注》，542～543页。

则备矣。夫乾，其静也专，其动也直，是以大生焉。夫坤，其静也翕，其动也辟，是以广生焉。广大配天地，变通配四时，阴阳之义配日月，易简之善配至德。子曰："易其至矣乎。夫易，圣人所以崇德而广业也。知崇礼卑，崇效天，卑法地。天地设位，而易行乎其中矣。成性存存，道义之门。"①

《易》用"生生"之叠字最有意趣，东美师将之译为 creative creativity②，这绝非修辞学上所谓的 redundancy（赘辞）。"生生"意味永远不会穷竭的创生力量，不像"生"，指已经创造完成的（created）结果。汉代的郑玄就讲易之三义，所谓"变易""不易""周易"（即所谓"易简"）。周易一词不再只指周代之《易》，还有"易道周普"的含义。形上、形下，超越、内在，不易、变易，时间（temporal）与超时间（trans-temporal），互相穿透。这样的思想更为宋明理学所发扬光大，可以充分反映中国传统的思维方式。而人，正如周敦颐《太极图说》所谓"得其秀而最灵"，在天地万物之中，只有人能把握"生生"含义。《系辞上》有曰：

> 一阴一阳之谓道。继之者，善也。成之者，性也。仁者见之谓之仁，知者见之谓之知，百姓日月而不知，故君子之道鲜矣。显诸仁，藏诸用，鼓万物而不与圣人同忧。盛德大业至矣哉。富有之谓大业，日新之谓盛德。③

这一段话意义深远丰富。很明显是以儒家思想为主导，

---

① 高亨：《周易大传今注》，515～518 页。
② Thomé H. Fang, *Chinese Philosophy: Its Spirit and Its Development*（Taipei: Linking Pub. Co., 1981），p. 110.
③ 高亨：《周易大传今注》，514～515 页。

故曰继之者善，成之者性。却又吸纳了阴阳家与道家的睿识，形成了整套的思想，有丰富的认识论与存有论的含义。人是通过自己内在性分的禀赋，才能把握寓于阴阳变化的生道。但要将之提升到意识的层面有深刻的体证，仍是一种难得的成就。只有对仁有深刻体证的人，仁的世界才会向他开展出来；同理，只有对知有深刻体认的人，知的世界才会向他开展出来。所以，君子之道是稀有的成就，却又与一般百姓不隔，他们还停留在日用而不知的境界。他们要通过君子的推动，才能成就一番盛德大业。

## 六、主客之融和

在这里，非常重要的一个关键在于，绝不可以把这一段话的意涵误释为相对主义、主观主义（subjectivism）。在这方面，海德格尔的"现象存有论"可以给予我们重大的启发。他对德国的认识论传统过分侧重主体的倾向不满。照他的说法，人，所谓"此在"（Dasein），生下来就被投掷在一个"世界"（world）之中。故"世界"（客）与"人"（主）互相依存，它是意义结构，并非孑然独存的纯外在的存有。人在"非本真的"（inauthentic）模态与"本真的"（authentic）模态面对的是不同的世界系络，前者把握的是机械的时间观念，后者把握的是实存的时间观念，这才会体现在人是"走向死亡的存有"，而有所焦虑与关注。[①] 儒家自不能满足于海德格

---

① Cf. Martin Heidegger, *Being and Time*, translated by John Macquarrie and Edward Robinson (New York and Evanston: Harper & Row, 1962).

尔式的现象学的描述,也不认为这样的描述普遍皆然。但"世界"是意义结构,不只可以在《易传》中找到类似的思想,更在王阳明发挥《易》的哲理的思想中找到了深刻的印证。在《传习录下》中,王阳明曰:

> 人一日间,古今世界都经过一番,只是人不见耳。夜气清明时,无视无听,无思无作,淡然平怀,就是羲皇世界。平旦时,神清气朗,雍雍穆穆,就是尧舜世界。日中以前,礼仪交会,气象秩然,就是三代世界。日中以后,神气渐昏,往来杂扰,就是春秋战国世界。渐渐夜昏,万物寝息,景象寂寥,就是人消物尽世界。学者信得良知过,不为气所乱,便常做个羲皇以上人。①

阳明由解释孟子存夜气做工夫开始,与古代历史整个关联起来,这正是回归《易传》的精神,《系辞下》有云:

> 古者包羲氏之王天下也,仰则观象于天,俯则观法于地,观鸟兽之文与地之宜,近取诸身,远取诸物,于是始作八卦,以通神明之德,以类万物之情。②

在精神的感通之下,我们可以凌越时间与历史的隔阂,回返伏羲的"世界",而且可以让这样的世界经常保持在我们的生活之中。林丽真在检讨了孟喜、王弼、朱熹三家《易》说之后,做出如下结论:

---

① 王阳明的思想不是什么主观观念论(subjective idealism),要对之有进一步的了解,参见拙作《王学与朱学:阳明心学之再阐释》,见《朱子哲学思想的发展与完成》,增订3版,485~520页。我在本文的讨论,把范围限制在《易传》的材料以内,只有这一段引文是例外,情非得已,尚盼曲谅。
② 高亨:《周易大传今注》,558~559页。

这三家对于时位的解释都有着主观人文主义（subjective humanism）的印记。故此，三家对于《易》经、传的解读，都继续在实际人生与生命哲学的脉络之下，发展时位观念。他们并未开出任何思潮，以近代的抽象、客观、数学的方式来看时位。①

林丽真因受到当代新儒家唐君毅与牟宗三的影响，重视主体性的观念，这并不错。但她不了解，文章英译本用 subjective humanism 这样的词语会引起相对主义、主观主义的联想，而偏向一边。故我强调《易传》的思想平衡主、客，借用了当前流行的诠释学的说法，这样才能更妥帖地掌握《易传》所隐含的哲学的精神。

## 七、没有一定计划的辩证法

《易传》既平衡主、客，在超越和内在之间把握中道，当然隐含一"对立统一"之辩证架构。《易》的经文泰卦九三爻辞曰："无平不陂，无往不覆。"② 这里面已经隐含了一种素朴的辩证法的思想。而六十四卦的形成，孔颖达于《周易正义》中提出"非覆即变"说，认为六十四卦的排列是"二二相

---

① Li-chen Lin, "The Notions of Time and Position in the *Book of Change* and Their Development," in Chun-chieh Huang and Eric Zürcher eds., *Time and Space in Chinese Culture* (Leiden, New York, Köln: E. J. Brill, 1995), p. 113. 我的译文。原文是："显然，他们之解卦时、爻位，都是带着相当主观的人文色彩，故承《易传》，接续'时、位'问题的讨论，而更贴切地引向人生哲学的层面去发挥。"英译文是采取意译的方式，故对原文有所增删，这是应该加以说明的。

② 高亨：《周易大传今注》，149 页。

偶"，即每两卦为一对，互相配合。其配合的形式：一是覆，即卦象颠倒；一是变，即卦象六爻皆相反。以上两说，影响很大，孔说符合《周易》的实际情况。朱伯崑指出，《周易》中的卦象和卦序，隐藏着一种逻辑思维：对立面的排列和组合。历代的易学家以对立面的相互关系说明事物的变化，其思想的最初萌芽即存于卦象和卦序中。可以看出，龟卜的兆象出于自然裂痕，不存在逻辑思维。而《周易》的卦象则出于奇偶两画的排列和组合，是人的理性思维的产物。①

这样的"对立统一"原则，既用于天象，也用于人事。《象》已提出了顺天应人说。其释革卦曰："天地革而四时成。汤、武革命，顺乎天而应乎人。革之时，大矣哉！"② 这里面已隐含了一套时间哲学，乃至历史哲学。历史通过辩证的方式发展，能够掌握历史发展的方向，就能够创造历史。从表面看来，这样的辩证法好像与西方黑格尔或马克思的辩证法（dialectics）有非常类似的地方。但是我却要指出，中国式的辩证思维与西方式的辩证法，无论是唯心还是唯物，有十分不同的特性，可以由以下两个方面看得出来。

近代西方深刻受到古希腊传统的影响。黑格尔的逻辑脱胎自亚里士多德的形式逻辑，十分富于系统性。把正反合的原则用到历史上，展现了丰富的面貌。但让历史迁就逻辑架构，也不免出现削足适履的情况。马克思的辩证法虽把心、物的关系颠倒了过来，但仍然展现了类似的特性。《周易》隐含的辩证思维缺少这样的系统性，似乎比较粗糙、素朴，带有随机性。但其实它是不同的东西，它根本不是科学，而

---

① 参见朱伯崑：《易学哲学史》，第1册，17~18页。
② 同上书，50页。

是智慧传统的表现。如果历史哲学指历史发展有一定规律的玄想历史哲学，那么中国传统并没有这样的东西。由现代到后现代，西方正忙着做"解构"（deconstruction）的工作，中国传统从来没有做过系统的建构，所以也没有这样的需要。

近代西方同样深刻受到希伯来传统的影响。《圣经》有着"末世论"（eschatology）的传统，历史往着"最后审判"一定的目标走去。黑格尔年轻时研究神学，无疑也有同样的倾向，历史走往绝对精神的体现。马克思是彻底的无神论者，但历史也有一定的走向，即无阶级社会乌托邦的体现。但《周易》并无一定的目标走向。最令人称奇的是，第六十三卦"既济"一切都完成了，最后第六十四卦却是"未济"，于是循环往复，周而复始，永无尽期。故此，我把《周易》所教定性为一"没有一定计划的辩证法"（a dialectics without definite programs）。乾卦用九爻辞曰："见群龙无首，吉"，也正是体现了同样的精神。

最后需要回答的一个问题是，《周易》是否为一种"循环论"的思想？就六十四卦的循环往复来看，似乎的确隐含了循环论的思想。但如前所述，中国人更重视内容，每一个新的循环有新内容，故也很难说是典型的循环论。《周易》也似隐含着一种演化论，或谓展示了一种螺旋上升的过程。但这同样没有必然性。

总之，《周易》绝对不合历史定命论的思想。人有智慧，就可以在顺境逆境中上升，缺乏智慧，则也可以遭遇乾坤颠毁的悲惨境地。故此，《周易》强调的是，智慧的体现与行动的决心。这样的智慧传统完全存乎其人，既不流于绝对主义，也不流于相对主义。"理一而分殊",这正是由《周易》传统结晶出来的智慧,有其现代与后现代的意义。①

宣读于2001年3月14日在台北由"中央研究院"中国文哲研究所主办之"当代儒学与西方史学"研讨会,原刊于《台大历史学报》,第27期(2001年6月)。

---

① 参见拙作《"理一分殊"的现代解释》,见《理想与现实的纠结》,157～188页。

# 方东美传

## 一、生平与简历

方东美（1899—1977），名珣，以字行。出生于安徽桐城（清光绪二十五年阴历二月初九日），为方苞十六世孙。幼颖悟，家学渊源，饱读诗书。1917年于桐城中学毕业后，考取金陵大学预科第一部，翌年升入文科哲学部，是一位活跃的学生领袖。曾任学生自治会会长，学生社团"中国哲学会"主席，杜威来访时曾代表致欢迎辞。1919年参加少年中国学会，曾任《少年世界》月刊总编辑，《少年中国》月刊编辑，并为五四运动南方领导策划人之一。由于在做礼拜时看小说，几乎被开除学籍。幸得汉密尔顿（Clarence Hamilton）教授力保，辩称大学是教育机构，不是传教机构，始得顺利毕业。老师并因受到学生影响，成为唯识学专家，传为士林佳话。1920年先生负笈美国，先就读于麦迪逊（Madison）的威斯康星大学，完成论柏格森生命哲学之硕士论文："A Critical Exposition of the Bergsonian Philosophy of Life"，备受麦基维利

(Evander Bradley McGilvary)教授赞扬。为了对黑格尔的哲学有深一层的了解，他转学到俄亥俄州立大学一年，然后回威斯康星大学攻读博士学程。当时美国流行新实在论，他完成了博士论文《比较英美的新实在论》（"A Comparative Study of British and American Neo-Realism"），并通过了答辩。然因阮囊羞涩，立即应家人与友朋之请束装返国，未及将论文付梓，完成手续。

1924年回到中国，先任教武昌高师（武汉大学前身）一年，翌年转任南京东南大学（中央大学前身）教授，并曾任教中央政治学校（政治大学前身）。由1929年起，担任中央大学哲学教授，一直到1948年为止。1928年在上海与通过自由恋爱的高芙初女士结婚，夫人为忠实基督教徒，二人相约不干预对方宗教信仰，厮守终生，育有三子一女，但无一学哲学，故先生尝言，学生是我理智上的继承人。1947年渡海到台湾，翌年起在台湾大学哲学系执教，到1973年退休为止。同年开始任辅仁大学讲座教授。1977年7月13日因肺癌逝世，享年78岁。先生壮年经历抗战，晚岁迁台，紧守教育岗位，超过半个世纪，教育哲学人才无数，桃李遍天下。在"中央研究院"的学生包括陈康、唐君毅、程石泉，在台大的学生包括黄振华、刘述先、成中英、傅伟勋、孙智燊、金忠烈（韩国籍），在辅大的学生包括沈清松、傅佩荣、叶海烟等，人数众多，不及备载。一生嗜书成癖，生活简朴，身后备极哀荣，被尊为现代新儒学代表人物之一。下面略述先生思想发展之经过与其特色。

青年时期的方东美醉心西方哲学，曾在《少年中国》月刊撰文论《柏格森"生之哲学"》（第1卷第7期）、《唯实主义的生之哲学》（第 1 卷第 11 期）、《詹姆斯底宗教哲学》（第 2 卷第 11 期）等三篇文章。并曾译《实验主义》一书，署名方东英，于 1920 年由中华书局出版。但日后因感实验主义缺乏形上欣趣，乃不复措意，彼此道路越行越远，实不可掩者。①

返国之后，恢复参与"少中"活动。不幸的是，成员因政治立场迥异而趋于分裂。1925 年初春在上海聚会，国家主义派有曾琦、李璜、左舜生等，共产主义派有恽代英、邓中夏等。两派自晨起争辩至深夜，终于不欢而散。先生目睹此情此景，心已破碎。7 月"少中"第五届年会在南京举行后即行解体。先生感叹现实政治之分崩离析作用，从此终生绝意仕途，潜心哲学文化问题之深入思考与研究。

1931 年，先生在中央大学《文艺丛刊》第 1 卷第 1 期发表《生命情调与美感》一文，所谓"乾坤一戏场"，俞曲园尝曰："一部廿四史衍成古今传奇，英雄事业，儿女情怀，都付与红牙檀板。"深入的中西文化研究，结合了绚丽多彩的美感欣趣，正宣泄了一代诗哲的生命情调。1936 年出版《科学哲学与人生》，比较古希腊与近代欧洲的世界观和人生观，颇惊心于西方现代文明背后的虚无主义，而回心向往古希腊理性和谐的境界。是年春，适中国哲学会南京分会成立，因草就《生命悲剧之二重奏》长文，当众宣读。下年初的另一件大事是在中国哲学会第三届年会宣读论文《哲学三慧》。

---

① 先生美国友人韩六一（Lewis E. Hahn）教授于 1988 年在国际方东美哲学研讨会应邀致开幕词《方东美与中国精神》，曾经指出，先生所不契者为著《哲学的改造》（*Reconstruction in Philosophy*，1920）时的杜威，而不是著《艺术即体验》（*Art as Experience*，1934）时的杜威。脉络主义（contextualism）的哲学与先生的哲学有许多相通之处。这样的说法有一定的道理。但先生的思想并不止于机体主义（organicism）哲学一端，游心于玄远的柏拉图境界即为一例，与实验主义仍有一定区隔，则为不可掩者。

原稿写就，迟未发表，寄沪刊载，未及出版而毁于倭难。所幸副纸犹存，于1938年发表。此篇言简意赅，一生思想规模俱在，比论古希腊、欧洲、中国之哲学智慧，畅发三慧互补之旨，架局恢宏，向往完美境界，以寄望于哲学发展的未来。

抗战军兴，日寇迅速席卷华东。中央大学由南京迁沙坪坝。先生匆促离开，藏书、存稿尽失，生命进入另一阶段。抗战前夕，1937年4月8日至24日，应教育部之邀，透过中央广播电台，向全国青年宣讲中国先哲的人生哲学、宇宙观、人性论、生命精神、道德观念、艺术理想、政治信仰与现代中国青年所负的精神使命等共8次，仿费希特之发表《告德意志人民书》，揭发文化根源，砥砺民族气节。讲稿甫由商务印行，而"七七事变"发生，全民共赴国难矣！

此后垂20年，先生可谓惜墨如金，并未发表任何著述，转以中国哲学为主，进行长时期之研究与积累。而藏书既失，百无聊赖，乃寄情佛庙之内，潜心佛教经论，做深入的探究。中国佛学要到隋、唐才进入成熟的阶段。印度空宗开启中国的三论、天台；有宗则开启法相唯识之学，进一步发展为华严的圆教。此外，禅宗顿教，不立文字，彼曾经盛极一时，但未流泛滥，故良莠互见，而影响了宋朝新儒学思想的发展。抗战时期，先生有私信与熊十力先生辩唯识（1938年11月30日），但从未对外发表，到晚年才让学生传抄，最后收录在全集之内。[①] 先生心存恕道，拒绝单方面发表一面之词，令人可感。先生并由佛学回溯印度哲学根源。在重庆时期印度大哲

———————

① 参见方东美：《与熊子贞先生论佛学书》，见《中国大乘佛学》，653～674页，台北，黎明文化事业股份有限公司，1984。

拉达克里希南曾率团访华，问及先生是否满意西方对中国哲学的著作或翻译。答案既是极不满意，乃力劝先生以英文著述。先生以此受到极大刺激，乃誓言以英文阐述中国哲学智慧，扭转国际观感，此后竟成为其终生职志！

1945年，抗战胜利，举国欢腾。先生也随中央大学迁回南京。然而内战不止，民心厌战，国事日非。先生洞烛先机，1947年即渡海来台。翌年任台湾大学哲学教授兼系主任，改革课程，充实图书，为哲学系奠定了基础。然迅即让贤，不再担任行政职务，专职教学之事。到1973年退休，曾两度获得由台湾教育主管部门颁发之杰出教师奖（1956年与1964年）。先生东西哲学造诣深湛，虽长时期未形诸文字，而清誉日隆。蒋介石雅好黑格尔哲学，曾邀先生做黑格尔之讲席。一次曾吁请先生宣扬三民主义哲学，先生予以婉谢，自承在这方面了解不深，必须让席吴稚晖老先生。先生在大陆时曾加入国民党，来台以后不再报到，保留独立身份。1956年出版《黑格尔哲学之当前难题与历史背景》长文①，暂使我国数十年来科学与玄学、实证论与唯心论之论争宣告结束。这是先生晚年亲笔所写唯一有分量的中文著作。先生虽吝于笔墨，但历年多为政工干校做通俗演讲，连前在大陆中央政治学校连续多年之演讲，许多政要如王昇、潘振球辈均列门墙，可谓门庭广阔，竭力宣扬文化理想，有教无类。先生一向维持独立知识分子之凛然风骨，所谓"壁立千仞，争此一线"，形似高蹈避世，实则"知其不可而为之"，此又展现了另一面相，不可不表而彰之。两面合观，始得其全貌，似相反而实

---

① 参见方东美：《生生之德》，159～255页，台北，黎明文化事业股份有限公司，1979。

相成，所谓"望之俨然，即之也温"，外表之冷漠，终难掩盖内在之古道热肠。不如此，绝不足以把握先生之真精神与真面目。

1957年，先生在香港友联出版第一本英文书 *The Chinese View of Life*（《中国人的人生观》）。该书文字典雅，旁征博引，阐发中国心灵之奥秘，曾得到友人曾约农先生之称道与润色。中国人的智慧，在体现广大和谐之道。中国式的人文主义，既不偏于宗教，又不偏于科学，不似西方心灵每每陷入二元对立之绝境。生生而和谐，浑沦一体，表现在宇宙观、人性论、生命精神、道德观念、艺术理想、政治信仰各个方面，展示了一种健康饱满、积健为雄的精神。只有重新恢复这样的精神，才能从根对治不断向下沉沦的现实背后的沉疴，而扭转时代悲剧的命运。可惜的是，先生所说不免曲高和寡，少有解人。此书固未能在英、美大书局出版，出版之后也未引起广泛之注意，但却促成了先生出国访问的机缘。

1959年先生应邀去美国讲学一年，先后任南达科他州立大学及密苏里大学客座教授，各待一个学期。先生自述为何选择了南达科他那样偏僻的地方，理由在先生痛感都市生活之沉沦，美国的元气或者还保留在尚未为烂熟的现代文明所笼罩的地区。黄石公园的美景就在附近，先生常携带相机一架，游山玩水，将大自然的风光尽摄镜底，而绝少人物在内。先生在牯岭街寓所畜有狼犬，忠诚为友，远不似人间之奸诈，这又多少宣泄了先生孤高绝世的一面。机缘又让先生在春季访问哥伦比亚之密苏里大学。1960年台湾当局将一批善本书赠予密苏里州圣路易市之华盛顿大学，先生就近参加赠书典礼，得以结识当时在华大任哲学系主任兼文理学院院长的韩六一教授。1963年韩六一转赴南伊利诺伊大学担任哲学研究部主任，伙同密苏里大学的旧友发展比较哲学课程。20多年来培植了不少中国哲学人才——里面好多位在出国之前是先生与香港唐君毅教授的学生，并为梅贻宝教授所称道者。这又不能不说是命运的巧安排，应该加以表扬出来。

1964年出席第四届夏威夷东西哲学家会议，发表论文《中国形上学中之宇宙与个人》（"The World and the Individual in Chinese Metaphysics"），畅论生生而和谐之旨。英国哲学家芬德莱（J. N. Findlay）处处只见矛盾冲突而加以质疑。先生以跳跳蹦蹦之儿童不识名画之深刻寄意而折之，令人侧目。本届会议中，先生早年弟子唐君毅教授也应邀发表论文，台大弟子刘述先（来自台湾）、成中英（在夏威夷大学任教），唐先生弟子陈特、彭子游（来自香港）一并与会。三代会聚一堂，受到大会祝贺，亦儒林佳话也。因中国哲学家在会上表现光彩夺目，随后先生即应邀担任密西根州立大学客座教授两年。1977年水牛城纽约州立大学拟以高薪延聘先生到该校任教，但先生为履践前诺，翩然返台，在台大讲授"中国哲学之精神及其发展"。1969年又应邀出席第五届夏威夷东西哲学家会议，发表论文《从哲学、宗教与哲学人类学看人的疏离》（"The Alienation of Man in Philosophy, Religion, and Philosophical Anthropology"）。1972年再赴夏威夷，在王阳明五百周年纪念会发表论文《从历史透视看阳明哲学精义》（"The Essence of Wang Yang-ming's Philosophy in a Historical Perspective"）。1973年由台大退休，11月17日在台北第二届世界诗人大会致辞，讲《诗与生命》。这些英文论文均已结集出版①，并由及门弟子孙智燊、傅佩荣等译为中文，收入全集出版。②

1966年返台之后，鉴于台湾青年对于中国文化缺乏了解，乃放下一切西洋哲学课程，改教中国哲学，从而彻底实现了由西方回归东方的学术转变，将学术生命最终落实在弘扬中国文化精神上。从1966年10月至1976年12月，曾先后三度讲授中国哲学。第三次在辅仁大学的录音，后来整理成《原始儒家道家哲学》《中国大乘佛学》《华严宗哲学》《新儒家哲学十八讲》四部书，均已收入全集。③ 由1966年8月，他开始用英文撰写《中国哲学之精神及其发展》，于1976年8月完稿，这是一部系统阐述中国哲学精神及其发展的巨著。④ 但先生庞大的写作计划还远不止于此。他拟写一部《比较人生哲学导论》，副题为《生命理想与文化形态》，内容遍及宇宙人生问题，通贯古希腊、欧洲、印度、中国文化。历年讲课，已有相当端绪，可惜尚未正式写稿，遽尔仙逝，只留存目⑤，空余怅茫之情，令人感到遗憾。逝世之前曾礼佛求医，声言

---

① Thomé H. Fang, *Creativity in Man and Nature* (Taipei: Linking Pub. Co., 1980). 此集所收最后一文 "The Problem of Unity in the Philosophy of Plato"，并非先生所作，被当作遗稿误编入此集，应予删除。

② 参见方东美：《生生之德》。除《疏离》文由傅佩荣译出以外，余均由孙智燊译为中文。

③ 全集由黎明文化事业股份有限公司出版，包括：《坚白精舍诗集》(1978)、《方东美先生演讲集》(1978)、《生生之德》(1979)、《中国人生哲学》(1979)、《华严宗哲学》上下册 (1981)、《原始儒家道家哲学》(1983)、《新儒家哲学十八讲》(1983)、《中国大乘佛学》(1984)。

④ Thomé H. Fang, *Chinese Philosophy: Its Spirit and Its Development* (Taipei: Linking Pub. Co., 1981). 中译本参见东方美：《中国哲学之精神及其发展》(上)，孙智燊译。

⑤ Appendix Ⅲ: Outline of "Prolegomena to a Comparative Philosophy of Life," in *Chinese Philosophy: Its Spirit and Its Development* (Taipei: Linking Pub. Co., 1981), pp. 535–538.

并非怕死,只是尽到自己求生的责任。死后依遗嘱将骨灰撒入料罗湾,哲人其萎,金门建造东美亭作为纪念。

以上我们把方东美先生的生平、简历、著作略说了一个梗概,究竟我们要怎样了解他这样一个人呢?好像不容易说得清楚。幸亏他自己给予我们一个简单的描述:在教养上,他是儒家;在气质上,他是道家;在宗教向往上,他是佛家;在训练上,他是西方人。可谓得其神髓。先生思想贯通东西,博采众家,本难归于一门一派。当前大陆流行观点,把他归入现代新儒家的行列,是否有一点勉强呢?

很明显,他不属于狭义的当代新儒家——由熊十力到唐君毅、牟宗三那一条线索。

但据长期追随他的黄振华先生说:

> 自清末至民初,中国受外来侵略之刺激,中华文化再度复苏……非政治上的领导人物……如马一浮、熊十力、梁漱溟、方东美、唐君毅及牟宗三先生……表现出一种特征,即均博通佛儒二家思想,先入佛,再出为儒,此乃表示以儒家为本,而包括佛学思想。但在其中能贯通中、西、印三大文化系统之学术思想,而又归本于中华文化者,厥为方东美先生。
>
> 方先生认为今日而言复兴中华文化,须具有广大的心胸、恢宏的气度,始能有济于事。他对于中国传统思想,同尊儒、道、墨三家,他尝云:"墨子之体天志,儒家之参天地,道家之法天地,正是如出一辙"(方著《人生哲学概要》第五章),但三家之中以儒家为本……尤其以孔子为重要……孔子问礼于老聃……思想形成之后,又影响了后期的道家庄子,是以方先生把庄子列为雅

儒……可说儒家包容了道家。墨家……只是片面上的非儒……事实上,墨家的"天志"思想来自儒家,从这方面看,儒家也包容了墨家。在方先生看来……所谓孔子是"圣之时者也"……是以在今日而言维护及复兴中华文化,应具有广大的心胸,秉承孔子兼容汲取各家思想的精神,把中华文化弘扬光大。

……就今日的情况言……尚须包容西洋文化之精华,以及印度文化中除佛学之外的其他重要思想在中国文化之内,这才是复兴中华文化与传承中华文化之真义。①

如果黄先生的理解无误的话,那么把方先生归之于现代新儒学的行列,也未始不可以言之成理。但他以诗哲的身份,表现成为一种十分特殊的形态。批评者认为先生所言有如天马行空,不切实际;倾慕者则欣赏其哲学境界之空灵,自提其神于太虚而俯之,启发良多。以下分节介绍与摘录其主要著作之内容,以见其思想与文字之一斑。

## 二、《科学哲学与人生》

《科学哲学与人生》为先生出版的第一部重要著作。第一章绪论,追问哲学思想缘何而起。先生引史悟冈《西青散记自序》数语说明哲学思想之心理起因:自理论看,起于"境的认识";自实践看,起于"情的蕴发"。再追问哲学思想之

---

① 黄振华:《论中华文化之传承》,见《方东美先生纪念集》,106~108页,台北,正中书局,1982。

历史的起因，也可一言而蔽之：人类思想之进程可用"由神话到理性"这个方式形容尽致。再要追问情之所由起与理之所自出，则可参味《西青散记》转华夫人语：

> 何自有情？
> 
> 因色有。
> 
> 何缘造色？
> 
> 为情生。

这里引申出无穷的宇宙观与人生观的追求，不同文化自有其不同哲学的表达，值得我们深入反省，玩味咀嚼。

第二章讨论古希腊哲学之意义。古希腊哲人提出了"物格化的宇宙观"。宇宙被看作状如覆碗——局促有限的境界，于是产生一种所居而安、所乐而玩、识情明趣、研虑说心的感想。古希腊人生的特征就是轨度、秩序、匀和。这种特征在他们的宗教、科学、艺术及行为中都尽量表现出来。物格化的宇宙观完成之后，在古希腊思想史上引起两种反动：(1)人本主义，以普罗塔哥拉、苏格拉底为其重要代表；(2)目的的唯神论，以柏拉图、亚里士多德为其重要代表。柏拉图所想象的法象世界、价值世界纯是一种诗的意境。他厌弃污浊的尘相，独自往来于精神世界，一则以求真实的科学与哲学，一则以明高贵的人生之旨趣。同是一种价值宇宙观由亚里士多德写出来，乃浅近无甚雅量，平易无甚高致。人类处在这种过渡的物质世界，终觉有局促辕下、意注何处之感。欧洲中世纪1 000余年间，人类只感受罪孽的苦痛，而又不能得着究竟的解脱。对此唯有高唱尼采的大地的福音，促其警悟。

第三、四章讨论欧洲近代科学的宇宙观与人生问题。近代西洋民族所设想之宇宙乃是一种广漠无涯的系统。它所要发挥之精神，是西洋民族戡天役物、利用厚生的欲望。简单来说，近代欧洲思想经历三层转折。(1) 由中世纪解放出来，科学的成就诚是金碧辉煌，然而人生在宇宙的地位却降低了。(2) 于是转归精神主义的哲学，这种骄纵的态度只肯定精神的生命而否定物质的世界，其末流遂助长宗教的虚无主义之气焰，把人类入世的热肠又烧断了。(3) 最近的物理学与相对论修正上述两种独断的趋势，结果尚不能预测，故暂存而不论。

第五章讨论人性之分析。科学的心理学受了物质科学的影响，漫把人性裂为原始的质素，不免以理杀人。人生是整全的，人性是活跃的，真实的心理学应以具体的经验为对象，以直觉的描写为方法。反倒文学的心理学，曲写心灵，逼肖人生，故是真实的心理学；科学的心理学，襞积细微，残损人性，只是冒学心理学；机械主义的心理学误入歧途，动性"生机主义的"心理学正在探索新的可能性。各方面的努力都是要为人类开一个新生命的局势。

最后一章论生命悲剧之二重奏。文中引萧伯纳隽语："生命中有两种悲剧，一种是不能从心所欲，另一种是从心所欲。"后者是古典的希腊悲剧，前者却是近代的欧洲悲剧。古希腊悲剧英雄遭遇到非个人所能控制之厄运，每每惨绝人寰，而坚苦卓绝，终能令人得到雨过天晴、洁净澄清之效果，变无为有，故为随心所欲之悲剧；反之，近代欧洲思想之主要潮流都表现驰情入幻的趋势。欧洲之悲剧运有入无，故不能从心所欲，不妨称之为虚无主义之悲剧。

欧洲人所陷落的乃是一种进取的虚无主义悲剧。宇宙人生本来并非不真实、无意义，但是因为人类无端掀起大惑昏念，猖狂妄行，处心积虑要鼓舞魔力来破坏宇宙，摧毁生命，结果宇宙真个倾覆幻灭，趋于虚诞，人生真个沉沦陷溺，廓落无容。这种进取的虚无主义，正是浮士德的悲剧。德国人弗里德尔（E. Friedell）曾把近代欧洲文化的发展拟作戏剧的三部曲。文艺复兴时代的世界恍如光怪陆离的幽梦。巴洛克（the Baroque，17、18世纪）的人生是以恢宏的理智为其精髓，人生所呈露的奇形怪状，僵硬如木偶戏。洛可可（the Rococo）的心灵，脆弱低微，如深秋晚歌之回声。到了王尔德，乃宣称："虚构假托，饰伪见美，艺术要图惟在于此。"所谓美术竟充满了撒谎的虚情。近代欧洲人虚无主义的悲剧，自作而自受之，谓予不信，请听浮士德与魔鬼唱和之片段（《浮士德》第五幕）：

渺渺予怀，
期望安实？
诈伪迷惘，
恶魔操术！
窅然空虚！
幻象栗栗！

## 三、《哲学三慧》

如果天底下只有两个价值文化系统可供选择，无疑先生会选择古希腊，而不是欧洲。但还有意义更为冲远平正的中国价值文化系统，即理论效果就完全不一样了。

《哲学三慧》虽只是先生 30 多岁时的少作，但却具备了一生主要思想的雏形，言简意赅，含义丰富。由此文可以看到先生的文化形态学受到斯宾格勒的影响至深，但并不接受其定命论，还要进一步考虑文化之生态、创造的问题。而先生通过其独特的解释，颇中意于尼采的大地福音、超人理想，由之而得到巨大的启发。以下节抄该文重要段落，便知梗概。①

甲、释名言

1. 太初有指，指本无名，熏生力用，显情与理。

1.1 情理为哲学名言系统中之原始意象。情缘理有，理依情生，妙如连环，彼是相因，其界系统会可以直观，难以诠表。

2. 衡情度理，游心于现实及可能境界，妙有深造者谓之哲学家。

4.1 哲学智慧生于各个人之闻、思、修，自成系统，名自证慧。哲学智慧寄于全民族之文化精神，互相摄受，名共命慧。本篇诠释依共命慧，所论列者，据实标名哲学三慧：一曰希腊，二曰欧洲，三曰中国。

乙、建义例

一、标总义

1. 观摩哲学可分两途：一、智慧本义；二、智慧申

---

① 《哲学三慧》现收入《生生之德》，137～158 页；也收入《生命理想与文化类型：方东美新儒学论著辑要》，85～106 页，北京，中国广播电视出版社，1992，编者为蒋国保与周亚洲。编者序指出："'超人文化'是方东美早年的提法；到晚年，他改称其为'理想文化'。"(27 页)

义。共命慧属本义，自证慧属申义；共命慧统摄种种自证慧，自证慧分受一种或多种共命慧。

2.1 希腊人以实智照理，起如实慧。

2.2 欧洲人以方便应机，生方便慧。形之于业力，又称方便巧。

2.3 中国人以妙性知化，依如实慧，运方便巧，成平等慧。

4.1 希腊如实慧为契理文化，要在援理证真。

4.2 欧洲方便巧演为尚能文化，要在驰情入幻。

4.3 中国平等慧演为妙性文化，要在契幻归真。

二、立别义

1. 哲学生于智慧，智慧现行又基于智慧种子，故为哲学立义谛，必须穷源返本，以智慧种子为发端。希腊人之"名理探"，欧洲人之权能欲，中国人之觉悟心，皆为甚深甚奥之哲学源泉。

13. 中国人悟道之妙，体易之元，兼墨之爱，会通统贯，原可轰轰烈烈，启发伟大思想，保真持久，光耀民族。但一考诸史乘，则四千年来智慧照明之时少，暗昧锢蔽之日多，逐致文化隳堕，生命杳泄。

丙、判效果

4. 希腊思想实慧纷披，欧洲学术善巧迭出，中国哲理妙性流露，然均不能无弊。希腊之失在违情轻生，欧洲之失在驰虑逞幻，中国之失在乖方敷理。矫正诸失，约分两途。一者自救，二者他助。希腊人应据实智照理而不轻生，欧洲人当以方便应机而不诞妄，中国人合依妙悟知化而不肤浅，是为自救之道。……希腊之轻率弃世，可救之以欧洲之灵幻生奇；欧洲之诞妄行权，可救之以中国之厚重善生；中国之肤浅蹈空，又可救以希腊之质实妥帖与欧洲之善巧多方。是为他助之益。

7. 尼采之超人理想真切不虚，但据其臆断，超人应鄙夷一切过去人类，毋乃诬妄特甚。……超人空洞理想更当以希腊、欧洲、中国三人合德所成就之哲学智慧充实之，乃能负荷宇宙内新价值，担当文化大责任。

## 四、《中国哲学之精神及其发展》

先生迁台以后，主要以英文著述，比论东西，驰誉国际，均预设其对中国哲学之深刻理解。1976年，经十年之辛劳终于完成这部扛鼎之作。其余依照演讲录音整理出来的中文著作，也莫不以此书为基准，其重要性可谓不言而喻。

全书除导论介绍全书节次并在第一章综论中国哲学之特质以外，共分四个部分：(1) 原始儒家；(2) 道家及其影响；(3) 佛家哲学之充量发展；(4) 新儒家之三种形态。最后终结以书尾之赞辞。依先生之见，原始儒家成就了一种境界上的"时间人"形态，道家则是"太空人"形态，佛家为"时空人"的形态（兼空而迭遣），新儒家乃是一种杂糅的同时为"时空人"的形态（兼综时空而不遣）。而贯通四家表现为中国哲学的通性有三个方面：(1) 旁通统贯论。儒、释、道三教均主夸"一以贯之"，不会落到分崩离析的境地。(2) 道论。然而对于"道"的内容理解，则各家不同。儒家是天、地、人三极之道,道家是超脱解救之道,佛家是菩提道。(3)人格超升论。人能够变化气质,超凡入圣,转识成智,这不能诉之于科学的平面心理学,也不能诉之于心理分析的深层心理学,而必须诉之于向往成圣、成贤、成仙、成佛的高层心理学。①

就分论而言,先生盛赞原始儒家之智慧,其根源可以上溯到上古,第一个重要的文献即《尚书》之《洪范》篇。箕子的启示来自夏禹,加以推衍以成是篇,最可以注意的是"五行"和"皇极"观念。五行本来只是五种材质,似无深意,但《管子》一书论水土,以其为万物之根源,则推想古代中国可能有一种万物有生论之思想,五行之论也可以是上古时代神话宗教之遗留,后来才加以理性化、人性化。这样的思想逐渐与阴阳家、《易传》的思想合流。"皇极"的符号更值得我们注意。"皇极"应训作"大中",最初显然有宗教的意味,然后才慢慢取得哲学的含义,为真实之标准与价值之典范,而有其深远的意义。中国思想自古即天(生源)、人(现世)不隔,特缺"原罪"观念。文化之发展承先启后,表现一既保守又进步之特殊性格。

另一部极为重要的典籍则为《易经》。《易》的六十四卦可以通过一系统方式演绎出来,但其符号之意义则待解释而定。我们释《诗》所用"赋""比""兴"的观念也可用来解析《易经》。孔子的思想绝不能局限于《论语》,由司马迁的

---

① 这些意思也见于《中国哲学之通性与特点》,见《方东美演讲集》,45~111页,台北,黎明文化事业股份有限公司,1988。"高层心理学"(height psychology)观念乃首次在1969年第五届东西哲学家会议论《疏离》一文中提出,参见《生生之德》,350页。

证词，从孔子到商瞿，有一条传《易》的线索。《易传》大体有四个方面的发展：首先是发展了一套生生不已的自然观，其次是肯定人性内在的道德价值，再次则发展了一套普泛的价值论，最后完成一套天人合一、以价值为中心的存有论。生生、广生、普遍和谐，孔子以后，孟、荀虽各有所偏，但也进一步发展了人文主义的理想，获致了辉煌的成就。

道家则走上了一条不同的道路。"太空人"居高临下，泛观万有，把握一种犹如梦境的理想境界。玄之又玄，众妙之门，道家突破了凡俗的世界，独自与天地精神相往来，表现了一种超脱、自由的境界。后世注释家黄老治术，道教练丹，不免堕落。但道家哲学影响深远，以后通过王弼、向、郭，影响到僧肇、道生。经历"格义"阶段，经过长期消化之后，中国佛学才有其成熟的发展。

佛家的"时空人"，有时忘记时的观念，有时忘记空的观念，互相轮替，循环不已。中国佛学并不只祖述印度的思想而另有开创。印度的空宗开启了中国的三论、天台，有宗则开启了法相唯识之学，进一步发展出华严之圆教。此外，禅宗顿教，不立文字，曾盛极一时，但末流泛滥，不可收拾，故良莠互见。除禅宗之外，先生均对之详加疏释，特重华严之广大和谐，此处不及深论。

先生对宋明清新儒学不无微词，格局转隘，互相攻讦，观念杂糅，不免陷于矛盾。宋儒受二氏影响，在孔子时间人的体验之外杂入了道家空间人的体证。宋代还能继承原始儒家生生之旨，这是其超卓之处。但宋儒能道性善，而划分人心、道心，气质之性、天地之性，阳为孟子信徒，其实是荀子的追随者，架局偏小，排他性强，易启争端，自亦意料中事。新儒家表现为三种形态：朱子继承北宋周、张、二程，倡唯实论，企图做成一大综合，结果不免破绽百出，不能自圆其说。阳明继承象山，倡唯心论，返归孟子本心，心理合一，知行合一。惜王门后学议论纷纭，引起许多争端。清儒如船山、习斋、东原乃转归自然主义。此数派者希望由天上转回人间，求人性之充分发展，使至善之理想得以完成实现于世间。现代西方自然主义者竞相呼号，谨守价值之中立性。反观中国哲人，则于宇宙观与人性论必系之以价值之枢纽。盖违此理想，即成智障，殊不足以游心慧境也矣。

由此可见，先生论中国哲学各派，也有一宏阔之比较哲学架构作为背景。这一架构由《哲学三慧》提出雏形，论集诸文不断加以繁衍，条分缕析，最后做成蓝图，可惜未能建造成为包罗万象之大观园，先生遽归道山。如今只空留存目，收归附录之中，令人怅惘。但还是值得略加介绍，俾人一窥其胸中丘壑，也未始不可受到重大的启发。

计划中之书名曰《比较人生哲学导论：生命理想与文化形态》。全书共分十一章：

（一）哲学之总会；（二）世界之分辨与语言之使用；（三）存有与价值；（四）智慧之典型与文化精神；（五）宇宙论之种类；（六）人性构成之探讨；（七）不同生命精神之管窥；（八）道德之追求与伦理文化；（九）艺术的情调；（十）国家之组织生活；（十一）文化之批判。

第一章总纲开宗明义论智慧之失坠与重建之可能，接着讲哲学的人类学与人之典型，而后讲知识的来源与世界（境界）的分辨，最后归结于物我之融贯与普遍和谐之原理。

第二章分论开始，讨论语言与世界之定位，共分九层境界：(1)上层世界；(2)下层世界；(3)外在世界；(4)内在世界；(5)共同世界；(6)劳动与技术操纵之世界；(7)道德世界；(8)历史世界；(9)后面世界。

以下八章讨论各分题，多以一种四分法——A. 古希腊；B. 近代欧洲；C. 印度；D. 中国为基准，有系统地检讨这些文化对于世界人生的不同看法与理想。在第四章论智慧时又在四分法之下再做三分，以做进一步的分析与检讨，其分目如下：

    A. 希腊：(1)阿波罗；(2)狄俄尼索斯；(3)奥林匹斯。

    B. 欧洲：(1)文艺复兴；(2)巴洛克；(3)洛可可。

    C. 印度：(1)奥义书；(2)佛；(3)《薄伽梵歌》。

    D. 中国：(1)道；(2)儒；(3)墨。

先把这些不同精神面貌如实地展示出来，入乎其内，欣赏其智慧，却又出乎其外，指陈其得失。分析、综合迭用，始能得其綮要。在最后一章乃做彻底而全面的文化批评，探讨文化的意义、精神和形式，始而论历史之歧途、生命的悲剧，终而归结于人生的不朽、精神的超升与自由。

此书之撰写之所以受到延误，照黄振华先生的解释，是因为印度方面资料搜集不足所致，这应该是合乎事实的说法，以致今日留下来供我们品尝的，只是一部未完成的交响曲。

## 五、《生命情调与美感》

所谓"乾坤一戏场",先生曾试比观三种生命情调,借戏场所见为喻,以见其特殊美感之所托。此虽似游戏笔墨,实涵至理,受业刘述先,曾补上印度人之戏情,一并传抄在这里,以供参考、玩味,作为本传之结束。①

> 灯彩流翠,满场坐客屏息倾听台前序幕人语:
> 戏中人物:希腊人,近代西洋人,印度人,中国人。
> 背景:有限乾坤,无穷宇宙,轮回世界、冥证超越,荒远云野、冲虚绵邈。
> 场合:雅典万神庙,哥特式教堂,恒河圣地,深山古寺。
> 缀景:裸体雕刻,油画与乐器,神灵造像,山水画与香花。
> 题材:摹略自然,戡天役物,梵我一如、真俗双融,大化流衍、物我相忘。
> 主角:阿波罗,浮士德,苦行圣者,诗人词客。
> 表演:讴歌,舞蹈,颂赞,吟咏。
> 音乐:七弦琴,提琴、钢琴,梵呗,钟磬箫管。
> 境况:雨过天晴,晴天霹雳,长夜漫漫、一线天开,明月箫声。
> 景象:逼真,似真而幻,幻幻真真,似幻而真。

---

① 参见拙作《方东美先生哲学思想概述》,见《中西哲学论文集》,20~21页。

时令：清秋，长夏与严冬，炎夏与早春之间，和春。

　　情韵：色在眉头、素雅朗丽，急雷过耳、震荡感激，顶礼膜拜、庄严肃穆，花香入梦、纡余蕴藉。

原刊于《国史拟传》第 10 辑（台北，"国史馆"，2001）。

# 方东美哲学与当代新儒家思想互动可能性之探究

大陆学术界把东美师归入现代新儒家的行列，或者是多少受到我倡导的影响。其实事出偶然。亡友傅伟勋在20世纪80年代中叶主编《二次大战后宗教问题与宗教间之对话》（英文）一书，指定要我写"当代新儒家"一章，自然是义不容辞了。① 我和伟勋商量，决定写熊十力、方东美、唐君毅、牟宗三四家，伟勋加以首肯。我就动笔写文章，还写了中文版，在美国出版的《知识分子》1985年秋季号发表。② 我当然很清楚，狭义的"当代新儒家"以熊先生为开山祖，唐、牟是他的亲炙弟子，属于同一统绪。东美师并不属于这一条线索。而我在文章中把东美师写进去是有我的理由的。我指出：

> 方东美先生比熊先生年轻，与熊先生为友，在中央大学曾教过唐先生。他不喜宋明儒，同时平章儒、道、墨三家，从不自称儒家，又深于西方哲学研究，有一比

---

① Shu-hsien Liu, "Postwar Neo-Confucian Philosophy: Its Development and Issues," in Charles Wei-hsun Fu and Gerhard E. Spiegler eds., *Religious Issues and Interreligious Dialogues* (New York, Westport, Conn., and London: Greenwood Press, 1989), pp. 277–302.
② 此文收入拙著《文化与哲学的探索》，270～307页。这篇文章在大陆广泛流传，有一定的影响力。

较哲学的视野，把他包括进来，似乎不无疑问。但方先生倡导原始儒家的精神，把《易经》的生生之旨发挥到淋漓尽致的地步，虽然酌取道家、墨家的思想，乃至吸纳佛家以及印度哲学、西方哲学的长处，但基本上还是归宗于儒家的创造精神，故也不妨把他包括在广义的当代新儒家范围内。①

1986 年国家教委"七五"规划"现代新儒家思潮"课题被确定为国家重点项目之一。1987 年 9 月，在安徽宣州召开了第一次全国性的"现代新儒家思潮"学术讨论会。② 推动这项研究课题最力的方克立在 1987 年底发表《关于现代新儒家研究的一个问题》一文即引述了我这篇文章③，他自己也支持这一观点。东美师被选为第一批十位现代新儒家思潮最重要的代表人物之一，此后成为大陆主流意见，不再有严重的异议。虽然东美师未必乐意接受这样的称号，但我并不后悔促成了这样的发展。由于新儒家一度成为大陆的研究焦点，东美师独具一格的学思也备受瞩目，迄今已有几本研究东美师之思想的专著问世，研究范围也并不限于其论儒家思想一端，而遍及各个不同的思想领域。

但东美师的哲学与狭义当代新儒家的思想毕竟有相当大的差异，这自不可掩。而这由唐先生在 1953 年写的一篇序言中的几句话，便可看出端倪：

---

① 拙著《文化与哲学的探索》，280 页。
② 参见方克立、李锦全主编：《现代新儒学研究论集》（一），333～334 页，北京，中国社会科学出版社，1989。
③ 参见方克立：《现代新儒学与中国现代化》，18 页。文中同时报道，有的学者如陈鼓应，认为东美师不是新儒家。

> 至对中国文化问题，则十年来见诸师友之作，如熊十力先生、牟宗三先生之论中国哲学……方东美、宗白华先生论中国人生命情调与美感……皆以为可助吾民族精神之自觉。①

唐先生下笔是有一定分寸的，很明显，在中国哲学方面他与熊、牟二位先生是同道，但在生命情调与美感方面，则与东美师、宗白华先生有共鸣。我自己会特别注意到这几句话，正是因为我也有同样的问题，才会印象深刻，历久不忘。而我自1951年考进台大，受业于东美师，得窥哲学宫墙内之美，从此一往无前，游心玄远，走上一条不归路。我的文化哲学架构、思路，固多启发自东美师，同时我是东美师在台湾所收的学生之中，最早与他有亲密关系的一个弟子，然而我却不能说是传他的学问，何耶？那就是因为我所继承的"中国哲学"的线索，更接近狭义的新儒家的缘故。而东美师一早就知道，我由父亲静窗公那里分享了华严宗的法乳，深受父执牟先生的影响，而仍一贯对我优容，那种开放的襟怀，更让我有加倍的感激与思念。此生何幸，得以长时间亲自受到二位先生的教诲，却又留下足以任我回旋的空间，尝试走出我自己的道路。如今两位先生已归道山，我的思想还在形成之中，把历年潜存心底的思绪浮现出来，探究东美师哲学与当代新儒家思想互动之可能性，在纪念东美师百岁冥寿的学术研讨会上发表，不亦宜乎！

吾爱吾师，吾尤爱真理。一上来，我就要把当年为何没有追随东美师讲中国哲学的线索的理由说出来。在大二那一

---

① 唐君毅：《中国文化之精神价值》，3页。

年，东美师第一次开课讲中国哲学；不想我们哲学系的本科生有许多必修课要上，根本不能去听讲，反而外系如外文系的成中英、历史系的周春堤有机会去听讲。他们听完后就给我转述，接着是无休无止地讨论。记得那时他们转述东美师对儒家的通盘的看法，谓孟子道性善，荀子则主心善，到了戴震，不只主情善，还主欲善，对于人生做出全幅的肯定。大家都感到十分振奋。那时我还可以与父亲通信，乃写信告诉他，并诉说我们对东美师佩服得五体投地的情怀。哪知父亲来信，完全不同意东美师这样的论调。父亲所持最重要的理由是，情欲是必须加以规约的，如漫荡无归，其害不可胜数。受到了父亲的训斥，我不觉出了一身汗。显然东美师的思想与时代解放的思潮相合，并在中国古代找到如贵生、全生一类的说法，发掘其本土的根源，而给予创造性的阐释；但父亲却属于理学与佛学的传统，重视修身，所谓"存天理、灭人欲"，并不是真要灭绝人的欲望，只是要凸显正当的欲望是天理，以理絜情，而不可听任人欲横流。我到后来才明白王学末流泰州派有情识而肆的问题。而钱穆先生批评戴震理欲一元的说法之不称理，恰好是戴氏未能解决如何可能以情（欲）絜情（欲）的问题。① 后来我深入研究中国哲学，特别是宋明理学，多受到牟宗三先生的影响与启发，并不走东美师的路子，所以才说，我不传东美师学问。

---

① 参见钱穆：《近三百年学术史》（上），358～364 页，台北，台湾商务印书馆，1937 年初版，1968 年 4 版。理欲分属两重境界，钱先生说："……《论语》明明分两种境界。《孟子》书中亦明明分说两种境界，而东原必归之于一，又不归于仁义，而必归之于食色，是东原之书近于荀子之性恶，断然矣。……余观船山议论，颇多与东原相同。然船山极尊宋儒，又曰……人之所以异于禽兽者，君子存之，小人去之，壁立万仞，止争一线，亦分两境界书，其识超于东原矣。"（363～364 页）

当然这又不是说，我完全不能领略东美师重新阐释中国哲学所隐含的深刻的睿识。东美师回返中国哲学的源头，特别是发扬原始儒家的精神，真可谓淋漓尽致，令人叹为观止。他把重点放在《尚书·洪范》篇与《周易》经传。由前者，东美师畅论隐含于"皇极"或"大中"之原始根本意符之宗教奥义①；而东美师论《易传》所隐含之生生而和谐之通盘哲学，更是精义迭出。② 特别是把《诗·大序》所谓："《诗》三体：赋、比、兴"，移用来讲"《易》三体：赋、比、兴"，实在是神来之笔。③ 这样，《易》由一套可以表征血缘社会之组织架构，通过孔子及其后学，将"《易》书此部原属纪史之作，遂一变而为一套发挥《易》理之系统哲学矣"④。其中包含四个方面：

(1) 高揭一部万有含生论之新自然观；
(2) 提倡一种性善论之人性观；
(3) 发挥一部价值总论；
(4) 完成一套价值中心之本体论。⑤

正由于东美师把《易传》隐含的一套生生而和谐的宇宙人生观发挥得酣畅淋漓，故我以英文著《儒家哲学》一书，由发展观点论《周易》之"宇宙符示"（cosmological symbolism）层面，就完全依据东美师的说法立论。⑥ 而东美师通过

---

① 参见方东美：《中国哲学之精神及其发展》（上），孙智燊译，74～110页。
② 参见上书，123～162页。
③ 参见上书，142页。
④ 同上书，145页。
⑤ 参见方东美：《中国哲学之精神及其发展》（上），孙智燊译，146～147页。
⑥ Cf. Shu-hsien Liu, *Understanding Confucian Philosophy: Classical and Sung-Ming* (Westport, Conn. and London: Greenwood Pub. Group, 1998), pp. 81-86.

其创造性之阐释以保存、发扬中国哲学传统之智慧又何止原始儒家一端，他还畅论原始道家、原始墨家之旨，深入探讨大乘佛教之智慧；理学虽不免于杂糅、褊狭之讥，东美师仍对周、张、程、朱、陆、王，乃至王廷相、王夫之、颜、李、戴震均分别给予其定位；而他的视野绝不止于中国哲学而已，他一向留意古典希腊文化及近代欧洲文化，后来又注目印度文化。且正因为他未及完成有关印度文化之研究，以至文化哲学伟构未能终篇，不免空留余恨，令人感到怅惘遗憾！而东美师之学问博极古今、贯通东西、汪洋大海、广无涯岸，宣讲如天马行空，及门无不感到难以凑泊。所幸留下英文著作以及演讲录音感兴后学，所发生的影响岂可加以低估？然而，东美师的进路的确留下一些难题，不能不在此提出来与大家一同切磋。

首先，东美师对中国哲学传统的处理是采取创造的阐释的方式。譬如说，他讲"皇极""大中"之意符所隐含的宗教义的确富有创意，给予吾人莫大的启发；但由学术的观点看，却未必能够通过严格考据的验证。当然东美师本来就瞧不起饾饤式的考据，但在哲学玄想与经验实证的进路之间究竟有没有调停的空间？也就是说，在哲学与思想史之间究竟有没有做出综合而加以兼容并蓄的可能性？这还值得我们做进一步的思考与探索。

其次，东美师一贯采取比较哲学或文化哲学的进路，在方法学上教我们要"入乎其内，出乎其外"，令我们终生受用不尽。东美师宽广的视野令我们超出任何门户，乃至任何文化的视野，这种胸襟气度的培养，岂曰小补？但如此进路虽利于做文化形态学的现象学描绘，却在做文化生态学的价值选择时指引力量不足。东美师每每在引发学子对一个境界产生仰慕皈依之情时，立即提出警告，要人把眼光放远，看到一个不同或者更宽广的视野。这样，他给我们的价值指引永远是隐含的，不是外显的，而且永远超越我们当下的水平线。如是，有人批评东美师的哲学属于观赏形态，难以落实，不能不启人疑思。

最后，再由文化层面移到个人安身立命，追求终极关怀或终极托付的层面，问题就会显得格外严重。正由于东美师喜欢取一种"提其神于太虚而俯之"的态度，不愿轻易把自己限于一格、拘于一途。这样固然可以避免短视、边见的坏处，但生命里往往会碰到一些"非此即彼"（either/or），不能不做"实存的抉择"（existential decision）的境遇，不容许吾人无限延宕下去，那东美师提供的进路就不免有使不上力的感觉。正像朱子所说，我只一个浑身，不可能样样都做，后来他就决定往"圣经"中求义。诚然我们不必过早做生命的实存的抉择，但到了一个阶段，就不能避免做这样的抉择；而不可避免的是，既实现了一个价值，就不可能在同时实现另一价值，即使我们可以看到另一价值的意义。则我们要如何由生命内在去发掘泉源，进一步把东美师提供给我们的隐含的指引转变成为一个明显的指引？这是一个问题，我们必须自己去面对。而这恰好是我与狭义的当代新儒家接头的地方。以下我就由这三个层面，在多年的探索之后，做出我自己的回应。

先从第一点说起。我年轻时的确颇为鄙视饾饤考据之琐碎支离，言不及义。但我由陈康先生处学到由发展的观点去理解柏拉图与亚里士多德；后来去东海教书，又受到徐复观先生的影响，由发展的观点去理解古代中国哲学，从不轻视历史。而中国传统一向经史并重，我很早就理会到，哲学的问题不能放在同一个平面去考察，必了解其发生的脉络，才能得到深一层的理解。尤其到近年，我兼做哲学与思想史的工作，虽然自己很少做考据，但却尊重考据原则，希望能够通过对于文献与文物的掌握，尽量恢复思想史发展的轨迹，同时由脉络的了解，开拓哲学在当前语境下可以展示的新境界。由这个角度观察，东美师对于古籍所做的创造性的阐释，诚然可以给予我们高度的启发，但在考据的严格要求下讲思想史，则不免有憾。以孔子为例，东美师轻视《论语》而强调《易传》。但后者虽不乏孔子思想，却因不能断定哪些话是他本人所说，哪些是弟子或再传弟子的言论，至多只能说是原始儒家的论旨。若俱归之于孔子，就不免有猜测之嫌；而一般以《论语》留下的材料相对地说最为可靠，完全加以撇开，乃不免有造成两个孔子之嫌，在思想上构成难以克服的困局。我被这个问题困扰多年，到近来才找到一条走出困境的道路。我利用《论语》本身的材料，重新建构了一条下学而上达、孔子思想中隐含的"天人合一"一贯之道的思路。①由这样的角度切入，乃可以清楚地看到，《论语》的重点虽然在日用常行，但已隐含了一条由内在通往超越的道路。这就印证了太史公"孔子晚而喜《易》"的说法，也印证了东美师的看法，讲孔子思想不能仅限于《论语》所提供的材料。《中庸》《易传》的确包含了孔子本人、及门弟子，以及孔门后学一脉相传的思想。这样，孔子思想的纲领正如牟先生所

---

① 参见拙作《论孔子思想中隐含的"天人合一"一贯之道》，见《儒家思想意涵之现代阐释论集》，1~26页。

说是"践仁以知天"!① 而牟先生也引《易传》《中庸》来讲孔子所开出的思想形态，同样未能严格遵守考据的原则。其实东美师所讲《易传》之赋、比、兴，也是由一发展观点讲《易》之多重含义，那么尽管他本人不会去做我由《论语》找材料给予新的阐释，去接通《易传》《中庸》的工作，但在精神上未始不可以肯定这样的努力，而在义理与考据之间搭起一座桥梁，无须沦于彼此互相攻讦、势不两立的地步。

就第二点来说，我一向服膺东美师哲学不可能不是比较哲学的睿识。在这种睿识的指导之下，台大哲学系的学生必修西方、中国、印度三部哲学史，我们正是这种课程设计的受惠者；香港中文大学哲学系从唐君毅先生到我主持系务，也采取同样的课程设计，绝不是偶然的结果。后来港大取消了必修哲学史的要求，我认为是一个重大的错误。学子必须先有比较的宏观，而后选择性之所近，专攻一业，才能掌握到适当的定位。一上来就投入一个圈套里，鲜有不失之褊狭者，也与哲学的批判精神互相违背。我对东美师提倡儒、道、墨之互补，吸纳大乘佛教的智慧，平章古典希腊、近代欧洲、中国以及印度的睿识，皆有莫逆于心者。东美师不只做出了不同文化形态现象学的描绘，还提供了文化生态往未来发展的指引，观海钩玄、智珠在握，把人的精神境界不断提升，针对流俗，痛加棒喝，所谓壁立千仞，争此一线。在滔滔黄流之外，孤芳自赏，凸显出一股清流，激浊扬清，委实是难能可贵。然而，高远的理想终难以落实，东美师孤独

---

① 参见牟宗三：《中国哲学的特质》，33~34 页，香港，人生出版社，1963。

之余，偶尔也流露出深切的挫折感。哲人独立山巅，迎接朝阳，而不能不叹息，举世滔滔，水流就下，有不知伊于胡底之势！故东美师读书无算，蝇草眉批，不时宣泄了深刻的无力感。而他曾经对我详述少年中国学会往事，由于政治意见相左，总角之交竟然挥拳相向，故东美师从此绝意现实政治，游心玄远的哲学境界。然而，哲人之关心终不舍离世间，乃不免保留了蚀骨之忧思。而我自己也越来越体会到，像中国文化的开展，理念上由民本到民主看来似乎应该是顺理成章之事，但现实上，这样的转化却有如脱胎换骨那样的困难。一直到今天，台湾在形式上虽已实行民主选举，但民主心态的培养还差得远。由此可见，理想上我们尽可以向往兼美，在现实上却常常数害并发，救赎每每缓不济急，不免在哲学上构成一深刻的吊诡，逼迫我们要面对这样的处境。[①]

这就关联到第三点，移到个人层面，在众多价值之间我们常常被逼迫做出非此即彼的实存抉择，问题就显得格外尖锐，处境之严峻常常不是空谈理想所可以应付的。我当然明白，哲学的本务在于反省，属于第二序的学问，缺少立竿见影的实效。我也明白，哲学理念的抉择其实有深远的影响，譬如说，自由世界与极权世界之对立即源于哲学之差别，而柏林墙的倒塌其来有自，故"知其不可而为之"是哲学家无可奈何必须秉持的态度。但即使在理念层，哲学家还是得面临一些困难的抉择，东美师仅为我们提供一些隐含的指引，是十分不足够的。故我在追随东美师做出东西哲学生命情调

---

[①] 参见拙著《理想与现实的纠结》。

的现象描绘之后，就进一步讨论了生命情调的抉择的问题①；而我既自觉地选择了儒家为终极托付，那就使我不能不倾向于当代新儒家的一边。东美师虽为我们描绘了《易传》生生而和谐的境界，以之为最健康的生命情调，却从未明言要我们去做儒家；相反，他提出了原始儒家、道家、墨家的互补架构，强调儒家只是先秦开创的重要传统之一。故在终极关怀方面，东美师所持的是一种开放的态度；而我绝不能仅满足于站在一个超越的立场去欣赏《易传》所宣泄的生生而和谐的境界。盖生生的演化结穴于人，乃出现了浮现在意识层面的对价值的自觉追求。而我有了生命，发展到一个阶段，就能体证到内在的生源。如此外在的情况可能极不理想，此所以孔、孟都有"道不行"的感叹，然而归宗于圣人之道，乃可以学孔子之不怨天，不尤人，"知其不可而为之"，向往"仁者不忧、智者不惑、勇者不惧"的境界。正如阳明所体会的，良知是内在于自家的无尽藏，扩而充之，亲亲、仁民、爱物，根本没有封限，自然而然有着一种天地万物一体之仁的体证，克服了现实生命有限的畸零感。

我的兴趣也由文化哲学转移到宗教哲学的领域——留学美国，师从魏曼，深入研究蒂利希，由比较观点畅发儒家哲学之宗教意涵与内在超越之旨。学问也转向宋明理学的研究，写专书论朱熹（1982）与黄宗羲（1986）。很明显，牟先生的影响越来越深，似乎与东美师的道路越行越远。

从一方面看，好像确实如此，故我在杜维明之外，常常

---

① 参见拙著《生命情调的抉择》。

被视为唐、牟之后海外新儒家的代表人物。[①] 从另一方面看，其实未必尽然。不只所谓第三代新儒家的态度一贯被说为比上一代更为开放，而我自己更从来没有被归入狭义新儒家的统绪，正因为尽人皆知，我是东美师的弟子，牟先生也肯认这一事实，只对门人说我是他的半个弟子，这里所隐含的问题从来没有被认真地考虑过，大家只是接受这表面的事实就算了。若比较深入地分析，就可以看出，我做宋明理学虽然是循着牟先生开出的线索向前进发，但我通盘的哲学概念与牟先生并不一样，一个主要的原因正是，我对历史文化的看法与他不一样。也可以说，我由东美师那里继承过来的思想线索，始终是我自己整体思想的一部分，并没有因为受到牟先生思想的影响而消灭。也正是因为同样的理由，我的情况与杜维明自称为第三代不一样，而是一向拒绝被归入狭义的当代新儒家的统绪。我的思想开放而多元，根本另有线索，不能单纯被看作牟先生思想的调整，那样就会得到一个十分错误的图像。

由我自己的视域出发，东美师既提出原始儒家展示了最健康的生命情调的论旨，我进一步把儒家当作自己的终极托付，乃是极自然、十分合乎逻辑的发展的结果。回到年轻时代，我从游于东美师，文化哲学的思想架构大体已经成型，又向父执牟先生请益，深入探讨中国哲学特别是儒家传统的睿识，我从来就没有一丝一毫背离本师的感觉。恰正相反，我一贯觉得我由两方面学到的东西是互补的，而且东美师和

---

[①] 参见汤一介、杜维明主编：《百年中国哲学经典：八十年代以来卷（1978—1997）》，深圳，海天出版社，1998。选出杜维明和我为海外新儒家的代表。

牟先生也都完全明白我这样的感受，从来没有勉强我去做我自己不愿意做的选择。后来我研究朱、陆异同，深深感到两方面之分崩离析，部分肇因于学生之间的兴波助澜，以至走上了互相决裂的不归路；而我完全不知道东美师与牟先生以前在中央大学曾有一场过节，只知道两人关系不融洽，唐先生访日时，两位都去接机，但却背向而坐，连寒暄都没有一句。这不只使我纳闷，更使我感到遗憾，为何两位我最敬佩的哲学家会有如此恶劣而紧张的关系？但我照常两边跑，无形之中发生了某种缓冲的作用。我无疑是出自东美师门下，却因为家庭的渊源，也受教于宗三伯，而且绝不在两边搬弄是非，只盼望二位能够多欣赏一点对方的长处。正好那时韦政通兄从游于牟先生，却由北投步行来旁听东美师的课，也多少消解了两方的敌意。到1972年两位先生同时到夏威夷出席国际阳明会议，东美师设宴，也请了牟先生，终于和解，传为儒林佳话。

  记得我在东海时，牟先生出版《才性与玄理》，我回台北去拜谒东美师，提到这本书。不想他已经读过这本书，还赞誉牟先生功力很深，这可是很难得听到的出自东美师口中的赞誉；但东美师接着就批评牟先生，说他好像一个人把天下的道都担去了。我悚然一惊，猛省到牟先生虽然就客观处境来说可谓上不在天，下不在田；但他担道之诚，仍不免令人感到有一股霸气。这在当前后现代主义流行，有批评启蒙理性霸权的风气，就更容易理解了。事实上我在大学读书时，并不契于牟先生论历史哲学的方式，在东海时也拒绝参与把儒家往儒教方面发展的努力，以至始终站在牟门外面，而被弟子们称为人文友会之友。

现在回想起来，两位先生的追随者也的确多少显示了"尊德性"与"道问学"的差别。牟先生的弟子把中国哲学，特别是儒家传统的中心睿识掌握得非常牢，在世衰道微之际，展示了卫道之诚。而牟先生任教于师院与东海的中文系，一般而言，外文能力不强，既已得闻大道，对于现代西方学术追求的动机自然显得薄弱，不免有封闭守成的倾向。相反，方先生的弟子虽也推崇中国哲学的睿识，但却相信创造性的表现有多种不同的面相。东美师格局之宏伟竟不逊于斯宾格勒与汤因比，他也鼓励我们尽量去接触西方原典。特别是我，深深感到中国文化面临的危机，乃发愿穷究西方各家各派之说，特别是现代西方哲学的流派，广为涉猎，加以述评，意在批判性地吸收，最后做出更高一层的综合。这样我在东海六年（1958—1964），与牟先生朝夕相处，形成了一个健康互动的局面。

牟先生《心体与性体》伟构虽出版于1969年，但我在东海时就听到他讲论心性之学的玄旨。1960年他发表文章论朱子苦参中和之经过，我当时还感觉牟先生对朱子的批评未免过分严厉。但研究转往宋明理学之后，就越来越佩服他立论之深切。20世纪70年代初我以英文写文章与书评，率先向西方介绍牟先生的思想与著述。1971年我由南伊大休假，首次返新亚执教，撰文论阳明心学，得到牟先生的首肯。20世纪80年代初，我著《朱子哲学思想的发展与完成》一书，原稿先经他审阅。毫无疑问，正是牟先生的指引，才使我得窥宋明理学的堂奥。而反过来，牟先生自承记闻未博，他最喜欢和我谈，由我那里得到许多有关现代西方哲学的资讯。譬如，1957年他在《民主评论》发表论政治神话的文章，就是他看了我以言衍笔名发表译介卡西勒论现代政治神话的技术的文章后做出的回应，后来收在《政道与治道》一书之内。而我有不同的视野或见解，也都坦然向他提出，他也不以为忤。在庆祝他七十大寿的论文集之中，我负责撰写"论智的直觉"的一章。我想仿照"现存哲学家图书馆"的方式，向他提出质疑，由他答复；不想其他各章的撰述者都是他的弟子，不习惯用这样的方式。牟先生在收到我的文稿之后，即回复了我一封八页的长信，大意是说，阐述部分无问题，质疑的五点，末两点无问题，有三点他要我重加斟酌。[①] 我参照他的意思把文章修改后寄给他，他还回复了我一封简短的谢函。

世人只看到牟先生之盛气凌人，没有看见他在真理面前的谦恭以及追求真理的那种认真的态度。他的心灵一贯是开放的，只要你提得出称理的论点，他都加以吸纳，像徐复观先生提出的"忧患意识"即是一例。他的口头批评常常过分尖锐，有时造成不必要的困扰，这是他的癖性，无须加以辩护。我只是要强调，他的所谓威权主义其实只是外在的表象，后进的论旨只要有理，他也加以尊重，甚至吸纳。当然，他的思想鞭辟入里，对于自己的学问也有充分的自信，乃不免因过分的自负而产生了一些负面的效果，令人遗憾。

由以上的分析，可以看到，两位先生的共同点在于，绝不与时流妥协，每思有以提升精神境界，转移世道人心，而

---

[①] 世人并不知道有这封书信的存在，里面包含了他本人对于"智的直觉"的阐释，是极为珍贵的资料。但因有一小节涉时人，不宜发表，故迄今并未问世。近时我偶尔提到这封信，李明辉极力怂恿我发表该信，我才同意删除了有问题的那一段话，把全函发表于《中国文哲研究通讯》，第9卷第4期（1999年12月）。

归宗于儒家生生而和谐的精神。这于我来说是莫逆于心的。但牟先生秉承先秦、宋明、当代新儒家的线索，直接在人人生命的内部找到存在与价值的根源，这对我来说是更亲近的指点，现象学的描绘必进至存在的托付，才能建立自己的终极关怀。然而，人在体会到本心本体之后，要在具体的时空脉络下，把生命内涵的创造性充量发挥出来，克服现实人性的幽暗，开拓文化创造的空间。那我就深切地感觉到，牟先生最赞赏的象山内在的照察不足，所开出的架局也不够恢宏。故我写《朱子哲学思想的发展与完成》一书，表面上看，我的想法与牟先生不异，其实有关朱、陆异同，我们的评断并不一样。牟先生欣赏象山之直方大，回归孟子，而判朱子为"别子为宗"。朱子在体认上诚然有一间之隔，但照察现实人性的幽暗，而门庭广大，容纳当时各方面的成就，牟先生也不能不承认其业绩之大，始以之为"宗"。后世之故步自封，虽有其根由，但必须加以批判，并不能完全归之于朱子的责任。故我主张平章朱、陆。到我著《黄宗羲心学的定位》一书，一方面拒绝陈确、戴震往自然主义下坠的线索，另一方面对梨洲的评价乃展示了与牟先生不同的视野，这后面其实隐含了我自己通盘的哲学架局与牟先生的哲学架局毕竟有一定的差距的事实。我是接着牟先生讲，不是照着牟先生讲，于是出现了不同的架局。

我肯定每个人生下来必有内在的资源，这是儒家思想的先行预设。然而，所谓"天命之谓性"，人既禀赋有理命，也禀赋有气命。人最先了解的必定是气命，宽松点说，也就是才质之命。此所以上古流行"生之谓性"的说法，告子所说正是旧传统的观点。孟子由超越的视域突出人与禽兽不同的善性，千年以来缺少解人，一直要到北宋才重新继承了这一条线索，到了今天则是当代新儒家弘扬这一思路。顺着这一条线索走，则必由自然主义上升到理想主义，由气命的限制上升到理命的实现。牟先生在这些大头脑处把握得极牢。

但生命的主宰既立，人同时是一个文化开创的主体，那就不能不检视各主体材质的条件，与客观时空的境况，才能在实际的层面上开创出具体的业绩。人生本有双层的认同，一方面过化存神，即尧、舜事业如一点浮云过太空，另一方面则孔孟、程朱、陆王，各表现出不同的形态。生生之仁是超越特定时空、历万古而常新的普遍性原则，即所谓"理一"；有限的个体所实现的则是"分殊"，受到自己的才质、时空条件的局限。这样，我一方面要冲破自己才质的局限以接通无限，另一方面又要把创造性实现在自己有限的生命之内而具现一个特定的价值。这一价值不必一定是狭义的道德，也可以是科学、艺术、经济、技术乃至百工之事。而我可以自觉地选择儒家为自己的终极托付，却不能否定他人有选择道家、墨家、基督教、伊斯兰教乃至无神的可能性。由个人的层面转移到群体的层面，则牟先生讲新外王，由民本到民主，指点了一个正确的方向；但牟先生喜欢讲文化理想之调适上遂，隐隐然还是期盼当政者发生领导的作用，却与西方式民主所谓极小的政府的思想并不相合，还没有真正把问题想透彻，尚有待下一代人的努力。而牟先生过分强调道统观念的努力不免激起反弹，未必一定合乎时代的需要。由这一个角度看，东美师的开放多元的态度在文化创造与教育的层面上反而容易收到正面的效果。此所以东美师虽不是基督徒，却在台大退休之后，转往辅仁讲学，又培养出新一代的人才，功不可没。而牟先生初去香港时还与道风山的西方友人做儒耶对话，到晚年却与天主教形成势不两立之局，不免叫人遗憾。下一代所谓的海外新儒家，像杜维明与我，都不采取牟先生这种决绝的态度，而肯定不同精神传统之间交流对谈的价值与可能性。

事实上近年来世界伦理的推动，实有赖于各精神传统自觉的努力，各自由草根层面出发，存异求同，达成某种低限度的共识，才有利于形成大家在日益缩小的地球村内和平共存的新局面。① 再由精神儒家的层面移往民间儒家的层面，针对日本与"亚洲四小龙"儒家传统的转型与发生的社会效应的趋势，我更提出了儒家传统非正统化与非中心化的观察。② 总之，我自己的思想虽有了一定的指向，但还在逐步形成之中。

回顾四五十年来探索的过程，真所谓师恩浩荡，要不是两位先生的指引与栽培，我绝不可能有日后些许的成就。东美师的高瞻远瞩，牟先生的深刻沉潜，心向往之，实不能至。由于自己资质所限，所谓弱水三千，我只取一瓢饮，数十年来，孜孜兀兀，粗成规模，一得之愚，莫非自己亲身赤足在沙滩上寻觅得来。

时光易逝，弹指即过，不觉今岁在香港中文大学已届退休之年，又适逢纪念东美师百岁冥寿盛会，乃发心把自己受

---

① 我自己参与推动世界伦理的努力，参见拙作《世界伦理与文化差异》，载《哲学杂志》，第 23 期（1998 年 2 月）：52～69 页；《从当代新儒家观点看世界伦理》，载《哲学杂志》，第 30 期（1999 年 10 月）：116～135 页。
② 参见拙作《儒家的理想与实际——近时东亚发展之成就与限制之反省》，载《鹅湖》，总第 292 期（1999 年 10 月）：2～17 页。

业于两位先生所经过的心路历程和盘托出,探索东美师哲学与当代新儒家思想互动之可能性,以供参考之用。①

宣读于1999年12月18日—19日由台湾"中国哲学会"主办之"方东美先生百岁诞辰纪念学术研讨会",原刊于《鹅湖》,总第306期(2000年12月)。

---

① 叶海烟教授述评我的《当代中国哲学论》一书,曾质疑为何在《人物篇》没有论及东美师的章节。其实道理很简单,该书是当机撰写论文的结集,对于冯友兰、熊十力、牟宗三有许多争论,乃用了不少文字,希望能收到廓清的效果。有关东美师的学术,我于1982年写了《方东美先生哲学思想概述》一文,现收入拙著《中西哲学论文集》。伟勋当时看了这篇文字,先是赞赏有加,后来忽然又冒出一句:"量你以后也写不出另一篇这样的文字了。"我说诚然。后来除了在《现代新儒家的探索》一文中写了东美师思想的撮述之外,就没再写这方面的东西了。但我是东美师在台湾培育的第一代弟子,经叶教授质疑之后,也好像有点交代不过去,故有本文之作,也算是对他的要求的一个直接回应吧!

# 哲学分析与诠释：方法的反省

## 前言

1999年我由香港中文大学退休。甫回台即收到美国牟博（Bo Mou）教授来函，邀请我以英文写一篇讨论研究中国哲学方法论的文章，旨在沟通分析哲学与中国哲学。我即复信告以我早年虽也做哲学分析，但后来更近于解释学或诠释学的进路。不过最令我受惠的并不是海德格尔或伽达默尔，而是卡西勒，借助于他的符号形式哲学，做中国哲学的重新阐释与进一步拓展的工作。牟教授迅速复函，说明他们的态度是完全开放的，写什么都可以。他已约了好多位中西学者撰稿。我即答应参与，新儒家不可以在这样的场合缺席，放弃发言权。

这遂成为我回台以后写的第一篇文章。先写了一篇简略的初稿，然后写成一篇完整的文章。书在今年出版，居然有主流实用主义分析哲学家戴维森（Donald Davidson）的序文。文字虽短，却有重要性，明言分析哲学与中国哲学之间，绝无"不可共量"的问题，可以说是一个小小的突破。该书并计划在大陆出中文版，盼我把文章译为中文。这便是我写这一篇文章的缘起。承 Open Court 同意将拙作之中文本优先在台发表，至为感谢。原文见：Shu-hsien Liu, "Philosophical Analysis and Hermeneutics: Reflections on Methodology via an Examination of the Evolution of My Understanding of Chinese Philosophy," in Bo Mou ed., *Two Roads to Wisdom?—Chinese and Analytic Traditions* (Chicago and La Salle, Illinois: Open Court, 2001), pp. 131-152.

由于我经常被视为当代新儒家的代表人物之一，由方法论的角度检讨半个世纪以来我对中国哲学的理解演化过程，或者不是全无意义的事吧！

1951年我进台大哲学系，很快就意识到这是一个重视方法的世纪。当时英美流行哲学分析，特别是逻辑实证论的思想。我颇为这一时潮所吸引，也相信传统中国哲学的观念失之模糊，要进一步发展中国哲学，必须学习哲学分析的技巧。根据逻辑实证论的主张，只有形式科学（如逻辑、数学）与经验科学（如理化、生物）有认知意义。这样传统中国哲学鲜少认知意义。在世界三大哲学传统之中，古希腊发展了形式逻辑（包括三段论法），印度也发展了五支与三支推理，只有中国缺少这方面的发展。同时，正如李约瑟（Joseph Needham）的研究所指出的[①]，中国文明在科技方面曾做出重大的

---

[①] Joseph Needham, *Science and Civilization in China* (Cambridge: Cambridge University Press, 1954- ).

贡献，但缺少类似于近代西方科学的突破。而知识即权力，如果中国不迅速向西方学步尽快现代化的话，就会像孙中山所说，不免沦为次殖民地的命运。事实上，一直迟至20世纪60年代，列文森还认为儒家在将来是只有在博物馆里才能找到的东西。① 但到70年代亚洲经济起飞，同有儒家思想文化背景的日本与"亚洲四小龙"创造了经济奇迹，乃又重新引起了举世对于儒家的兴趣。而西方前哨的知识分子也由后现代的立场，挑战主流自启蒙以来理性的霸权及以西方价值为普遍价值的趋势。当然，这些并不是我要在当前讨论的主题。我只是要指出，还在学生时代，我就反对盲目追随西方的潮流，拒绝接受西方价值的宰制。我曾由哲学立场，驳斥逻辑实证论的见解，因为"可征验性原理"（the principle of verifiability）本身就不是可征验的。② 我也发现研究意义问题，可以有各种不同的进路，如现象学（phenomenology）、实用主义（pragmatism）、后期维特根斯坦等等。③

最重要的是，方东美师启发了我对文化哲学的兴趣，而我特别喜爱卡西勒的"符号形式哲学"（philosophy of symbolic forms）。④ 卡西勒浸润在西方哲学的主流之内，他研究古希腊逻辑与科学到近代的发展，以及由文艺复兴一直到当代的知识论。他发现"实体"（substance）概念逐渐为"功

---

① Joseph R. Levenson, *Confucian China and Its Modern Fate: A Trilogy*, vol. 3 (Berkeley: University of California Press, 1968).
② 参见拙著《语意学与真理》，台北，广文书局，1963。
③ 参见拙著《新时代哲学的信念与方法》，台北，台湾商务印书馆，1966。
④ Ernst Cassirer, *Philosophy of Symbolic Forms*, 3 vols. (New Haven, Conn.: Yale University Press, 1953-1957). 我曾把卡西勒的名著 *An Essay On Man* (New Haven, Conn.: Yale University Press, 1944) 译为中文，参见刘述先译：《论人》，台中，东海大学出版社，1959。我对卡西勒哲学的研究，参见拙著《文化哲学的试探》，台北，志文出版社，1970；新版，台北，台湾学生书局，1985。

能"(function)概念所取代。① 而实体概念已经是长期演化的结果，在古希腊哲学之前，有希腊神话为其先导。甚至多神教的信仰也不是最古老的信仰形式。在"个别神"(individual gods)的信仰之前，还有"功能神"(functional gods)与"瞬间神"(momentary gods)的信仰。这样卡西勒由科学哲学、知识论的研究扩大范围，转变成为文化哲学的研究。他发现文化可以有不同的形式，如神话与宗教、语言、艺术、历史、科学等。它们不可以化约为同一实体，故不具备"实体的统一性"(substantial unity)。但所有的文化形式莫不牵涉到抽象"符号"(symbols)的运用，此不同于具体"记号"(signs)的使用，因而发展出他的"符号形式"(symbolic forms)概念。各不同文化形式乃展示了符号运用的"功能统一性"(functional unity)。历史学作为人文学的一支，不可以化约为科学，他明白地告诉我们："如果要寻找一个可以把历史知识包含在内的总题目，那我们可以把它称为语意学的一个分支而非物理的一个分支。……历史学是被包含在解释学的领域而非自然学的领域之中。"② 有趣的是，卡西勒发展了他自己对解释学的理解，我认为实优于海德格尔所发展的诠释学。作为新儒学哲学家，我不能接受海德格尔的存有论，虽然我也借他的睿识给予王阳明哲学新解，这将在后面加以

---

① Ernst Cassirer, *Substance and Function and Einstein's Theory of Relativity*, translated by William Curtis Swabey and Mary Collins Swabey (Chicago: Open Court Pub. Co., 1923).

② Ernst Cassirer, *An Essay on Man* (New Haven, Conn.: Yale University Press, 1944), p.195. 因拙译本《论人》已绝版，为了方便起见，此处我用的是甘阳的译本。卡西尔：《人论》，甘阳译，247~248页，上海，上海译文出版社，1985。译文略有改易。

讨论。卡西勒的人文学逻辑的进路对我最有用，他排除了一些流行的见解，乃谓：

> 现代哲学家们常常企图去建立一个专门的历史逻辑。他们告诉我们，自然科学是以关于共相的逻辑为基础的。文德尔班（Windelband）把自然科学的判断称之为制定法则的（nomothetic），而把历史科学的判断称为描述特征的（idiographic）。前者给予我们普遍的法则，后者则向我们描述特殊的事实。这个区分成了李凯尔特（Rickert）全部历史知识理论的基础。"经验的实在，当我们从普遍的方面来考察它时就成为自然，当我们从特殊的方面来考察它时就成为历史。"
>
> 但是，用这种抽象的人为的方式把普遍性和特殊性分离开来，那是不可能的。一个判断总是这两个要素的综合统一——它包含着一个普遍性的成分和一个特殊性的成分。这些成分不是彼此对立的，而是互相包含、互相渗透的。"普遍性"并不是一个指称某一思想的领域的术语，而是对思想的功能之真正品性的表达：思想总是普遍的。①

人文学一样要把殊相收蓄于共相之下，只不过方式有所不同而已！举例来说明：

> 雅各·布沃哈特曾经在他的《文艺复兴文明史》（*Kultur der Renaissance*）中就所谓"文艺复兴人"做出一番经典性的描写。书中谈到的许多特色，都是吾人所

---

① Ernst Cassirer, *An Essay on Man* (New Haven, Conn.: Yale University Press, 1944), p. 186. 甘阳译，236 页。

熟识的。文艺复兴时的人物拥有许多特别的性质，而与"中世纪时的人物"有一定的分别。这些特色分别为喜诉诸感官、喜趋向大自然、对"此生"之根植、对形式世界之开放、个体主义、非宗教信仰和非道德主义等。结果，经验之研究乃致力于去寻找布沃哈特笔下的所谓"文艺复兴人"——然而却没有找到。人们根本找不到一个历史上的个体能够确实地于所有方面体现布沃哈特所构想下文艺复兴人的种种构成因素。[1]

理由在于，人文学中的共相如"文艺复兴人"与物理学中的共相如"金"，功能是不同的。卡西勒的解释如下：

> 布沃哈特（Burchkhardt）之所以能够提出他有关文艺复兴人的描写，是因为他是建立在一庞大的事实资料基础上的。当我们研习布沃哈特的作品时，这些资料之丰富与可靠性实在地令人惊叹。然而，布沃哈特所做的这一种统观活动之方式，他所提供的历史性的综合，基本上是与借经验途径获得的自然概念迥异的。如果我们在这一场合要谈论所谓"抽象程序"的话，则此中所涉及的乃是胡塞尔所谓"观念化抽象程序"（ideirende Abstraktion）。我们既不能期待，也不能要求这一"观念化抽象程序"的结果终将可以被某一具体的个别情况印证。同样，就所谓"收蓄"（Subsumption）而言，假定

---

[1] Ernst Cassirer, *The Logic of the Humanities*, translated by Clarence Smith Howe（New Haven, Conn.：Yale University Press, 1961），p. 137. 此书有关子尹直接由德文翻译过来的译本。卡西尔：《人文科学的逻辑》，关子尹译，116 页。我认为德文 Kulturwissenschaften 一词译为英文 humanities 是恰当的，中文应译作"人文学"为妥。

> 吾人当前有一件物体，我们于发觉了这一或某一块金属具有一切我们所知晓的作为"金"的条件后，乃可以把这一块金属收蓄于"金"此一概念之下；然而，在谈论到有如所谓"文艺复兴人"时，所谓收蓄便不能以上述的方式进行了。当我们把李奥纳多·达·芬奇（Leonardo da Vinci）与亚历天奴（Aretino），把马西里奥·费琴诺（Marsiglio Ficino）与马基亚维利（Macchiaveli），把米开朗琪罗（Michaelangelo）与凯撒拉·波几亚（Cesare Borgia）等人都称为"文艺复兴人"的时候，我们当然并不意图说这些人物全都具有某一些于内容上为固定的、彼此吻合的个别特征。我们不单只认为他们彼此之间其实完全不一样，而且更感觉到他们之间甚至是对立的。我们所要指出有关于他们的，不过是：无论他们彼此之间是如何对立迥异，或甚至正因为这些对立，他们却共同地站立在某一特别的观念上的相关性之上；也即是说，他们之中的每一个都以其自己的方式参与缔造上述我们一般所谓的文艺复兴的"精神"或文艺复兴的文明。①

现在我可以回答中国人是否有抽象思维的问题。这问题含义复杂，不可能有一个简单、令人满意的答案。一方面，中国人的确没有发展出西方式的形式逻辑与经验科学，这是因为中国人拒绝将形式与内容分离，所以西方的那些成就不可能在中国发生。但另一方面，中国人不只能够做卡西勒所谓的观念化抽象程序，而且还发展了一个伟大的人文传统，现在

---

① 卡西尔：《人文科学的逻辑》，关子尹译，118~119页。

被视作属于全世界的财宝。

中国传统文化当然有严重的限制，此所以在过去二百多年间与强大的西方接触，乃受到一连串的挫折。儒家既是朝廷的义理，乃不免受到全面的谴责。五四的流行口号乃是："打倒孔家店！"① 自此以往，儒家不再是中国思想的主流。先流行胡适辈鼓吹的西方思想，到1949年中华人民共和国成立，马克思主义成为国家的义理。但儒家虽由中心被推往边缘，但并没有死绝。是在这样的情况之下，我们看到了儒家精神传统的复兴。首先面对西方挑战的是梁漱溟，他被公认为是现代新儒家第一代的代表人物。

对梁漱溟的思想做一简单的回顾是有用的。1920年他就开始公开演讲《东西文化及其哲学》。② 他的想法由今日的观点看来未免过于简单化，但在当年却富有挑战性与刺激性。他发现西方、印度与中国三大文明各有其不同的生命导向。西方文化的指导精神是，意志永远向前冲；这个文化的特征是，征服自然、科学方法与民主。中国文化的指导精神则是，意志的目标在致和；这一文化的特征是，满足、适应环境与接受权威；这样的文化不会产生轮船、火车或民主。最后，印度文化的指导精神是，意志向后转；它唯一关心的是宗教向往，解脱于世虑。西方文化重物质满足，中国文化重社会生活，印度文化则指向超越。梁在少年时为佛教所吸引，几

---

① 1919年狭义的五四运动是一批青年学子发动的政治抗议活动，但广义乃成为范围广大的文化运动。参见 Tse-tsung Chow, *The May Fourth Movement: Intellectual Revolution in Modern China* (Cambridge, Mass: Harvard University Press, 1960)。

② 梁漱溟：《东西文化及其哲学》。1921年暑假梁应邀在济南第一中学讲演，讲稿由北京财政部印刷局首次出版。此前梁在北大做一系列演讲，记录在《北大日刊》连载，由1920年10月起至翌年2月止，全书尚未完稿。

乎想出家。后来却有了转变，他认为印度与中国文化早熟，故应先走西方的道路。他主张在现阶段必须排除印度向后转的道路，应该无保留地西化。但向前冲的态度终必须加以改变，第一次世界大战所暴露出来的西方文明所造成的恶果方得以避免再现。中国文化的中道必须复兴，同时走前进与后退双行的道路，来面对解脱生死的大问题。梁自承不是一个很好的学者，但却是一个思想家，并追随中国传统要求知行合一。故他放弃了北大的教职，致力于推动乡村建设运动。梁的思想充满了睿识，但不免有许多主观的愿望的成分。他的思想由卡西勒的文化哲学观点来衡量会如何呢？在有些方面，两条进路是相容的，但也有互相矛盾冲突的地方，需要我们做进一步的省思。

让我们回到卡西勒。他的进路是独特的，既不是历史的，也不是哲学的，可说是介乎二者之间。他由不同的领域撷取了丰富的材料，显示了超特的学问。但是他并不满足于像史家那样纪实，也不像哲学家那样不顾材料耽于玄想，编造哲学系统。用培根的比喻来说，他不是蚂蚁，也不是蜘蛛，而是蜜蜂，把丰富的材料组织起来，某种形式就凸显出来了。故此，他可以下结论说，在近代科学的发展过程中"实体"观念逐渐为"功能"观念所替代。在学者们还在为爱因斯坦的相对论与量子力学所困惑时，他却将之当作例证说明他指出的方向往功能方面走是正确的。同样，在范围更广大的文化研究领域中，他指出，在人类文化发展的黎明期，语言与神话这一对双生子的发展齐头并进，然后由"语言"发展出"科学"，由"神话"则发展出"宗教"，还有"艺术"与"历史"。这就是卡西勒研究的六种符号形式。当然，还可以有其他符号形式，譬如"道德"。卡西勒的哲学是开放的，有力动的性格。它有一定指向，却拒绝决定论。虽然他描绘了人类思想与文化发展的演化过程，但他并不主张历史的直线进步的观点。人间的命运可以向上提升或向下沉沦，完全要看我们创造与理性的资源能不能发挥功能，为我们带来更大的自由，否则我们也可以沦为政治神话的受害者，像第二次世界大战时的纳粹主义一样。①

卡西勒的现象学可以说是一种精神现象学，但去除了"绝对"的观念。它不是黑格尔那样的哲学系统，而是持续不断的工作。他由各文化自由撷取材料，但并没有像梁漱溟那样做东西文化及其哲学的比较研究。然而，说西方、中国与印度文化的主流分别是科学、道德与宗教，并没有什么问题。卡西勒反对的是斯宾格勒的历史定命论，直斥之为历史的占星学。② 他不会不赞成梁的提议，中国人先由西方学习以扩展中国文化的视域，然后向发源于印度的佛教寻求精神上的解脱道。卡西勒对人类文化演化过程的描绘背后隐含的信息，正是要激励吾人变得更有创造性，为我们的生命在当前与未来觅得更大的自由。当然也就是要激励吾人与黑暗的力量斗争，不许其破坏文明的成就。此所以他的现象学只描绘上升的轨迹；而实际历史的发展不只会上下波动，还会遭遇危机。但他充满了信心，他指点的方向是正确的，因为那不是空想出来的结果，而是建筑在丰富的经验资料的基础上。当然，

---

① Ernst Cassirer, *The Myth of the State* (New Haven, Conn.: Yale University Press, 1946), pp. 277-298.

② Ibid., p. 291.

人类文化演化的现象学描绘可以有不同的做法。举例说，我们也可以选择描绘上下波动的过程。由这个视域看，梁对中国文化发展早熟的观察的确是宝贵的睿识。不只如此，即使就一般而论，我同意卡西勒的描绘，理性、道德的文化通常发展在神话与魔术的阶段之后。但我还是警觉到，在中国思想发展的实际过程中，乃是在先秦儒学的理性、道德文化发展出来之后，汉、魏晋才恢复了对于神话与魔术的兴趣。今日我们保留的有关上古神话的资料（如《山海经》之类）往往年代是在孔、孟之后。故卡西勒的架构还要加以扩大才能处理中国的情况。

虽然我倾慕卡西勒的学问，但有两个问题我持有与他不同的看法。首先，卡西勒的知识现象学以科学为人类文化最后起，因而也是最高的成就。他举出的理由是，高程度的抽象才能让我们不为具体的感官知觉所范围。光就知识而言，这或许是不错的。但不可因此就把这当作判准去对人类文化与人生做出判断。我的质疑是：我们可以把科学当作我们生命的中心托付吗？对我来说，绝对不能。梁的反省也触及这一问题。对他来说，科学反而是最初的阶段，接着是道德，最后才是宗教。我们自不必同意梁的看法，但还需要进一步的讨论与反思，卡西勒的现象学并不足以解决这个问题。其次，另一个相关问题是，他的思想中无疑隐含了一套生之创造性的哲学，但他却未将之明白宣示出来。他只是满足于陈构他的文化现象学，而让读者抽引自己的结论。对我来说，这是不足够的。他毕竟不能避开究竟什么是他的根本基设的问题，而他的读者尽可以抽引出不同的结论。故我们不能只停在卡西勒那里，还要进一步建构我们自己的哲学。①

在东海大学教了 6 年书之后，1964 年我到南伊利诺伊大学留学，成为魏曼教授的最后一个博士生。我在他的思想中找到契合点，他以"创造性的交流"（creative interchange）作为他的中心托付。② 我同时也得知蒂利希重新定义"宗教"为终极关怀的说法，与其他"当下关怀"分别开来。③ 这样的进路不再把对上帝的信仰作为宗教的必要条件。佛教虽无神，但也被肯认为一个宗教。儒家的问题困难得多。它绝不是一个组织宗教，但对其追随者而言，却的确是其终极关怀，而有其宗教意涵。蒂利希曾在"信念"（belief）与"信仰"（faith）之间做出了重要的区分。信念依靠的是证据，证据越多，信念就越强。这是属于概然的领域，也说明了为何在经验科学之内得不到绝对的正确性。但信仰就不同了。对基督的信仰就是一例，尽管证据指向反对面，信众还是相信关于它的神话和奇迹。信仰要求绝对的托付。最极端之例见之于据说为德尔图良（Tertullian）说出的名言："我信正因其荒谬。"由这一分别，蒂利希又再进一步划分开"耶稣学"（Jesusology）与"基督学"（Christology）。前者是历史研究的范围，把耶稣当作一个人来研究，据说由马利亚处女生出，她的丈夫是约瑟，还有好多环绕着他的传说。这种研究只能建立或低或高的概然性，并不能解决对于耶稣基督的信仰问

---

① 参见拙著《文化哲学的试探》，192～210 页。
② Cf. Robert W. Bretall ed., *The Empirical Theology of Henry Nelson Wieman* (New York: Macmillan, 1963); Shu-hsien Liu, "Henry Nelson Wieman and Chinese Philosophy," *American Theology & Philosophy*, vol. 22, no. 1 (Jan., 1991), pp. 49-61. 又参见拙著《文化与哲学的探索》，111～136 页。
③ Paul Tillich, *Dynamics of Faith* (New York: Harper & Brothers, 1957), pp. 1-4.

题。十字架其实是一个符号，它象征着现实生命的结束，却是另一个更有意义的新生命的开始。这种信仰要求无条件的终极托付，远超过对于科学与历史的关怀。① 蒂利希的文化神学强调超越层面是对我们的终极关怀之回应或答案，这是卡西勒的文化现象学所未充分对付的问题。而我的兴趣也渐由文化哲学转移到宗教哲学，热衷于由比较观点阐发儒家哲学的宗教意涵。同时，我也由各种不同的诠释学学到一些有价值的睿识。② 我发现虽然无法把这些新工具直接应用到中国哲学，但还是可以借之捕捉到中国哲学的特质，进而可以衡量中国哲学在哪些地方可以对世界哲学做出贡献。同时，我们也可以运用这样的工具对传统与当代文明做出批判。

自 1970 年代以来，我用英文发表有关中国哲学，特别是儒家哲学的文章已经超过 50 篇，讨论了宗教意涵、认识论、伦理学、时间观念、类比与符示、人性与自然、心与理、生生、价值重建、世界和平等问题，不一而足。1981 年我回远东就任香港中文大学讲座教授之后，出版了论朱子和黄宗羲的专著。1999 年我由香港中文大学退休，转到台北"中央研究院"文哲所专门做研究工作。在英文方面，不久以前，我出书论先秦与宋明儒学 (*Understanding Confucian Philosophy: Classical and Sung-Ming*, Westport, Conn. and Lon-

---

① 要深入了解蒂利希的神学，必须看他的大著 *Systematic Theology*, 3 vols. (Chicago: University of Chicago Press, 1951, 1957, 1963)。我的博士论文就是写蒂利希 (1966)。我对他的思想的反省与批判，参见 Shu-hsien Liu, "A Critique of Paul Tillich's Doctrine of God and Christology from an Oriental Perspective," in Charles Wei-hsun Fu and Gerhard E. Spiegler eds., *Religious Issues and Interreligious Dialogues* (New York, Westport, Conn. and London: Greenwood Press, 1989), pp. 511-532。

② Cf. Richard E. Palmer, *Hermeneutics* (Evanston: Northwestern University Press, 1969).

don: Greenwood Group, 1998)。如今正在撰写当代新儒家哲学。我的方法学结合了哲学分析与解(诠)释学,所做的工作兼顾哲学与思想史两个层面。而我深信方法与学说是无法互相分离的,所以在下面我选了五个具体的例证来说明我怎么运用方法。我所选的五个问题如下:

(1) 儒家哲学的宗教意涵[1];
(2) 朱熹参悟中和之经过[2];
(3) 王阳明把"世界"理解为意义架构[3];
(4)《周易》符示之四层面的功能统一性及其哲学意涵[4];
(5) "理一分殊"与全球(世界)伦理[5]。

我要讨论的第一个问题是,儒家哲学的宗教意涵。众所周

---

[1] See Shu-hsien Liu, "The Religious Import of Confucian Philosophy: Its Traditional Outlook and Contemporary Significance," *Philosophy East and West*, vol. 21, no. 2 (April, 1971), pp. 157–175. 以后我又不断参加儒耶对话国际会议,这些会议分别在香港(1988)、伯克利(1991)、波士顿(1994)、香港(1998、2001)等地举行。论文分别在季刊或文集中发表出来。

[2] See Shu-hsien Liu, "On Chu Hsi's Search for Equilibrum and Harmony," in Shu-hsien Liu and Robert Allinson eds., *Harmony and Strife: Contemporary Perspectives, East and West* (Hong Kong: The Chinese University of Hong Kong Press, 1988), pp. 249–270. 在国际上我被视为一位朱子专家,1982年应邀到夏威夷参加国际朱熹会议,发表论文,参见 Shu-hsien Liu, "The Problem of Orthodoxy in Chu Hsi's Philosophy," in Wing-tsit Chan ed., *Chu Hsi and Neo-Confucianism* (Honolulu: University of Hawaii Press, 1986), pp. 437–460。我并应《中国哲学百科全书》与《剑桥哲学辞典》之邀,撰写有关朱熹的条目。

[3] See Shu-hsien Liu, "How Idealistic Is Wang Yang-ming?" *Journal of Chinese Philosophy*, vol. 10, no. 2 (June, 1983), pp. 147–168.

[4] 1987年7月在圣地亚哥宣读我的国际"中国哲学会"的会长演讲,参见 Shu-hsien Liu, "On the Functional Unity of the Four Dimensions of Thought in the *Book of Changes*," *Journal of Chinese Philosophy*, vol. 17, no. 3 (Sep, 1990), pp. 359–385。

[5] 是孔汉思引发了我在这方面的兴趣。1989年2月在巴黎开会,对他的主题演讲《没有宗教之间的和平,就没有世界的和平》做出回应,由此揭开序幕。See Shu-hsien Liu, "Reflections on World Peace through Peace among Religions," *Journal of Chinese Philosophy*, vol. 22, no. 2 (June, 1995), pp. 193–213.

知，在近代西方，宗教信仰与哲学理性分途而行。在中国传统之中根本找不到西方意义下的 religion 与 philosophy。"宗教""哲学"根本是日本人造的新词，后来才为中国所接受。由此可见，把儒家贴上宗教或哲学的标签是误导的。要把儒家当西方式的哲学是不妥的，儒家不只没有发展形式逻辑，也对古希腊哲学的论辩与玄想没有一点兴趣。但在另一方面又不宜把它当作西方式的宗教，因为它没有显示基督教那样的他世情操，也没有教会组织，断然不是一个组织宗教。在西方，儒家经常被理解为只是一套俗世伦理，再不然就是一个保守传统，其目的在于维持一个安定的社会秩序。如果情况真的如此，那么传教在中国不成功才真变成了一个谜！因为针对一个只注目于俗世伦理与社会秩序的文化，加上超自然的信仰，岂不是天作之合吗？在这里，蒂利希把宗教信仰当作终极关怀的说法可真有用了。儒家的追随者相信自己的传统可以安身立命，一旦终极托付既立，自然吾道自足，不假外求。就在此处，我们发现儒家的确有哲学以及宗教的意涵。儒家是有意通过一己的体认，对于世界、人生做出了深切的反省。如果不对哲学采取一种狭隘的了解的话，那就不能不说，儒家的确是有一个伟大的哲学的传统。同时，又正因为这样一种哲学能够帮助一个人树立终极托付，安身立命，也就确定有了宗教的意涵。正是在这样一种情形之下，儒家的特质显示出来了。这正是 1958 年元旦发表著名的《中国文化与世界宣言》传达给我们的重要信息。[①] 这几

---

① 这篇由唐君毅起草，张君劢、唐君毅、牟宗三、徐复观签署的宣言发表于《民主评论》与《再生》，后来被视为当代新儒家运动的一个重要文献，英译文："A Manifesto for a Reappraisal of Sinology and Reconstruction of Chinese Culture," in Carsun Chang, *The Development of Neo-Confucian Thought*, vol. 2 (New York: Bookman Associates, 1962), pp. 455-483。

位学者决心保持"道统"给予心性之学以崭新的解释，同时也要我们拓宽视域，发展"学统"与"政统"以吸纳西方的科学与民主。

　　英文 Confucianism 一词不免误导，因为孔子并未开出整个源流，他继承了西周的礼教。但他的确有重大的贡献，在旧瓶中注入新酒。他首重"仁"——英文译为 human-heartedness, humanity 等等，不一而足——而以之为礼的实施后面的精神。与流俗信仰相反，他拒绝与鬼神打交道，对它们的存在未置可否。但确信天，感到敬畏。周人以天为最高的人格神。但孔子却有了新的理解，天道在宇宙间生生不已，看不见，听不到，也不干预自然的运转，然却是价值规范的泉源。圣王尧、舜就以天为则，无为而治。在《论语》中，孔子说："吾道一以贯之"（《里仁》），但却并没说它是什么。曾子解作"忠"（尽己）、"恕"（推己）固然不错，为后世所接受，但还未能穷尽其意涵。因为孔子教人下学而上达，所以不会只在社会层面行仁，而忘记了其根源。尧、舜既以天为楷模，实行无为而治，孔子也以同样方式发展其政治理想。天道之生生不已，无言而教，其隐含的信息正是后世所谓"天人合一"，虽然他还没有用这样的词语。因此之故，以孔子只是传授一套俗世伦理是不对的，他对天有深刻的信仰，绝非缺少宗教对超越的祈向。[①] 孟子进一步发展儒学哲学，把隐含在孔子思想里面的义理显发了出来。所谓"尽心、知性、

---

　　① 要了解儒家的精神根源，参见 Shu-hsien Liu, *Understanding Confucian Philosophy: Classical and Sung-Ming* (Westport, Conn. and London: Greenwood Pub. Group, 1998)，特别是孔子的一章。另见拙著《论孔子思想中隐含的"天人合一"一贯之道》，见《儒家思想意涵之现代阐释论集》，1~26 页。

知天",并不需要脱离人道以把握天的信息。《中庸》讲孔门天、地、人的"三一"之教,只有人才能与天地参。《易》发展了一整套的生生而和谐的哲学。这些思想后来变成了宋明新儒学(理学)的主流。[①] 这种思想的特质在其"内在超越"的理解。天道运行无所不在,故内在于世间,但又不可以之为一物,不能通过感官摄握,故超越。由宗教视域看,儒家对天道的终极托付是与基督教的信仰形成对比的。基督徒信独一无二的人格神创造世界,它不是世界的一部分,故为"纯粹超越"(pure transcendence),不是理智所可以把握得到的。而孔子尽管被后世尊为至圣先师,却始终只是人,绝不像耶稣基督为神子,制造了超自然的奇迹。就哲学而言,儒家的形上学以天为广大、力动流行之道,不像古希腊哲学家柏拉图、亚里士多德以之为静止的永恒的存有,超越生成变化的过程之上。

上面的讨论提供了一个例证,结合了哲学分析与诠释学,帮助我们由一个比较观点去了解传统中国哲学。很清楚,通过逻辑推理、论证、玄想的哲学分析向来不为中国传统所重。先秦名家在晚周以后即告消失。而儒家的道当然也不能通过经验归纳来建立。它只有通过体知来把握,但它一样有普遍性,追随圣贤的楷模就可以如实相应,但与超自然的启示性没有任何关系。儒家用的语言多是隐喻、譬喻,似缺少精确性,但所教绝不是不能理解。到今日,受到西方哲学训练的学子,已不再用传统方式来思考问题。我们现在也要求思想

---

[①] Shu-hsien Liu, *Understanding Confucian Philosophy: Classical and Sung-Ming* (Westport, Conn. and London: Greenwood Pub. Group, 1998), pp. 81–90, 112–130.

清晰、概念精确，但还是不会去为分析而分析。而只有通过分析，才能划分不同的思考方式与理解层次。这样，诠释学也有了用武之地。分析技巧被用来尽量解明思想的先行理解，则视域的交融（merging of horizons）可以在将来达致。

现在我们进一步反思比较哲学研究的方法论。一般的做法是，在东西方找几个大哲学家像朱熹和亚里士多德，比较他们的世界观与人生观，细致地分析他们的形上断述、宇宙玄想、道德修养等，最后找到两方面重要的相同与相异处。这样的做法好像并不错，但却忽视了一个重要的事实。其背后的预设是东西哲学家问问题的方式（problematics）是一样的，其实不然。这样我们无意将西方哲学一般接受的间架强加在中国哲学之上。不错，朱熹是中国的大哲学家，他是有一套形上学、宇宙论和伦理学，在某方面可以和亚里士多德互相比较。但根本问题不在这里。毛病在朱熹根本不是用这样的思考方式，先建立一套形上学，繁衍宇宙的意涵，而后应用于伦理学。对亚里士多德来说，最重要的是建立一套理论。纯粹的冥想在先，实用的考虑在后，只有次要的价值。但任何熟悉朱熹思考方式的人就知道，在求道的过程中，古希腊哲学这样的进路对他是完全没有吸引力的。一位新儒家的哲学家差不多必由安顿身心的实存关怀开始，朱熹也不例外。他先出入于佛、老，后受教于李延平才回归圣道。但他还需经过长期的挣扎，才能以他自己的方式参悟《中庸》所教的"中和"。他先要对自家的"心"有透彻的了解，把握到"性"的真谛，才能建构自己的哲学。而他所依据的是程伊川提供的指导原则。对他而言，义理之性即"理"，而气质之性是"气"，它也是情的根源。这样，他建立了心、性、情的三分架局与一套理气二元不离不杂的形上学。最后回应论者的质疑而断定枯槁有性。故此，对朱熹来说，道德修养在先，理论、形上的反省在后，最后对自己有深切体认时，宇宙间的秩序才明白展示出来。深植在他的思想之内的，仍是对《易》所隐含的"天人合一"有着不可动摇的信仰。

就外表而言，朱熹是有一套有机的宇宙观，可以与西方的亚里士多德、圣托马斯·阿奎那相比较。但这种比较哲学研究是肤浅的，并未能了解在不同的文化背景之下，不同的提问题方式在运作着。我并无意像斯宾格勒那样有一套定命论的历史哲学。① 但不同文化会发展出不同的哲学，有不同的特色，则是必定不可为做比较哲学研究的学者所忽视的。

有时对提问题的方式之误解，也可以造成十分不利的后果，譬如像王阳明就经常被说成是一位主观观念论者。然而，认识论根本不是他的关怀之所在，独我主义更不是他的问题。恰好相反，王阳明相信，人人都有良知。这样的思想渊源于孟子，阳明进一步将其发展成为整套的哲学，有道德与存有论的意涵。王的出发点是朱熹的说法，在阳明的时代科举要考朱子的《四书集注》。朱子解《大学》的"格物"为事事物物的穷究。朱子深信理一而分殊，故认为不断格物最后会到达豁然贯通的境地，但阳明则在德性之知与见闻之知之间做出了截然的分别：积累见闻之知并无助于内在良知之觉醒。故阳明同样是以实存的关怀为出发点，而得到了十分不同的答案。朱、王对儒家的圣道提出了两种不同的看法，二者之间有无可解消的差别，但目标则同样是成圣成贤。推动他们

---

① 我对斯宾格勒历史哲学的批判，参见拙著《文化哲学的试探》，76~98 页。

的不是去思考认识论或宇宙论的问题，虽然他们所教的有丰富的道德与存有论的意涵。二者同属广义的宋明理学的统绪，都深信《易》之"生"与孔、孟之"仁"一致（correlation），宇宙层面的生生不息，内在于个体的性分为仁，两方面是互相感应的。阳明乃宣称："大人者，以天地万物为一体者也，其视天下犹一家，中国犹一人焉。"① 很明显，阳明从没怀疑天、地、万物的存在，他所关怀的是如何把仁心贯注于万物之内。他一样有天人合一的信仰。这样的思想与英国经验主义哲学家贝克莱的主观观念论、认识论上的独我主义有什么关系？

有趣的是，阳明做修养工夫，对孟子的存夜气提出新解，而对"世界"有了全新的理解：

> 人一日间，古今世界都经过一番，只是人不见耳。夜气清明时，无视无听，无思无作，淡然平怀，就是羲皇世界。平旦时，神清气朗，雍雍穆穆，就是尧舜世界。日中以前，礼仪交会，气象秩然，就是三代世界。日中以后，神气渐昏，往来杂扰，就是春秋战国世界。渐渐昏夜，万物寝息，景象寂寥，就是人消物尽世界。学者信得良知过，不为气所乱，便常做个羲皇以上人。（《传习录下》）②

这里所谓"世界"并不只是外在世界，而是意义结构，由主客互动形成。阳明不只像海德格尔那样对"世界"给予

---

① 王阳明：《大学问》，陈荣捷英译引用于 Shu-hsien Liu, *Understanding Confucian Philosophy: Classical and Sung-Ming* (Westport, Conn. and London: Greenwood Pub. Group, 1998), p. 215。

② 同上书，219~220 页。

现象学的描绘，还激励我们要做出实存的抉择，留在羲皇世界以内。令人惊诧的是，阳明竟然能够在 400 多年以前就表达出这样的思想。

我们已经好几次提到《周易》。无疑它是儒家传统的一部非常重要的典籍。就这部经典来说，我们又得面对十分不同的问题。究竟这部书的题旨是什么，学者之间并无共识。有人说这是一部卜筮之书，有人以之包含了一套精巧的数学系统，也有人以之为一部哲学宝典。要对这样大幅度的矛盾冲突加以化解，只怕是徒劳无功的。我也是摸索多年找不到答案，后来灵光一闪突然明白，或者历代学者问了一个错误的问题。事实上根本不可能将之化约为单一题旨而找到实质的统一性；它可以是上面提到的所有那些题旨，却又在同时并不即是那些题旨。

首先要指出的是经、传的差异。它们并不是同时的成品。没有人能确定究竟作者是谁，经过了好几百年时间的演化才编纂成书。在卡西勒那里受到启发，我提议采取一个不同的进路，不再去找单一的主题，尝试在里面分辨出不同的意义层次，或者会有成效得多。这个新的策略果然奏效，我在里面找到了四种不同的符示：

(1) 神秘符示；
(2) 自然/理性符示；
(3) 宇宙符示；
(4) 道德/形上符示。

它们相继出现，却又同时存在。这些符示虽然无法互相化约，却显示了功能的统一性，昭昭在目，它们都在某种方式之下展示了"天人合一"的性相。

在神秘符示之内，在天人之间似乎有某种神秘的符应。《易经》的文本是可以了解成为一部卜筮之书。八卦和六十四重卦的符号被相信与自然、人事有着某种神秘的联系。当然，我们可以对之做某种程度的"破除神话"（demyhologize）的尝试，但完全破除神话是不可能的，因为生命本身就是深奥的神秘。

在自然/理性符示之中，我们发现在主客之间有着某种认识上的对应（epistemic correlation）。逻辑的推理与经验的归纳合用，增广了我们对自然世界的知识。《易》之中的确隐含了一套数学系统，此所以莱布尼茨承认，他受到启发而发展了一套二元算术系统，在今日成为电脑的基础。过去也曾有声称，好多发明是由对卦象的解读而做出来的。

在宇宙符示之中，一整套有关太极、阴阳的宇宙论由《易传》发展出来。朱熹综合继承了它的有机自然观，深刻地影响了后世 700 年中国人的思维方式。中国人不求征服自然，但求与自然和谐相处，过自己的生活。

最后，在道德/形上符示之中，一种道德形而上学的睿识流传下去，成为新儒家传统的核心。由每个人内在的心性出发，体认到自己存有深处的仁，以及得以参与创生的天道。依照牟宗三教授的说法，康德只能有一套"道德底形上学"，"意志自由"只能是实践理性的"基设"。但孟子与阳明的良知却是"呈现"。① 对宋明理学家来说，理一而分殊，可以用月印万川的譬喻来说明。卡西勒的功能统一性观念有助于为

---

① 牟宗三是受到乃师熊十力的启发，参见牟宗三：《生命的学问》，136 页。

之做出崭新的创造性的阐释，而体现其当代的意义。

最近我刚完成一篇文章，《从发展观点看〈周易〉时间哲学与历史哲学之形成》。① 我选择讨论隐含在《周易》内的五组观念：

  （1）爻位观念；

  （2）时中观念；

  （3）道器之相即；

  （4）主客之融和；

  （5）没有一定计划的辩证法。

我之所以要研究《周易》在这方面的哲学意涵，是因为它深刻影响了中国人的思维方式。爻位观念蕴涵时位观念。这表示中国人一向以时空为连续体，而拒绝将二者分割开来。同样，他们也拒绝分割事实与价值、内在与超越、主观与客观。此处自不能详，但我还要对所谓没有一定计划的辩证法再多说几句话。

正因为《周易》的原理是"对立统一"（unity of opposites），表面上与西方黑格尔和马克思的辩证法似有相合。但我发现两方面其实有根本的差别。中国式思想是流动而开放的，西方则有严格的规律与确定的目标。譬如说，黑格尔的辩证法指向绝对精神之实现，而马克思则将之颠倒过来，指向地球上乌托邦之实现。可能二者都在无意中受到基督教传统的影响，历史有一定的指向，最后得面对上帝的审判。但《周易》所展示的中国式辩证法却并没有一定的计划。它所提

---

  ① 此文宣读于 2000 年 5 月 26 日至 28 日在台北举行的"中国历史思维中的时间观念"国际研讨会，中文本发表于《台大历史学报》，第 27 期（2001 年 6 月）：1～20 页。

供的是一智慧传统,并不是黑格尔或马克思所声称的科学。它看到帝国的兴衰,而提供了合理的解释。当统治者顺应天道,生生不息,各正性命,自然就有一个和平、富足的世界。但暴君奸臣逆天而行,造成天灾人祸,那就不免自食其果,为后世所唾弃。历史有上升与下降的轨迹,但并没有一定的目标,更不要说终点。六十四卦的安排饶有兴味,第六十三卦是"既济",不想第六十四卦反而是"未济"。表面上看来,这是一个循环的结束,指向另一个循环的开始。那么,《周易》是不是一套循环论呢?好像是,但却又不是。由六十四卦系统之周而复始,的确像是循环论。但中国人对内容的重视远胜过形式,每一个循环有新的内容,绝不是过去的重复,不断地兜圈子。或曰是不是一种螺旋上升的形式呢?此说似有理,但却又不然。在历史中吸取教训,然可以收到百尺竿头,更进一步的效果,但并没有保证历史永远走向一个光明的未来,它随时可以下降,乃至导致破坏的结果。但又不必悲观绝望,严冬之后,又会有和春来临。即使现有的世界秩序颠毁,未来也会有新的世界秩序应运而生。故历史既可测,又不可测,总之绝非定命便是了。智愚之别促成了上升或者下降的机运,吾人必须学习对付顺境以及逆境,居安思危,而事态往往物极必反,难以预料。总而言之,郑玄曾谓"易"有三义:变易、不易、周易(易道周普之义)。正因为我们了解变易与其对立面,我们才能有全面性的了解,可以帮助我们在不同的时态与境遇做出适时适切的回应。表面上看,《易》不能成为科学好像是"缺点",但安知非福?《周易》到今天,吸引力不减,不只对中国人如此,对全世界也是如此。

这就来到了我们今日的处境。我们无意说中国传统的一切都是好的。像梁漱溟就指出，中国文化的发展早熟，以致未能像西方那样发展出科技，进入现代。① 我们要奋起直追，如今还在现代化的过程中。然而，在第二次世界大战，特别是朝鲜战争、越南战争以后，强大的西方，包括世界唯一的超强美国在内，终于醒觉到，历史并不走直线进步的途径。尽管没有人确知"后现代"一词的含义究竟是什么，但在意识上我们是进入了一个新的时代。如今我们了解，科学的进步和商业的扩展并不必然带来正面的结果。富足的社会也不会永远持续下去，地球的资源有限，而大家必须学习和平相处。在这种情形之下，传统不再被看作过时的东西，而是我们必须努力保存的经验与智慧。今天的奇特现象是，新的可以是老的，而老的才是真正新的。

近年来一项重大的发展是，1993 年在芝加哥举行的世界宗教会，竟然通过了一份《世界伦理宣言》，几乎为所有重要的宗教团体与代表人物所签署。② 这简直是个奇迹。儒家由于不是组织宗教，故没有学者出席会议。但书出版后即时送了一本给我，我应邀所做的回应已出版在庆祝联合国成立五十周年的纪念文集之中。③

1997 年 3 月联合国教科文组织开始了一个"普遍伦理计划"。12 位来自世界各不同地域与传统的哲学家齐集于巴黎，

---

① 参见梁漱溟：《中国文化要义》，251～303 页，台北，正中书局，1963。
② Hans Küng and Karl-Josef Kuschel eds., *A Global Ethic: The Declaration of the Parliament of the World's Religions* (London: SCM Press, 1993).
③ Shu-hsien Liu, "Global Ethic—A Confucian Response," in Hans Küng ed., *Yes to a Global Ethic* (London: SCM Press, 1996), pp. 216–221. 德文本先一年出版，然后英译本才问世。我的文章以英文写成，译为德文后先行出版。

讨论起草一份《世界伦理宣言》，提交给联合国考虑。只有我一个人来自远东，由儒家观点发言。12月，30位左右来自世界各地的哲学家齐集于拿波里，讨论相关问题。多数意见认为，现在还不是时机发布这样一份宣言。在联合国成立五十周年未能在《世界人权宣言》之后另外签署一份责任宣言以补其不足，不免令人感到失望，但热烈的讨论和辩论对所有与会者都是一项学习的经验。大家都同意应该有一份普遍伦理的文献，而且只能采取极小式的进路，因为没有哲学家会一致同意采纳一个发展成型的伦理理论。问题是要怎样的极小式却费思量。

是在这样的情况之下，我由当代新儒家的观点对普遍伦理提出了反思。[①] 我认为用一般归纳进路取同略异是不切实际的。要不是目标无法达成，就是抽引一些共同点，"薄"到了几乎没有意义的地步。在表现（manifestations）层面上并没有必要取消重要的差别。举例说，你不可能期待一个儒家学者和一个基督教的神学家对于上帝、世界和人的理解会一致。但每一个伟大的宗教传统中都有共同对人道的关怀，也有"金规"的表达。每个传统必须由自己的基础出发，然后通向其他传统。孔汉思起草、在世界宗教会通过的宣言，列出了下列四条指令：

(1) 对于非暴力的文化与尊敬生命的承诺；
(2) 对于团结的文化与公正经济秩序的承诺；

---

① Shu-hsien Liu, "Reflections on Approaches to Universal Ethics from a Contemporary Confucian Perspective." 此文宣读于拿波里，列入1999年联合国教科文组织"普遍伦理计划"参考文献之中，嗣后文章发表在：Leonard Swidler ed., *For All Life: Toward a Universal Declaration of a Global Ethic: An Interreligious Dialogue* (Ashland, Oregon: White Cloud Press, 1999), pp. 154-171。

(3) 对于宽容的文化与真实的生活的承诺；

(4) 对于平等权利文化与男女之间的伙伴关系的承诺。①

很明显，这是根据《圣经》传统的伦理四诫做出新释后写成的，但却与佛家的五戒"杀、盗、淫、妄、酒"若合符节。而学者早就注意到，佛家的五戒与儒家的五常"仁、义、礼、智、信"相通。不错，自汉代以来政治化儒家推动的君臣、父子、夫妇的三纲是完全过时了。它强调的是臣忠、子孝、妇顺的单面关系，其实与孔、孟的正名，所谓君君、臣臣、父父、子子之强调双边关系，已经有了相当的差距。我看不出有任何理由对五常不能给予新释，像孔汉思对摩西传下来的伦理四诫做出新释一样。② 虽未做成指令，但孔汉思既对追求真理做出承诺，也就隐含在内了。今日的处境自与过去完全不一样。世界已变成一个地球村，不同的传统在生活上成为紧邻。我们切不可以互相仇视。而我们也不可能由上面的"理一"推下来，我们充分理解，没有一个人或传统占有终极"真理"，彼实非言所及，非解（概念）所到。我们只能由"分殊"开始，明白各人只有一个有限的视域，但它有不断超越自己的故域的倾向。我们自不能接受相对主义，那是个自毁的立场。事实上既有一些表现如人道（humanum）、生（creativity）在所有的宗教传统中都可以找到，那我们似乎不妨把它们当作规约原则看待，像卡西勒所提议的那样，去寻求彼此间功能的统一性。浸润在中国哲学传统中，我觉

---

① 我的译文。参见拙著《全球伦理与宗教对话》，24 页。
② 相关讨论，参见拙作《从当代新儒家观点看世界伦理》，见《全球伦理与宗教对话》，69～76 页。

得今日的学院哲学家每每坐在安乐椅上,过分偏重学问研究、反省批评,而缺少一种迫切感,也没有勇气来面对真实的世界。我宁愿与心智开放的宗教领袖为伍,一同去探索一条大家和平相处之道,也与世界和谐相处。我们亟须改变我们的意识,像理学传统强调变化气质那样。我们自无必要在细节上也趋于一致。各有殊异的背景,我们只需同意,大家先把态度彻底改过来,在意识深处真正做出承诺,尊重人人与生俱来的德性,而渴望举世的和平与和谐就好。当然,这些仍似徒托空言而已。但根本态度要不改变过来的话,则像德、法之间的世仇,要如何消解?同样的情形也适用于北爱尔兰、巴勒斯坦与以色列、印度与巴基斯坦等等,不一而足。我们还是只能像孔子一样,"知其不可而为之",努力不懈,希望无穷。当前似无脱困之道,只不过更好的,我们做不到。

以上我用五个例子说明,在方法论上确可以结合哲学分析与诠释学,来阐明隐含在中国哲学内的意涵,做哲学的比较研究,并试图解决在今日吾人必须面对的哲学问题。用我自己的东西做说明,似乎有点不知自量,但中国哲学,特别是儒家传统,不能把哲学的信息与自己的体认分割开来。我这样做,明白宣示自己对儒家的精神性的终极关怀,并不能让我的看法免于批评或争议,而还是必须通过学术的严格标准加以审查。但我希望学者由我追寻这一传统的意义与真理的过程中的一得之愚学到一些东西,也不再重蹈我所犯的错误的覆辙。最后我要说的是,我同意西方,特别是苏格拉底的传统,哲学即是哲学思考的过程(philosophizing),并深信只有通过视域融和才能为世界哲学的未来打开新的契机。

原刊于《鹅湖》,总第 318 期(2001 年 12 月)。

# 附录

## "理一分殊"与文化重建
—— 刘述先教授访谈录*

本人在台湾"中华发展基金会"的资助之下，曾于2000年10月至12月赴台北做短期学术研究。在此期间，我先后四次专门访问了刘先生。他分别就自己思想发展的渊源、脉络及近年来着力思考的哲学问题做了详细介绍与深入反思。此数次访谈涉及内容较多，限于篇幅，现仅撮其精要整理如下，以便为学界同人做参考之用。

**姚才刚（以下简称姚）：请问刘先生，您思想的形成与发展曾受到了哪些人的影响？**

刘述先（以下简称刘）：我最早是受父亲的影响，就读台大哲学系后，受方东美先生影响最大。可是有一点很有意思，我转到新儒家这一条线索，最重要的因素是熊十力先生。在我年轻时，我父亲常在信中向我提起熊先生及其《新唯识论》，我感到好奇，于是专门借了《新唯识论》，当时居然也能看得懂，而且被它深深吸引。熊先生用"唯识宗"来开展

---

\* 访问、记录人姚才刚时为武汉大学哲学系博士研究生，现为湖北大学哲学学院教授。

他的思路，形成了自己的一套系统，这一点没有人跟他走，唐君毅先生、牟宗三先生等都没有用"唯识宗"来发展学问。但他却开启了一个精神方向，这一点对后来所谓的第二、三代新儒家非常重要。在我年轻时的思想形成里，牟先生不是一个因素。我念台大时，牟先生在师大中文系任教，他那时讲历史哲学，而我最不喜欢的就是历史哲学，他讲什么刘邦是天才等等，对我们台大学生来说基本上没有什么感应。我在台大学"哲学概念""文化哲学"等课程全是受方先生影响。我从台大研究所毕业之后，去了台中的东海大学教书，开始与牟先生频繁接触，可以说是与他朝夕相处。大学及研究所时代我也念了不少的中国哲学，可它不是我的研究。当我转到中国哲学内部以后，那就是牟先生对我影响最大了。所以，牟先生对我的影响是比较在后的，并不是一开始就有的。

**姚：现在有人提出要走出和超越牟先生，您对这个问题怎么看？**

刘：严格来说，我不属于一些学者开玩笑所谓的"牟门教"的成员，牟先生只是我的父执，不是我的老师。我做的很多关于西方哲学的研究是牟先生未曾涉猎的。我跟牟先生谈话，可以讲很多他不知道的东西。而一些学者跟牟先生跟得太紧，在牟先生的笼罩下就不太容易有创造性，很难讲出自己的一套东西来。我在牟先生面前讲话却比较自由。只有牟先生那一派的人才会面临着"大师不在，学问往何处发展"的问题。我从来就有自己的一套研究，我不是牟先生门内的人。可是从客观上讲，大陆学者郑家栋说我是接着牟先生来讲的，这也比较符合事实。牟先生曾说我是他的半个学生，这一点我也承认，因为我在宋明理学研究方面受牟先生的影响远多于方先生。而且，在宋明理学方面，牟先生比熊先生要深入得多，所以从宋明理学这条线索来看的话，我确实是继承、发展了牟先生的统绪。

**姚：牟先生的"坎陷"之说是一个颇引起争议的问题，为避免引起不必要的误解，您对"坎陷"做了一种新的解释，是吗？**

刘：当牟先生讲"良知坎陷"时，就让人有一种想法，即似乎道德占优位。如果道德占优位，就会被批评为是一种泛道德主义。我认为这是对牟先生的误解。牟先生并不认为政治是道德的延长，政治要讲程序，要讲架构，他显然承认政治是一个独立的领域。可是牟先生讲道德形上学，他还保留了"道德"两个字。应该说，这个道德不是狭义的道德。他的意思只是说，当我们追问到存有的源头时，它里面就有一个价值根源，所以价值与存有的根源是同一的。在这个意义下，它有一套形上学，而他选择用的状词就是道德。我本人不喜欢用这样的状词，如果牟先生认为形上学追到最后一个生生的根源，而这个生生的根源是通过道德来表现的，这个我是赞成的。可是问题在于，这个生生的根源变成人文化成、创造文化的时候，绝对不能单面突出道德这一面，所以我就把它与卡西勒的学说结合起来。卡西勒用的 objectification 一词，在一定程度上就有"坎陷"的意味。他的意思是说，纯粹空的理念是不存在的，它一定会有客观化的表现。有客观化的表现，那就变成了一种符号形式。而一旦表达出来后，它就有一种时空的限制，有自己的局限性。在这个意义下，它就是"坎陷"。应该说，任何文化的创造都是一种

"坎陷"，卡西勒在其著作中列了六种符号形式，即神话、语言、宗教、艺术、历史、科学。但卡西勒的学说是一个开放的系统，近年来有学者提议将"道德"也作为卡西勒的另外一种符号形式，我本人对此提议非常赞同。因此，所谓"坎陷"，它的意思不是指道德"坎陷"出科学，而是说生生的、原始的存在价值的根源经客观化的变现就变成了不同的文化形式，每一种文化形式就是一种"坎陷"的结果。狭义的道德也是其中的一种符号形式。

**姚：刘先生，您近年来对宋儒"理一分殊"的观念是极为重视的。您认为，对它做出重新诠释后，完全有助于解决当代中西文化面临的诸多理论难题。我想请教的是，您在最近的一篇文章中曾提到，"理一分殊"是贯串先秦儒学、宋明理学以及当代新儒家的一条基本线索，请问此种提法的根据何在？**

刘：从纯粹考据的观点来看，"理"在先秦虽出现过，但意思不过是指文理而已，并没有什么很深的意义。可是，这个"理"到了北宋以后就变成一个非常重要的观念。宋明儒学的线索，基本上是对先秦儒学进行了哲理上的深化。这里需要提出一个问题，这个问题是戴震曾经问他父亲的问题。戴震问：如何才能真正懂得孔孟学说？他父亲回答说：需要念朱熹的注解。但戴震反驳说：朱熹与孔孟已经相隔1 000年，朱熹怎么懂得他们的讲法？戴震的父亲不能回答。但朱熹却能够回答，我可以引用他答复陆象山兄弟关于辨"无极太极"的信来说明，该信表明，儒家思想在不断发展过程之中，先圣后圣讲的东西不一样，可是在精神上却是同条共贯的。通贯的精神是什么？就是"理一"呀！不同的地方是什么？就是"分殊"呀！"理一分殊"在程伊川那里还是一种狭义解释，到了朱熹这里就成了一种广义解释，即"理"是同一个东西，表现出来就是"分殊"了。在朱熹这里，"理"是可以通到伏羲那里去的。朱熹可以上通到远古，往下就可以通到我们当代。这种宏观的"理一分殊"的智慧，当然不是科学归纳方法可以看出来的，而是一种哲学上的洞见。

**姚：您曾讲世界各大精神传统都指向"理一"，这个"理一"能不能用"仁"来概括？**

刘：可以这样讲，但并不是我首先这样讲。若由我自己首先来讲的话，那就是一种僭越，那就太不谦虚了。这一点我和牟宗三先生的看法确实有不同之处。牟先生一向认为儒家的常道是独一无二的，是透彻的，是没有其他传统可以比拟的。从这样的观点去看的话，无疑是把儒家当成了最高、最完美的一种东西。这是所谓第二代新儒家的看法。可到了第三代新儒家，像杜维明和我，受西方影响更深，特别是西方从现代走向后现代的时候，我们都不这样看。我们只是守住自己的精神传统，让它在世界上有一个立足点，而不至于轻易盲从别人，把自己的优势都给抛弃。

《世界伦理宣言》的起草者孔汉思认为，贯串世界一切精神传统的甚至不是上帝的概念，因为上帝的概念没有普遍性，佛教在一定意义上就是无神宗教。贯串世界各大精神传统的恰好是 humanum（拉丁语，意为人道、人性）。他说，世界各大精神传统无不讲人性、人道。若由儒家的观点对其做出回应，也很容易，因为儒家"仁"的英译含义与孔汉思所得出的结论是若合符节的。我们儒家的三纲是过时了，可五常就不一定过时，五常里面讲仁、义、礼、智、信（广义的仁统御义、礼、智、信四目），它在理念层次上与基督教、佛教、伊斯兰教都是相通的。孔汉思在《世界伦理宣言》中突出了孔子讲的"己所不欲，勿施于人"的"金规"，但又不只是孔子讲，世界各个传统都可以找到类似的律令，可最显著的就是孔子的"己所不欲，勿施于人"，这就说明孔子的东西是一个象征，这个象征指向一个常道，这一点不仅我们讲，就连孔汉思这样的天主教徒通过自己的表达方式也来讲。

大陆学者常引我在《中国哲学与现代化》一书中所说的儒家的仁道是"唯一的定盘针"的观点，然后依此把我归入新儒家行列。这个我当然也不否认。可我不同意他们把我和牟先生等人定位为泛道德主义，这种定位没有什么意义。当牟先生主张"坎陷"、曲通时，本身就表明政治这个范畴不可化约为道德的范围，政治如果有一个独立的范围，它就不是泛道德主义。至于儒家的仁道是"唯一的定盘针"的提法，你可以把它解释成牟先生那种宣教的方式，可在事实上，我一辈子都不像牟先生那样宣教，我现在越来越体会到，儒家所谓的"理一"、所谓的常道，它超越了我们现实中及历史上的表现，因为现实中的儒家表现永远是善恶混染的。它所指向的常道，即是我们向往的最高理想，那是一个天道，它不是器物的存有，而是道的那种存有。就它对于我们的行为和理解而言，它可以作为指引我们的一个规约原则。当然，现实世界的低沉一样也是真实的，我们不能熟视无睹，且恰恰因为现实的低沉，我们才要更讲理想。

**姚：刘先生，您曾有过建构系统哲学的设想，您所说的系统哲学与从自然科学中发展出的系统理论有何不同？**

刘：从自然科学中发展出来的系统理论，其应用范围是非常有限的。若把这一套东西扩大，应用到人文科学，问题会很大，因为人文科学的规律和自然科学的规律完全不一样。因此，我所讲的系统哲学与系统论关系不大，但也不是完全排除它，因为系统哲学也是把科学当作人类文化发展中的一部分，系统哲学的全观绝不会把任何对于科学的理解、反思排除在外面。可是，我不认为任何人文科学学科可以变得像一门科学一样，英文中的"科学"（science）一词，意谓分支科学（departmental sciences），现代科学分科越来越细，分科的科学绝对不可能对人类文化进行统合。从我目前的观点来看，所谓系统哲学，其实是对传统哲学观念的一个现代阐述，它是一种注重创造性、注重过程的开放哲学。我不是要造一个封闭的系统去涵盖一切，如黑格尔那样，那已经是死路一条。当然，这种哲学的进路又不是随意的，它恰好具有卡西勒所谓的功能统一性。它有一个自我融贯的方法，即顺着不同的题材，并尊重各个题材的不同特性，在此基础上提出一种全观。这种全观是通过对"理一分殊"的现代阐释来把握的。

卡西勒用一种现象学的描绘，看到了历史发展中理性的重要性。可到了现代，理论理性也不是理性的唯一表达。比如，文学艺术对非理性一面做了很多揭示，但文学艺术的背后却不是非理性的东西；古典的文学艺术在经过几百年后之所以仍然可以被人们所理解，就是因为它们的背后贯串着一些"理"，这个"理"能够用定义去界定它，不可以通过归纳方式找出来，但是人们却可以了解它。今天的西方学者向孕育自启蒙时代的理性提出挑战，原因即在于启蒙理性笼罩到一个地步，夹带着很多泥沙，造成了一种霸权，结果就会产生一种反弹，这种反弹不是没有道理，但我以为有点过分了。卡西勒就没有顺着这种时流走，我特别欣赏卡西勒就是这个原因。他知道理性迟早要松开，可把理性松开之后，并不是要否定理性这个观念。

儒家的观点认为，人与生俱来就有一种禀赋，此种禀赋从三个方面来讲："生生不已"的生、表现"仁心"的仁、发之于外的理。可传统里面对生、仁、理的阐释受到它的时空处境的限制，若将此加以普遍化的话，就会遭逢与西方启蒙理性一样的命运，被人斥为是封闭的、霸权的。这就要求我们应根据当代的时空处境，把发自内心的仁、发自生命的创造力发挥出来。人生的面相是多方面的，有真、善、美，人创造出来的文化形式也是多面相的，可人生是整全的，如果只有科学那一面，那么人会变成什么样子？人就是一个有机的整体，对环境也会做出有机的回应。这样一来，就可以和怀特海的机体哲学融通起来。所谓系统哲学就是这个意思，我们不能把人切片，把人抽象成一个单一化的东西，人是具有内在统一性的机体，但不是封闭的。所谓生命的、整体的、机体的，要善于理解它们才行，否则就会产生诸多歧义。

**姚**：您在系统哲学中讲存有与价值的统一，存有与价值之间是否本来就是统一的？

刘：是的。这种东西用英文来讲，就是 primordial unity，它是个原初的统一性，生命本身就是统一的。而生命也不是凌空产生的，它是大自然孕育出来的。只不过人有一种特性，在灵光爆破以后，他发现了自我，然后就从整个自然中分离了出来，这恰好就是雅斯贝尔斯在他的所谓"枢轴时代"学说中所讲的，人从一个浑浑噩噩的状态中萌发了自觉意识，从而使得自己从大自然中 stand out（姚按：存在主义者讲 existence，ex 就有 stand out 的含义）。人一旦分离出来后，就不断创造新的文化，不断塑造自我。但人的内在与创生的源泉是相应的，传统儒家就秉持着这样一个信念，作为个体的我与生俱来禀赋一个生命，这个生命不能被化约为构成我生命的生理的、物理的条件，我有一个整全的生命。通过这整全的生命，上可通于天，下可植根于地。我跟那个超越的生源是相通的。这样一来，用一个简单的符号来表达，它就是一种天人合一，或者说是系统哲学背后的根源。通天下乃只是此理，所以生命的现实是那么渺小，但通往生之源即存有与价值的根源却是无限的。人之所以能创造文化，就是因为他禀赋有这样的生源。

　　中国传统早就有人与自然和谐共存的观念，但仅有与自然共生的体会，还不能穷尽其中的意义，一定要回到生之源。现在，我们需要新的视野的整合，也就是说，我们依然可感到存有与价值的统一，人与自然界、人与超越的层面是调和无间的。人类文化发展到今天，是一个重要的枢纽，一个关键点，因为现代人制造了那么多原子弹，炸毁几十个地球都有余，在这样的情况下，我们应该怎样保护地球？我以为，生活在这个地球上的人类不能不有全球意识的产生，不能不有新的整体观点的出现，否则就无法面临 21 世纪的危机。各精神传统都要克服人性中的狂妄、傲慢、自大，这不仅是西方的问题，也是一个世界性的问题。

　　**姚**：刘先生，从您的观点看，能否用"内在超越""外在超越"来区分中国传统儒家哲学与西方基督教哲学的不同特征？

　　**刘**：西方中世纪宗教发展源流，最早是受奥古斯丁影响，奥古斯丁受新柏拉图主义影响，某一方面就有内在超越的线索，普罗提诺的"流溢说"就比较接近于泛神论，而凡是泛神论都有内在超越的一面。可是基督教神学发展到后来，特别是在圣托马斯·阿奎那定调以后，就是一个非常明显的外在超越的形态。至于中国传统儒学，孔子的《论语》虽然较少谈这个问题，但就《中庸》《易传》这条线索看，则有较清晰的内在超越的形态。因此，我认为，就两者主流而言，可以用"内在超越"与"外在超越"来加以区分。

**姚：中国香港学者冯耀明及美国学者郝大维、安乐哲在儒学"内在超越"问题上都有自己的一些看法。您曾对冯先生的观点做过驳斥，但截至目前，您尚未对后两人的观点加以回应，可否请您就此做一简要说明？**

刘：在我看来，很难对郝大维、安乐哲的观点做出什么回应，因为他们两人的东西很杂，不能成套。他们基本上有一种看法，即认为要讲超越的话，只能讲外在超越，否则就无所谓超越。我完全不能同意这种看法，为什么不能讲内在超越呢？暂不说中国的思想，就是西方传统的泛神论及现代西方流行的过程神学也都绝对是内在超越的形态。哈茨霍恩曾对希伯来传统与古希腊传统做出了一定的分疏，他指出，在希伯来传统中，上帝的情的因素非常重，可是，一旦与古希腊传统接轨后，上帝观念就被解释为 eternal being（姚按：永恒的存有），情的因素就统统不见了。哈茨霍恩认为，这完全是误入了一个歧途。因此，他就试图接上怀特海的有机哲学的理念。他的过程神学有很多的内在超越的感通，这就很容易和中国传统融通。

**姚：刘先生，您能否谈一下您以后的学术研究计划？**

刘：我计划近一两年内撰写当代新儒学的英文书。做完这个工作之后，才能继续做我的系统哲学。其实，系统哲学也不是说凭空臆造什么东西，而是把多年积蓄的想法用一种比较集中的方式表述出来。

原刊于《哲学动态》，总第271期（2001年7月）。

图书在版编目（CIP）数据

现代新儒学之省察论集 / 刘述先著. - - 北京：中国人民大学出版社，2022.10
（当代中国人文大系）
ISBN 978-7-300-31107-4

Ⅰ. ①现⋯ Ⅱ. ①刘⋯ Ⅲ. ①新儒学-研究-中国-现代 Ⅳ. ①B261.5

中国版本图书馆 CIP 数据核字（2022）第 192130 号

当代中国人文大系
**现代新儒学之省察论集**
刘述先　著
Xiandai Xinruxue Zhi Xingcha Lunji

| 出版发行 | 中国人民大学出版社 | | |
|---|---|---|---|
| 社　　址 | 北京中关村大街 31 号 | 邮政编码 | 100080 |
| 电　　话 | 010-62511242（总编室） | 010-62511770（质管部） | |
| | 010-82501766（邮购部） | 010-62514148（门市部） | |
| | 010-62515195（发行公司） | 010-62515275（盗版举报） | |
| 网　　址 | http://www.crup.com.cn | | |
| 经　　销 | 新华书店 | | |
| 印　　刷 | 北京联兴盛业印刷股份有限公司 | | |
| 规　　格 | 155 mm×235 mm 16 开本 | 版　次 | 2022 年 10 月第 1 版 |
| 印　　张 | 18.25 插页 3 | 印　次 | 2022 年 10 月第 1 次印刷 |
| 字　　数 | 195 000 | 定　价 | 69.00 元 |

版权所有　侵权必究　　印装差错　负责调换